hänssler

Spiel mir das Lied vom Himmel

Was die Bibel über den Himmel sagt

von Joni Eareckson Tada

Die Deutsche Bibliothek – CIP Einheitsaufnahme

Tada, Joni Eareckson:
Spiel mir das Lied vom Himmel / von Joni Eareckson Tada.
[Übersetzung: Marita Wilzcek]. – Holzgerlingen: Hänssler, 1999
(Hänssler-Paperback)
ISBN 3-7751-3278-3

Published by Zondervan Publishing House, Grand Rapids, Michigan, USA
Originaltitel: Heaven ... Your Real Home
Übersetzung: Marita Wilzcek

hänssler-Paperback
Bestell-Nr. 393.278

Umschlaggestaltung: Martina Stadler, Daniel Kocherscheidt
Titelbild: Superstock, München
Satz: Vaihinger Satz & Druck
Druck und Verarbeitung: Ebner ULM
Printed in Germany

Inhalt

Für Al Sanders –
diese Welt ist nicht seine Heimat,
er ist hier nur auf der Durchreise –
und für Margaret,
die ihm die Reise so erträglich
wie möglich macht.

Dank

Es klingt seltsam, für einen Rollstuhl dankbar zu sein, aber das bin ich. Fast vierzig Jahre Querschnittslähmung und fast ebenso viele Jahre des Bibelstudiums haben meine Dankbarkeit für dieses Gefängnis aus Schrauben und Schienen nur noch vertieft. Durch den Rollstuhl habe ich den Heimweg in- und auswendig gelernt.

Einige große Autoren und Denker haben mir geholfen, mein Herz auf den Himmel auszurichten. Im Lauf der Jahre habe ich Bücherregale nach jedem Essay, jeder Predigt oder jedem Kommentar von Autoren wie C. S. Lewis und Jonathan Edwards, von Bischof J. C. Ryle bis zu Zeitgenossen wie Peter Kreeft und John MacArthur durchstöbert. Wenn ich über eine eher poetische Sicht des Himmels nachdenken möchte, dann puste ich natürlich immer den Staub von lieben alten Bekannten wie George MacDonald und Madame Jeanne Guyon. Diesen großartigen Philosophen und Theologen, deren Fußspuren Ihnen auf den folgenden Seiten oft begegnen werden, weiß ich mich zu Dank verpflichtet.

Danken möchte ich auch einigen anderen ... Scott Bollinder vom Verlag *Zondervan*, der mir seit Jahren sagte: »Wir würden so gern hören, was du über den Himmel zu sagen hast.« Und John Sloan, meinem Herausgeber, der mir freundlicherweise freie Hand und weiten Raum gelassen hat, um zu schreiben, was mir am Herzen liegt. Auch Bob Hudson, der Abschnitt für Abschnitt unter die Lupe genommen hat. John Lucas, dem *Art Director* bei *Zondervan*, und James Sewell, meinem *Art Instructor*, für seinen Rat bei der Ausarbeitung des Covers. Und meinen Freunden bei *Wolgemuth & Hyatt*, die geholfen haben, alles in die Wege zu leiten.

Ich danke Judy Butler und Francie Lorey für ihre Bereitschaft, mir für dieses Projekt als »Hände« zu dienen. Und Steve Estes für die Durchsicht des Manuskripts, damit ich biblisch klar fundiert bleibe. Mein besonderer Dank gilt den Frauen, die an verschiedenen Tagen zu mir nach Hause kommen, um mich aus dem Bett zu holen, anzukleiden, in meinen Rollstuhl zu setzen und für die bevorstehenden Aufgaben bereit zu machen: Irene Lopez und Carolyn Simons, Patti Guth und Francie Lorey, Donna Gordon, Judy Butler und Karen Crum. Diese Freundinnen tätigen jedes Mal eine himmlische Investition, wenn sie meine wunden Druckstellen verarzten, mir die Zähne putzen oder mir Orangensaft mit Kleie mixen. Und natürlich kann ich es nicht unterlassen, meinem Mann Ken »Danke« zu sagen, der allzu oft mit mexikanischen Schnellgerichten vorlieb nehmen musste, während ich bis in den Abend am Manuskript arbeitete.

Zum Schluss bin ich so dankbar, dass der Herr Jesus die Herzen so vieler Gebetskämpfer bewegt hat, treue Fürbitter zu sein: Bunny Warlen, Mary Lance Sisk, Jean Kenoyer, Pam Rosewell Moore und mein Mittwochsgebetskreis in der Gemeinde sowie die Mitarbeiter von JAF, die jeden Morgen vor der Arbeit zum Gebet zusammenkommen.

Und noch etwas. Ich danke Ihnen, dass Sie sich die Zeit nehmen, mich auf dieser Reise zur himmlischen Herrlichkeit zu begleiten. Wer weiß? Vielleicht werden Sie noch vor dem Ende des Buches entdecken, dass auch Sie den Heimweg in- und auswendig kennen.

Though I spend my mortal lifetime in this chair,
I refuse to waste it living in despair.
And though others may receive
Gifts of healing, I believe
That He has given me a gift beyond compare ...
For heaven is nearer to me,

And at times it is all I can see.
Sweet music I hear
Coming down to my ear;
And I know that it's playing for me.
For I am Christ the Savior's own bride,
And redeemed I shall stand by His side.
He will say: »Shall we dance?«
And our endless romance
Will be worth all the tears I have cried.
I rejoice with him whose pain my Savior heals.
And I weep with him who still his anguish feels.
But earthly joys and earthly tears,
Are confined to earthly years,
And a greater good the Word of God reveals.
In this life we have a cross that we must bear;
A tiny part of Jesus' death that we can share.
And one day we'll lay it down,
For He has promised us a crown,
To which our suffering can never be compared.
– »Joni's Waltz« von Nancy Honeytree

(Obwohl ich mein ganzes Leben in diesem Stuhl verbrachte,
weigere ich mich, es in Verzweiflung zu vergeuden.
Und mögen auch andere
Gaben der Heilung empfangen, ich glaube,
dass er mir eine unvergleichliche Gabe schenkte …
Denn der Himmel ist mir näher,
und manchmal ist er alles, was ich sehen kann.
Köstliche Musik höre ich
in meine Ohren herabkommen;
und ich weiß, dass sie für mich spielt.
Denn ich bin Christi, des Erlösers, eigne Braut,
und erlöst werde ich an seiner Seite stehen.

Er wird sagen: »Wollen wir tanzen?«,
und unsere nicht endende Romanze
wird alle Tränen wert sein, die ich je weinte.
Ich juble mit dem, dessen Schmerz mein Erlöser heilt.
Und ich weine mit dem, der seine Angst noch spürt.
Doch irdische Freuden und irdische Tränen
sind auf irdische Jahre begrenzt,
und das Wort Gottes offenbart ein größeres Gut.
In diesem Leben haben wir ein Kreuz zu tragen;
ein winziges Bruchstück des Todes Jesu, das wir teilen können.
Und eines Tages werden wir es ablegen,
denn er hat uns eine Krone versprochen,
mit der unser Leid sich niemals vergleichen lässt.)

1 Was macht den Himmel so großartig?

Es war eine dunkle, stürmische Nacht. Bevor ich in die behagliche Wärme des Hauses zurückkehrte, verharrte ich fröstelnd in der kalten Luft, um dem Rauschen des Windes in den Kiefern unseres Nachbarn zu lauschen und die dünne Mondsichel zu betrachten, die vom Horizont herüberlächelte. Meine Augen streiften über die Sterne am Firmament und suchten nach dem Großen Bären – ich wusste, dass der Himmelswagen Teil dieses Sternbilds war, aber ich hatte es mir erst vor kurzem aus einem Buch eingeprägt und noch nie in seiner Gesamtheit gesehen.

Ich suchte und suchte und plötzlich sah ich sie, diese vertraute Konstellation von Sternen, die sich groß und majestätisch über ein Viertel des Himmels erstreckte. Ich hatte nicht geahnt, wie *riesig* sie war, und auch nicht, wie schön.

Schauernd fühlte ich mich klein und verloren unter der Sternenkuppel, die von einer Melodie widerzuhallen schien. Ja, ich hätte schwören können, dass ich ein Lied gehört hatte. War es das leise Echo einer Hymne in meinem Herzen? War es der Chorgesang der Morgensterne? Ich weiß es nicht, aber die Melodie schlug eine Saite in mir an, hallte wie eine Stimmgabel in meiner Seele nach. Die Sterne und die Musik raubten mir den Atem, und bevor die Kälte mich ins Haus trieb, brach Freude in meinem Herzen auf und ich flüsterte zum Himmel hinauf: »Jesus, ich komme heim; dort gehöre ich hin.«

Ich rollte aus diesem Augenblick hinaus, durch die Garagentür in die Küche. Das grelle Neonlicht ließ mich blinzeln, als ich die Tür ins Schloss drückte. Der Duft des Abendessens stieg mir in die Nase. Das Haus war warm und wohnlich erleuchtet, im Wohnzimmer murmelte der Fernseher, und mein Mann Ken telefonierte im Flur mit einem Freund.

Eine lange Minute saß ich da in der Küche und ließ die Wärme über meine eisigen Wangen streicheln. Draußen hatte ich einen Augenblick voller Glück und Weisheit erlebt, doch ich wusste, dass ich diesen Hauch des Himmels nicht festhalten konnte. Nur wenige sind fähig, im Zustand des Lauschens auf die himmlische Musik zu verharren. Alltägliche Dinge – wie scheppernde Kochtöpfe, klingelnde Telefone und Reklamespots über Tiefkühlgerichte und Spülmaschinenpulver – übertönen diese Melodie. Sie ist zu zart, um sich gegen weltliche Dinge durchzusetzen. Die Musik und der Augenblick verblassen, und wir kehren zu unserem gewohnten Sein zurück, lassen das Kind draußen und speichern unsere Faszination über den Mond, die Sterne und die stürmische Nacht ab. Das Nachsinnen über den Himmel verschieben wir auf ein andermal.

Und doch leben wir in der mächtigen Erinnerung an solche Momente.

Ob wir Erwachsene oder Kinder sind, unsere besten Erinnerungen sind meist solche, die – gleich einer Stimmgabel – diese Saite in unserer Seele zum Schwingen bringen. Es ist ein Lied, das wir nie ganz vergessen und sofort wiedererkennen, wenn sein Echo uns erreicht. Wir erkennen es, weil es von so atemberaubender Schönheit ist. Wie etwas Seelenverwandtes, das uns im tiefsten Innern berührt, trägt es sein Siegel; und da wir sein Ebenbild tragen, liegt die Erinnerung daran in unserem tiefsten Selbst verborgen. Solche Augenblicke loten die wahre Tiefe dessen aus, wer wir sind. Und was wir wahrnehmen, ist ein himmlisches Echo.

Vielleicht hören wir jenes unverkennbare Echo unter einem nächtlichen Himmel oder erspüren es sogar in einer Symphonie, einem Gedicht oder einem Gemälde. Tatsächlich sind es meist die Sänger, Schriftsteller und Maler, die dieses Echo einzufangen versuchen, jene himmlische Musik, die uns dazu drängt, etwas wahrhaft Schönes zu singen, zu schreiben oder zu malen.

Das weiß ich, weil ich Künstlerin bin. Allerdings muss ich bekennen, dass es mir nie gelungen ist, ein Bild des Himmels zu malen. Man hat mich nach dem Grund gefragt, und mir fiel keine Antwort ein – außer zu sagen, dass der Himmel sich nicht auf die Leinwand des Künstlers bannen lässt. Bestenfalls habe ich Szenen atemberaubender Gebirge oder Wolken zu bieten, in denen sich etwas von der Majestät des Himmels spiegelt. Aber nie gelingt es mir, den Ausdruck wirklich zu treffen.

Und das gilt auch für die Erde. Der Anblick der Gebirge und Wolken ist wahrhaft erhebend, doch selbst die schönsten Momente irdischer Herrlichkeit – hoch aufgetürmte Gewitterwolken über einem Weizenfeld oder der Anblick des Grand Canyon von der Südseite – sind nur grobe Skizzen des Himmels. Das Beste der Erde ist nur ein schwacher Abglanz, ein vorläufiges Abbild der Herrlichkeit, die eines Tages offenbar werden wird.

Das Problem ist, dass wir diese Tatsache nur selten an uns heranlassen. Es sei denn, wir werden durch eine jener strahlenden Nächte überrascht, in denen die Luft kristallklar und der schwarze Himmel von Millionen funkelnder Sterne übersät ist. Erst solche Augenblicke lassen uns innehalten und beobachten, wie unser Atem in der Nachtluft kleine Wolken bildet, und denken: »Was ist [unser] Leben? Ein Rauch ... der eine kleine Zeit bleibt und dann verschwindet« (Jakobus 4,14).

Dann eilen wir ins Haus, um die Abendnachrichten zu hören oder einen Streit zwischen unseren Kindern zu schlichten. Der himmlische Augenblick ist verloren und wir denken: *Das Leben gleicht doch keinem Rauch, der sich rasch verflüchtigt.*

Eigentlich glauben wir gar nicht wirklich, dass alles einmal zu Ende gehen wird, oder? Wenn Gott uns nicht etwas anderes gesagt hätte, würden wir alle meinen, diese Prozession des Lebens würde ewig weitergehen.

Aber es wird enden. Dieses Leben ist nicht für immer, und es ist auch nicht die beste Art von Leben, die es je geben wird. In Wirklichkeit befinden Gläubige sich auf dem Weg zum Himmel. Das ist Realität. Und was wir hier auf der Erde tun, hat direkte Auswirkungen darauf, wie wir dort leben werden. Der Himmel kann so nahe sein wie nächstes Jahr oder nächste Woche; da ist es nur vernünftig, sich hier auf der Erde eingehender mit der herrlichen Zukunft zu beschäftigen, die auf uns wartet.

Ich liebe es, über den Himmel nachzudenken und zu lesen. Aber beim Durchblättern der Bibel – unserer besten Quelle über den Himmel – habe ich festgestellt, dass ihre Sprache geheimnisvoll ist. Man muss sozusagen erst einmal die himmlischen Hieroglyphen entschlüsseln, bevor sich der Sinn erschließt.

Mehr noch habe ich mich im chronologischen Durcheinander der Frage verirrt, in welchem Zusammenhang die Wiederkunft Christi auf der Erde mit dem tausendjährigen Reich, dem Gericht und den Schalen, Büchern und Posaunen im Buch der Offenbarung zu sehen ist. Wie können wir bei so viel Verwirrung dem Himmel nachjagen oder unsere Zukunft als »herrlich« betrachten, wenn wir ständig über Bilder von Kronen und Thronen stolpern?

Nur scheinbar lenken diese Dinge uns ab. In Wirklichkeit sind es Anreize. Die Symbole der Bibel wie Palmen, Kronen, goldene Straßen und gläserne Meere sind eben genau das: Symbole. Nie vermögen sie unsere Neugier über den Himmel ganz zu stillen, und das sollen sie auch gar nicht. Sie vermitteln nur Schattenbilder des Wahren und dienen uns als Wegweiser und Orientierungshilfen, die uns in die richtige Richtung lenken und uns den Weg nach Hause zeigen.

So sind auch die folgenden Seiten zu verstehen. Als Wegweiser und Orientierungshilfen, die Ihren Blick auf den Himmel lenken, die wahre Heimat unseres Herzens und Geistes. Ich möchte Ihr Herz ansprechen, eine Landkarte entfalten und Ihnen den Weg nach Hause zeigen. Es sind Gedanken für diejenigen, deren Herzen vor Sehnsucht nach himmlischer Freude bersten. Es sind Gedanken selbst für diejenigen, die nicht die geringste Vorstellung vom Himmel besitzen, aber von Neugier getrieben werden.

Es stimmt, dass der Himmel wohl auch der gedruckten Seite des Schriftstellers trotzt, aber Worte und selbst Gemälde können manchmal eine Saite in uns anschlagen und uns helfen, diese uralte, himmlische Melodie zu vernehmen, die die Morgensterne gemeinsam anstimmen. Statt dieses Lied neben weltlichen Dingen wie krächzenden Radios und rauschenden Geschirrspülern untergehen zu lassen, hoffe ich, dass die folgenden Seiten Ihnen helfen werden, sich auf den Himmel einzustimmen.

Wie man vor dem Essen heimlich eine kleine Kostprobe nimmt, so soll dies ein Vorgeschmack auf das sein, was Sie am Festtagstisch erwartet.

Es soll Ihren Blick nach oben auf den Himmel lenken und Ihnen helfen, weiter zu schauen, weit über die Konstellation des Großen Bären hinaus.

Richten wir uns hier nicht allzu sehr ein, begnügen wir uns nicht zu sehr mit den guten Dingen, die diese Erde zu bieten hat. Es sind nur die schrillen Töne eines Orchesters, das seine Instrumente stimmt. Das wahre Lied wird bald in einer himmlischen Sinfonie erschallen, und das Präludium beginnt in wenigen Augenblicken.

Ein erster Hauch des Himmels

Es war im Sommer 1957, als ich jenes unverkennbare himmlische Lied zum ersten Mal vernahm, so alt und doch so neu. Meine Familie und ich hatten die Koffer gepackt und in unserem alten Buick verstaut und fuhren westwärts über die Landstraßen von Kansas. Daddy steuerte den Wagen auf den steinigen Seitenstreifen, um neben dem Straßengraben zu halten, damit meine Schwester zur Toilette gehen konnte. Ich sprang vom Rücksitz herunter und schlenderte am Stacheldrahtzaun neben der Straße entlang. Es war eine Gelegenheit, den Schweiß auf meinem Rücken trocknen zu lassen und die Umgebung zu erkunden.

Ich blieb stehen und hob einen Kieselstein auf, betrachtete ihn und schleuderte ihn über den Zaun in das größte, breiteste und längste Feld, das ich je gesehen hatte. Es war ein Ozean von Weizen; Wogen goldener Ähren wiegten sich im Wind und zeichneten sich weit und schön gegen einen strahlend blauen Himmel ab. Ich stand da und starrte. Eine warme Brise pustete mir durchs Haar. Ein Schmetterling flatterte vorüber. Abgesehen vom Surren sommerlicher Insekten war alles still, unglaublich still.

Oder?

Ich kann mich nicht erinnern, ob das Lied vom Himmel oder vom Feld herüber kam oder ob es nur das Zirpen der Grillen war. Angestrengt versuchte ich zu lauschen, doch statt wirkliche Töne zu hören, vernahm ich ... Raum. Ein weit geöffneter Raum erfüllte mein Herz, als könnte das gesamte Weizenfeld in meine siebenjährige Seele passen. Ich lehnte den Kopf zurück und blickte zu einem kreisenden Falken über mir empor. Falke, Himmel, Sonne und Feld trugen mich hinauf in ein himmlisches Orchesterstück und erhellten mein Herz mit einer Ehrlichkeit und Klarheit wie der Dur-Klang eines Volkslieds – rein, geradlinig und aufstrebend. So etwas hatte ich nie verspürt – oder sollte ich sagen: gehört? Doch sobald ich versuchte, das geheimnisvolle Echo zu erfassen, verschwand es.

Ich war erst sieben, doch als ich dort neben dem Stacheldrahtzaun eines Weizenfeldes in Kansas stand, wusste ich, dass Gott mein Herz hatte aufbrechen lassen. Nein, ich kannte ihn damals eigentlich noch nicht, aber ich war nicht zu jung, um nicht die gelegentlichen Regungen seines Geistes zu spüren. Ein altes Lieblingslied aus der Sonntagsschule summend, starrte ich weiter: »Diese Welt ist nicht mein Zuhaus', ich reise nur hindurch.« Für mich war dieser Augenblick himmlisch.

Daddy hupte, und ich lief zurück. Und mit einem leicht veränderten kleinen Mädchen auf dem Rücksitz setzte unsere Familie die Fahrt fort.

Ich kann eine Handvoll ähnlicher Momente aufzählen, in denen mein Herz meinem Körper einen Schlag vorauszueilen schien, ganz im Takt mit dem Geist. Einer dieser Momente war wenige Jahre nach dem Tauchunfall 1967, durch den ich gelähmt wurde. Ich hatte gerade angefangen, ganze Sache mit Jesus zu machen, nachdem ich mich – sozusagen mit dem Rücken zur Wand – veranlasst sah, ernsthaft über seine Herrschaft in meinem Leben nachzudenken. Damals verbrachte ich lange Abende mit meinem Freund Steve Estes vor dem Kamin, während er über seiner aufgeschlagenen Bibel brütete.

Er leitete mich durch das Wort Gottes, um mir zu helfen, mehr über den Himmel zu lernen. Augenblicklich war ihm meine Aufmerksamkeit sicher. Jeder möchte in den Himmel kommen. Wir alle sind neugierig, wo er ist, wie er aussieht, wer sich dort befindet und was man dort trägt und tut. Ich bilde da keine Ausnahme.

Fasziniert entdeckte ich, dass ich eines Tages nicht mehr gelähmt sein, sondern einen neuen verherrlichten Leib haben würde. Augenblicklich begann ich mir all die wundervollen Dinge vorzustellen, die ich mit auferstandenen Händen und Beinen tun würde. Ein paar Runden schwimmen. Orangen schälen. Über Felder sprinten und in den Wellen platschen, Felsen erklimmen und durch Wiesen streifen. Derlei Vorstellungen bezauberten mich, und während ich dort in einem Rollstuhl saß – unfähig, mich zu bewegen –, verspürte ich eine Sehnsucht, ein wachsendes Echo jener himmlischen Melodie, die mir das Herz weitete, bis ich die Freude nicht mehr fassen konnte. Ich konnte fühlen, wie mein Herz – erneut – beinahe vor Freude bersten wollte.

Steve, der mein Staunen über all das spürte, wies mich auf einen Abschnitt in Offenbarung 21 hin. Ich konnte es nicht abwarten, alles über diese Zukunft zu lesen, die Gott für uns vorgesehen hat. Ich begann mit dem ersten Vers: »›Und ich sah einen neuen Himmel und eine neue Erde ...‹«

»Gut, da komme ich mit. Dieser alte Planet hat eine Reparatur dringend nötig.«

»›... denn der erste Himmel und die erste Erde sind vergangen ...‹«

»Moment mal, heißt das etwa, dass alles auf dieser Erde verschwinden und vergehen wird? Aber hier gibt es so vieles, was mir gefällt. Chili-Hotdogs mit Käse. Die Basketball-Endspiele. Und die *Bridal Veil*-Wasserfälle im *Yosemite National Park*.«

»›... und das Meer ist nicht mehr.‹«

»Was? Kein Meer? Aber ich liebe den Ozean. Die Wellen. Den Wind. Den Salzgeruch in der Luft. Wie soll ich dann in den Wellenbrechern plantschen? Wie soll ich meine Zehen im Sand einbuddeln? Was mich betrifft, *muss* es im Himmel einfach Ozeane geben!«

»›Und ich sah die heilige Stadt, das neue Jerusalem, von Gott aus dem Himmel herabkommen, bereitet wie eine geschmückte Braut für ihren Mann.‹«

»Keine Meere? Keine Dünen? Kein *Great Barrier Reef*? Keine Weizenfelder oder Mammutbäume? Das reicht! Ich hasse Städte, selbst wenn sie heilig sind. Wer will schon Hochhäuser mit sechzehn Stockwerken mitten im Himmel? Manche Leute haben ja was für perfekte Stadtplanung übrig, aber ohne mich, mein Lieber!«

Mein Freund schloss seine Bibel. Er spürte meine Enttäuschung. Er wusste, dass das Staunen über den Himmel genauso schnell wieder aus meinem Herzen verschwunden war, wie es gekommen war. Das hier war *kein Vergleich* mit jener Erfahrung, als ich als Kind über das Weizenfeld in Kansas blickte. Irgendetwas war schrecklich verkehrt, entweder an mir oder an der biblischen Beschreibung der Herrlichkeit des Himmels.

Das kommt Ihnen bekannt vor?

Seien Sie ehrlich. Seien Sie wie jeder normale, logisch denkende Christ, der mit beiden Beinen fest auf der Erde steht. Gibt es da nicht Zeiten, in denen die biblischen Wortbilder über den Himmel neben dem atemberaubenden Anblick und dem donnernden Getöse der Niagarafälle blass und langweilig wirken? Oder wenn Sie vom Gipfel des *Pikes Peak* über die anmutige Ebene Colorados blicken? Oder wenn Sie sich mit kilometerlang kräuselnden Wellen goldenen Getreides im Wind hin- und herwiegen? Empfinden Sie nicht auch, dass die harmonischen Töne der Schöpfung Gottes manchmal Hesekiels Anmerkungen fast in den Schatten stellen, wenn er Dinge im Himmel beschreibt wie Räder, die mit anderen Rädern verbunden sind und sich doch in alle vier Richtungen bewegen? »Und sie hatten Felgen, und ich sah, ihre Felgen waren voller Augen ringsum bei allen vier Rädern« (Hesekiel 1,18). *Waaas*?

In der Bibel über den Himmel zu lesen kann fast so klingen wie die schlechte Ausgabe eines Reiseführers: Ein breites mit Perlen besetztes Tor heißt Sie im Himmel willkommen, aber achten Sie auf rutschige Straßen, die mit Gold gepflastert sind.

Suchen Sie nicht nach interessanten einheimischen Spezialitäten, denn während Ihres Aufenthalts im Himmel brauchen Sie nicht zu essen; genauso wenig brauchen Sie sich nach einer Unterkunft umzusehen, denn bequeme Betten, duftende Bettwäsche und weiche Kissen sind überflüssig.

Unter den Sehenswürdigkeiten an erster Stelle zu nennen ist das gläserne Meer. Aufgrund der örtlichen Verhältnisse gibt es allerdings keine Sonnenaufgänge, Sonnenuntergänge oder Vollmondnächte. Verpassen Sie nicht das spektakuläre Neue Jerusalem, eine erstaunliche Stadt der Zukunft, erbaut in einem preisverdächtigen architektonischen Design. Bewundern Sie ihre zwölf Grundmauern. Stehen Sie staunend vor ihren zwölf Toren, deren jedes Einzelne aus einer einzelnen gigantischen Perle besteht. Schon vom bloßen Anblick stellt das Neue Jerusalem selbst die Smaragdstadt Oz in den Schatten.

»Das ist verwirrend; ich verstehe das nicht«, sagte ich zu Steve.

Zur Ermutigung schlug er die Worte von Jesus in Johannes 14,1–4 auf: »Euer Herz erschrecke nicht! Glaubt an Gott und glaubt an mich! In meines Vaters Hause sind viele Wohnungen. Wenn's nicht so wäre, hätte ich dann zu euch gesagt: Ich gehe hin, euch die Stätte zu bereiten? Und wenn ich hingehe, euch die Stätte zu bereiten, will ich wiederkommen und euch zu mir nehmen, damit ihr seid, wo ich bin. Und wo ich hingehe, den Weg wisst ihr.«

Mein Freund versuchte, meine Phantasie zu beflügeln, indem er erklärte, dass der Himmel jenseits unserer Wahrnehmung liegen muss, wenn Jesus jetzt dabei ist, diesen Ort vorzubereiten. Er brauchte nur sieben Tage, um die Erde zu erschaffen; aber, Mensch, inzwischen hatte er schon fast zweitausend Jahre Zeit, um meine Wohnung in seinem Haus vorzubereiten.

Ein cleveres Manöver, aber der Schuss ging nach hinten los. Ich erinnerte mich nur daran, wie selbst die schönsten Hotelzimmer mich schon nach wenigen Tagen langweilten. Er versuchte es noch einmal und erklärte, dass all dieses Gerede über Häuser und Wohnungen wahrscheinlich sowieso allegorisch zu verstehen sei. Ich warf ihm einen verständnislosen Blick zu und fragte mich, wie dieser Gedanke denn nun eine Verbesserung darstellen sollte.

Sie werden verstehen, warum ich es zunächst vorzog, vom Rand einer Klippe beim Anblick eines stürmischen Ozeans über den Himmel nachzudenken statt vom Rand des 21. Kapitels der Offenbarung.

Warum klingen die Symbole des Himmels so negativ?

Ich meine das nicht spöttisch, aber genau wie Sie wundere ich mich, dass der Himmel so oft in Negationen wie »dies nicht« und »jenes nicht« beschrieben wird. Kein Ozean mehr. Keine Nächte mehr. Keine Zeit mehr. Kein Mond und keine Sonne mehr. Und was ist mit Nahrung, Ehe, Sex, Kunst und guten Büchern? Nehmen Hesekiel und der Schreiber der Offenbarung an, dass alle anderen Vorzüge des Himmels uns die vielen »dies nicht« und »jenes nicht« vergessen lassen sollten? Die Jahrzehnte, die ich nun schon im Rollstuhl sitze, haben mich mit einem ganzen Leben voll herrlicher Erinnerungen erfüllt, vom Gefühl meiner Fingerkuppen auf den kühlen Elfenbeintasten eines Klaviers bis zum euphorischen Eintauchen in die Schaumkronen der Wellenbrecher, wenn die Flut am höchsten steht. Solche Erinnerungen durchströmen jeden Nerv und jede Faser meines Seins und damit auch meine Phantasie. Es ist eine schreckliche Vorstellung, dass die besten Sachen, aus denen unsere Erinnerungen bestehen, im Himmel keinen Platz mehr haben sollen. Dasselbe könnten Sie auch sagen.

»Aber«, wandte Steve ein, »da steht doch: ›Was kein Auge gesehen, kein Ohr gehört und keines Menschen Sinn erdacht hat, hat Gott denen bereitet, die ihn lieben ...‹ Deine Phantasie kann nicht einmal anfangen, sich alles vorzustellen, was Gott noch auf Lager hat.«

»Also dann«, schnaubte ich, »kann Gott nicht von uns erwarten, besonders begeistert über den Himmel zu sein. Wenn ich all die wunderbaren Dinge in Grund und Boden stampfen muss, die ich an der Erde so genieße, nur damit der Himmel besser dastehen kann, dann ohne mich.«

Es ging mir einfach nicht in den Kopf, wie ein so großer Teil der himmlischen Freuden in negativen Begriffen beschrieben werden konnte. Warum schien Gott über den Himmel eher zu sagen, wie er *nicht* sein wird, als wie er sein wird?

Und nicht nur das. Ich zerbrach mir auch den Kopf, warum die positiven Beschreibungen, wie der Himmel nun wirklich *ist*, so schwerfällig und unattraktiv wirken. Ein Regenbogenthron? Straßen aus Gold? Perlentore? Eine glitzernde Stadt, etwas mehr als zwei Kilometer lang und von ebensolcher Breite und Höhe, mit 60 Meter dicken Mauern aus Jaspis? Das erinnerte doch eher an den monolithischen *Mall of America* (Das größte Einkaufszentrum Amerikas; Anmerkung des Übersetzers) in Minnesota. Ich gab es zwar nur ungern zu, aber selbst die Hinweise auf immerwährenden Frieden und ewige Glückseligkeit erschienen mir langweilig.

Mein Freund seufzte und unternahm noch einen letzten Versuch. »Joni, du kennst die Bibel gut genug, um zu begreifen, dass sie dich nicht in die Irre führen wird. Statt uns abzuschrecken, sollten derartige Beschreibungen da nicht eher unsere Herzen entfachen? Bist du denn nicht ein wenig erleichtert, dass sich der Himmel nicht in Begriffen erschöpft, die wir erfassen können?«

Sprachlos schaute ich ihn an.

»Findest du den Gedanken denn nicht tröstlich, dass seine Herrlichkeit sich jeder Beschreibung entzieht?« Einige lange Augenblicke schwieg er und fügte dann hinzu: »Einfach ausgedrückt, gibt es einfach keine Worte für den Himmel.« Nun war er an der Reihe, mich sprachlos anzuschauen.

Was er da sagte, das war – wie jemand es einmal ausdrückte – Dunkelheit für meinen Verstand, aber Sonnenschein für mein Herz. Er hatte Recht. Diese goldenen Straßen und Perlentore sollten mein Herz entfachen, statt mir eine kalte Dusche zu verpassen. Mein Herz wollte den Himmel als Stimmgabel verstehen, die Gott in Schwingung versetzt. Im tiefsten Innern wollte ich vor dieser uralten und doch so vertrauten Sehnsucht fiebern, vor jenem Verlangen nach etwas, was meine Seele erfüllen und überfluten würde.

Ich lächelte. Dann lächelten wir beide. Wir wussten, dass Gott uns nicht so weit gebracht hatte, nur um uns mit bloßen Negationen zu enttäuschen. Ich wollte mich nicht abschrecken lassen. Es musste Positives geben. Die Bibel war ein Buch, das Vertrauen verdiente, also *musste* mehr hinter dem Regenbogenthron stecken, als sich dem bloßen Auge erschließt. All diese Beschreibungen über goldene Straßen und gläserne Meere mussten Anspielungen auf ein erstaunliches Geheimnis sein. Und wenn Psalm 25,14 stimmt: »Wer den Herrn ernst nimmt, den zieht er ins Vertrauen« (Gute Nachricht), dann verfolgt Gott mit diesem Geheimnis die Absicht, mich zur Suche zu motivieren, meine Neugier zu wecken und anzufachen, bis ich begreife, worum es im Himmel geht.

Ich verspürte neue Energie. Ich beschloss, Steve von jenem weit zurückliegenden Sommernachmittag am Weizenfeld in Kansas zu erzählen. »Ich war ja noch ein kleines Mädchen, aber damals schien mir der Himmel so nah, so real«, seufzte ich. Ich beschrieb die Freude und das Schaudern, das Empfinden von Raum und den Klang von Musik. Dann erklärte ich ihm, wie ich mir wünschte, so möge der Himmel sich anfühlen... Ich wünschte mir eine Art Landkarte, die mich zu diesem Weizenfeld zurückbrachte.

»Aber deine Sehnsucht nach dem Himmel muss sich an irgendetwas festmachen«, warnte mein Freund. »Du kannst die goldenen Straßen und den Regenbogenthron nicht einfach ignorieren, nur weil sie dich auf den ersten Blick nicht begeistern. Sie sind die Bilder, die Gott uns gab – die Symbole, mit denen die Bibel uns zum Nachdenken einlädt. Sie sollen deinen Glauben nicht abschrecken, sondern entfachen.«

Ich wusste, dass er auch in diesem Punkt Recht hatte. Wenn ich die glitzernde himmlische Stadt mit ihren 60 Meter dicken Mauern aus Jaspis links liegen ließ – nur weil mir die Vorstellung einer Stadtplanung im Himmel nicht passte –, dann blieb mir nichts als meine eigene Phantasie, um meinem Glauben Nahrung zu geben. Und das könnte gefährlich, wenn nicht sogar ein wenig New-Agemäßig sein.

»Joni, verwechsle die Hinweise in der Bibel nicht mit der Realität, die sie nur repräsentieren. Es ist ungefähr so: Angenommen, wir fahren auf der Autobahn und sehen ein Schild: Chicago 50 Meilen. Es würde uns doch nicht einfallen, das Schild mit Chicago zu verwechseln, richtig?«

»Richtig«.

»Wir wissen beide, dass es uns auf eine Realität in einer Entfernung von 50 Meilen verweist, weit hinter diesem zwei mal drei Meter großen grünen Schild mit weißer Aufschrift.«

Bis dahin konnte man leicht folgen.

»Genauso wenig darfst du eine zwei Kilometer hohe Mauer aus funkelnden Edelsteinen hinaufklettern und da stehen bleiben. Oder auf alle Viere gehen, um zu untersuchen, ob die goldenen Straßen 18-karätig statt 24-karätig sind. Diese Details verweisen nur auf eine mit bloßem Verstand nicht zu erfassende Realität, die sich hinter diesen Symbolen verbirgt.«

Langsam dämmerte es. Das Problem lag nicht in der biblischen Beschreibung der himmlischen Herrlichkeit, sondern in der Art, wie ich diese Symbole betrachtete.

Steve ging noch weiter. »Da du nicht gerade begeistert über das Neue Jerusalem bist, denk mal über Folgendes nach: Da steht, dass die Wände ebenso hoch und breit wie lang sind. Die Stadt ist ein vollkommener Würfel mit einer Seitenlänge von über zwei Kilometern. Was meinst du, könnte dies bedeuten?«

»Dass der Himmel hässlich ist«, gab ich zur Antwort.

»Hoppla! Pass nur auf, sonst hau ich dir das Straßenschild nach Chicago um die Ohren«, lachte er. »Wenn du bei dem Symbol selbst stehen bleibst, hast du Recht: es ist kein schöner Anblick. Aber die Symbole weisen auf etwas anderes.«

Wir gingen nun ins Alte Testament und betrachteten, wie Salomo das Allerheiligste des alten Tempels in Jerusalem gebaut hatte, jenen Raum, der die Bundeslade barg. In 1. Könige 6,20 steht, dass der »Chorraum ... zwanzig Ellen lang, zwanzig Ellen breit und zwanzig Ellen hoch war«.

»Siehst du«, meinte er, »die Proportionen sind dieselben, nur ist der Himmel nach dieser Beschreibung etwa eine Viertelmillion mal größer. Da im Buch der Offenbarung ausdrücklich gesagt wird, dass es im Himmel keinen Tempel gibt, steckt darin wahrscheinlich der Gedanke, dass das gesamte Paradies ein Tempel ist. So wie Gottes blendende Gegenwart das Allerheiligste erfüllte, so wird sie auch diese heilige Stadt erfüllen. Nur wesentlich intensiver.«

»Hmmm ... darüber könnte man wirklich mal nachdenken«, sann ich.

»Ganz genau! Du musst nachdenken. Wenn du dir die Zeit nimmst, über die Bibel nachzudenken, dann findet dein Glaube feste Anhaltspunkte. Etwas, was faktisch und wahr ist. Dein Glaube bekommt dann Nahrung – einen Nährboden, in dem deine Träume vom Himmel wurzeln können.«

Damals war es mir nicht bewusst, aber Steve Estes hatte mir gerade gezeigt, wie ich die Landkarte lesen musste, wie ich die Zeichen und Symbole zu interpretieren hatte, die mir den Weg zum Himmel weisen würden. Denn in Bezug auf den Himmel gibt es keine Grenzen für das, was der Herr denen anvertrauen wird, deren Glaube in der Bibel wurzelt.

Den Himmel mit den Augen des Glaubens betrachten

Die Bibel gibt uns die Symbole, aber es ist der Glaube, der die Hieroglyphen des Himmels lebendig werden lässt. Und der Himmel *muss* lebendig werden! Schließlich sollen wir, wenn wir Bürger des himmlischen Königreichs sind, nach Philipper 3,20 freudig darauf warten. Der Himmel ist das Ziel unserer Reise, die Erfüllung unseres Lebens, der Grund, nicht aufzugeben. Wenn der Himmel die Heimat unseres Geistes, die Ruhe für unsere Seelen, der Speicher jeder geistlichen Investition auf der Erde ist, dann muss er unser Herz ergreifen. Und unser Herz muss den Himmel im Glauben ergreifen.

Der Himmel war, und wird es immer sein, eine Sache des Glaubens. »Es ist aber der Glaube eine feste Zuversicht auf das, was man hofft, und ein Nichtzweifeln an dem, was man nicht sieht« (Hebräer 11,1). Halten Sie inne und nehmen Sie diesen Vers einmal auseinander. Glaube bedeutet, an Realitäten zu glauben, die jenseits unserer Sinne und Wahrnehmung liegen. Er ist die Gewissheit dessen, worauf man hofft, also die Gewissheit noch unerfüllter Dinge in der Zukunft. Und er bedeutet, sich einer Sache sicher zu sein, die man nicht sehen kann, sich also der unsichtbaren göttlichen Tatsachen überall um uns her bewusst zu sein. Anders ausgedrückt macht der Glaube uns nicht nur gewiss, dass goldene Straßen im Himmel wirklich existieren, sondern er hilft uns, etwas jenseits der irdischen Asphaltstraßen wahrzunehmen, die im Hier und Jetzt existieren.

Nun braucht es nicht mehr als einen Glauben von der Größenordnung eines Senfkorns, um sich der unerfüllten Dinge in der Zukunft gewiss zu sein. Es erfordert keinen großen Glauben, sich der unsichtbaren göttlichen Tatsachen überall um uns her bewusst zu sein. Wenn Sie sich einer Realität bewusst sind, die Sie nicht sehen können, und wenn Sie gewiss sind, dass es noch viele andere Tatsachen gibt, deren Erfüllung noch ansteht, dann befinden Sie sich schon auf halbem Weg, das Geheimnis zu entschlüsseln!

Probieren wir das einmal an einigen anderen Wortbildern aus dem Buch Hesekiel aus. Der Prophet sitzt am Ufer eines Flusses, als er plötzlich – blitzartig – die Himmel über sich offen sieht. »Und ich sah, und siehe ... eine mächtige Wolke und loderndes Feuer, und Glanz war rings um sie her, und mitten im Feuer war es wie blinkendes Kupfer. Und mitten darin war etwas wie vier Gestalten ... Ihre Angesichter waren vorn gleich ...« Dann fährt Hesekiel fort, die vier Angesichter mit Augen, Ohren, Nasen und Mündern wie von Stieren und Menschen, Löwen und Adlern zu beschreiben. Glaube ich.

Ich kann es Hesekiel so gut nachfühlen. Er saß ganz einfach da unten am Fluss und ging seinen eigenen Gedanken nach, als Gott plötzlich – ohne jede Vorwarnung – seine Augen erbarmungslos gegen das strahlende Licht des Himmels bannte, ein gleißendes Strahlen, das der normale Gläubige nur aus der Distanz und auch dann nur durch eine dunkel getönte Brille betrachtet. Der Prophet rang nach Worten, um zu beschreiben, was er gesehen hatte, doch nachdem er seinen Wortschatz nach passenden Substantiven und Adjektiven durchforstet hatte, um ein Bild des Himmels zu zeichnen, musste er sich mit einer alten und vertrauten Sprache begnügen. Daher also die seltsamen

Bilder von Tieren mit absonderlichen Gesichtern und von Rädern, wie Sciencefiction-Autoren sie sich ausdenken würden.

Hesekiel fasste sich ein Herz und machte sich daran, das Gesehene in Worte zu kleiden. Gott offenbarte ihm etwas Übernatürliches – ein ganzes Bündel unsichtbarer göttlicher Realitäten –, aber Gott gab dem Propheten kein Lexikon übernatürlicher Begriffe an die Hand. Hesekiel musste sich also auf die Sprache der Vergleiche verlassen. Mitten im Feuer sah etwas aus *wie* ... und die Gesichter waren *gleich*... Je näher Hesekiel an den feurigen Thron herantritt, desto unsicherer wird seine Wortwahl. Man kann Hesekiel geradezu stottern und stammeln hören, wenn man im 1. Kapitel ab Vers 26 zu lesen beginnt:

»Und über der Feste, die über ihrem Haupt war, sah es aus wie ein Saphir, einem Thron gleich, und auf dem Thron saß einer, der aussah wie ein Mensch. Und ich sah, und es war wie blinkendes Kupfer aufwärts von dem, was aussah wie seine Hüften; und abwärts von dem, was wie seine Hüften aussah, erblickte ich etwas wie Feuer und Glanz ringsumher. Wie der Regenbogen steht in den Wolken, wenn es geregnet hat, so glänzte es ringsumher. So war die Herrlichkeit des Herrn anzusehen.«

Haben Sie einmal gezählt, wie oft hier »etwas wie« und »aussah wie« und »gleich« vorkommt? Der arme Kerl. Der Thron war alles andere als der des Königs David; das Möbelstück, das Hesekiel hier zu sehen bekam, war bestenfalls »einem Thron gleich«. Und der Herr, der darauf saß? Er ließ sich allenfalls beschreiben als »einer, der aussah wie ein Mensch.« [1]

Dasselbe gilt für den Apostel Johannes, der sich abplagte, als er auf der Insel Patmos am Strand saß und seine Himmelsvision aufschrieb. Und nach bestem Bemühen kann der Apostel nur etwas beschreiben, das aussah wie gläserne Flüsse, goldene Straßen und Perlentore.

Was der Punkt ist? Waren Hesekiel und Johannes sich dessen gewiss, was sie erhofften? Natürlich. Besaßen sie Gewissheit über Dinge, die sie nie gesehen hatten? Darauf können Sie wetten. Sie waren Zeugen einer fernen Zukunft, Zeugen von Dingen, deren Erfüllung noch aussteht, und als der Herr den Vorhang beiseite schob, damit sie die unsichtbaren Realitäten tatsächlich sehen konnten, vertrauten sie ihm, dass er sie zur Erfüllung bringen würde. In früheren Zeiten mag ihr Glaube an den Himmel verschwommen gewesen sein, doch sobald ihre Augen geöffnet worden waren, wurden aus nebulösen Wirklichkeiten handfeste Fakten.

Es stimmt schon, dass sie einen leichten Vorteil hatten. Als sie den Himmel sahen, war es ungefähr so, als ständen sie ohne Sonnenbrille vor einem Lichtbogen. Es konnte ihnen gar nicht entgehen. Sie sahen mit eigenen Augen, was sie ihr ganzes Leben lang erhofft hatten. Doch bevor Sie sie beneiden wollen, denken Sie daran: »Die Hoffnung aber, die man sieht, ist nicht Hoffnung; denn wie kann man auf das hoffen, was man sieht?« (Römer 8,24-25). Hesekiel und Johannes sahen ihre Hoffnung. Wir können das nicht. Und deshalb ist das Lied des Himmels immer noch ein Echo. Es ist eine Sehnsucht, unerfüllt. Ein Verlangen, das immer noch schmerzt. Doch das ist gar nicht so schlecht. Wir mögen uns anstrengen und blinzeln, um den Himmel wie durch dunkel getöntes Glas wahrzunehmen, doch wenn wir als gewöhnliche Gläubige einen flüchtigen Blick erhaschen, können wir uns glücklicher schätzen als selbst ein Prophet. Wie das? In Johannes 20,29 lobt Jesus den Glauben von Menschen wie Sie und ich, wenn er uns erhöht und sagt: »Selig sind, *die nicht sehen* und doch glauben!«

Jesus sagt, dass es eine ganz besondere Art der Seligkeit gibt, eine einzigartige Beglückung für Menschen wie wir, die den Schmutz der Erde durchgraben, um die Hieroglyphen des Himmels zu entziffern. Wenn Sie im Hinblick auf den Himmel über die Symbole hinausgehen können, wenn Sie dessen, was Sie hoffen und was Sie nicht sehen, gewiss sind, dann rücken Sie haarscharf in die Nähe der Propheten und Apostel. Denn obwohl ihre Augen von einem Regenbogenthron angestrahlt wurden, können Sie erahnen, was der Thron symbolisiert, und Sie können sehen, was dahinter liegt, wenn auch durch ein dunkles Glas.

Warum der Himmel so schwer zu verstehen ist

Noch etwas anderes können wir von Hesekiel und Johannes lernen. So absonderlich und seltsam ihre Wortbilder auch sein mögen, eines vermitteln sie ganz gewiss: Die gesamte himmlische Szene ist äußerst real. Da ist nichts Fahriges oder Nebulöses an den exakten Maßen eines zwölfschichtigen Fundaments aus Edelsteinen.

Das alles ist real, aber von völlig anderer Art als alles, wovon Menschen auf der Erde je gehört haben.

Gott hat gute Gründe für diese Art von Beschreibung. Sehen Sie, wenn Hesekiel oder Johannes oder sogar wir fähig wären, die unendlich hohe Mauer niederzureißen, die »alles, was geistlich ist« und »alles, was nicht geistlich ist« voneinander trennt, wenn wir diese Mauer mit den Seilen und Kletterhaken des menschlichen Verstandes überwinden könnten, dann würde, welch ein Jammer, unser Glaube nicht viel bedeuten.

Gott schuf den Himmel und den Menschen so, dass eine Wolke des Geheimnisses uns daran hindern würde, den Himmel vollständig durch Sprache und Logik zu erfassen. Wie Hesekiel und Johannes sah auch der Apostel Paulus den Himmel mit eigenen Augen; aber anders als sie war er nicht nur unfähig, den Anblick zu beschreiben, sondern es wurde ihm gar nicht erlaubt! Das Geheimnis *soll* unangetastet bleiben. Wir können uns den Himmel nicht allein aus den Bauklötzen unserer Logik zurechtzimmern. Und selbst wenn wir das könnten, würden wir damit sozusagen nur die Sonne mit einer Taschenlampe anstrahlen. Uns ist nur gestattet, im Glauben durch die dunkle Brille hindurchzusehen.

Ich bin dankbar, dass der Himmel größer ist als die menschliche Sprache. Und was die »protzigen« Sehenswürdigkeiten in jenem Reiseführer betrifft, so nimmt der Glaube ihnen die »Protzigkeit«. Der Versuch, den Himmel ohne Glauben zu erfassen, gleicht dem Versuch, eine Kathedrale mit grandiosen Glasfenstern von außen zu bewundern. Wenn man draußen steht, sieht man eine eindrucksvolle Konstruktion. Das Gebäude ist imponierend, doch ohne wahre Schönheit. Wenn man jedoch in die Kathedrale hineingeht – das ist so ungefähr, als wenn man den Himmel mit den Augen des Glaubens betrachtet –, steht man sprachlos vor einer Flut herrlicher Farben, die durch das einströmende Licht auf einen herabscheinen.[2]

Der Glaube trägt uns über die imposante und eindrucksvolle Sprache der goldenen Städte und Throne hinaus und offenbart die bessere, strahlendere Herrlichkeit innerhalb der Mauern des Neuen Jerusalem. Der Glaube greift die Beschreibungen 24-karätigen Asphalts und großer Perlen, die an Scharnieren schwingen, auf und macht uns gewiss, dass das, was wir erhoffen, weit, weit besser ist als das.

Wie viel besser?

Schauen Sie über das Negative hinaus

Erinnern Sie sich, wie ich mich über die vielen »dies nicht« und »jenes nicht« in den Beschreibungen des Himmels ärgerte? *Der Glaube erinnert uns, dass jede Negation nur die Kehr-*

seite einer Erfüllung bedeutet. Eine Erfüllung all dessen, was die Menschheit nach Gottes Absicht sein sollte. Es stimmt schon: Wir mögen ein gutes Holzkohlen-Grillsteak oder eine romantische Vollmondnacht mit unserem Ehepartner genießen, aber der Glaube sagt uns, dass diese Dinge nur ein Hauch köstlicheren Geschmacks und bezaubernder Freuden sind, die uns bevorstehen. Sie werden nicht verneint werden, ganz und gar nicht; vielmehr wird der Hauch dessen, was sie auf der Erde sind, im Himmel vollständige Erfüllung finden.

Gehen Sie nicht davon aus, dass wir, weil es im Himmel keine Ehe gibt, gezwungen sein werden, uns in ewige Abstinenz zu begeben. Kauen Sie nicht immer wieder die Vorstellung durch, dass wir im Himmel ohne Grillkohlen gezwungen sein werden, uns durch geschmacklose, fade Pillen zu ernähren.

Benutzen Sie Ihre Augen des Glaubens. Stellen Sie sich das alles im Sinne »zukünftiger göttlicher Erfüllungen« vor. Machen Sie sich klar, dass jede Negation nur die Kehrseite einer Erfüllung darstellt. Denn das, was nicht länger für biologische Zwecke benötigt wird, wie Fortpflanzung oder Verdauung, mag dann eine weit höhere, köstlichere Funktion erfüllen.

Das ist eine jener Realitäten, die über unsere Sinne und Wahrnehmungen hinausgehen. Denken Sie über diese Aussage nach: »Selig ist der Mann, der die Anfechtung erduldet; denn nachdem er bewährt ist, wird er die Krone des Lebens empfangen...« (Jakobus 1,12). Aus einem solchen Vers können wir ableiten, dass unsere Siege, wenn wir unseren Appetit auf der Erde zügeln und nicht zulassen, dass Lust und Gier so wundervolle Dinge wie Ehe oder Nahrung ruinieren, im Himmel an Herrlichkeit und Glanz gewinnen. Wenn wir auf der Erde unsere Hormone kontrollieren, wird die eheliche Treue uns in der Ewigkeit als Siegeswaffe dienen, mit der wir der Versuchung widerstanden. All das wird Gott um so mehr verherrlichen.

Auf das Thema der »Hormonkontrolle« kam ich an einem

anderen jener beschaulichen Kaminabende mit Steve zu sprechen. Das ist die große Frage, über die jeder früher oder später stolpert, wenn er über den Himmel nachdenkt. Ich war noch ein Teenager und schämte mich, das Wort »Sex« auszusprechen, also bemerkte ich beiläufig: »Wie ist das eigentlich zu verstehen, dass man ›im Himmel nicht heiratet‹?«

Er schien meine Gedanken zu lesen und sagte lächelnd: »Joni, Dinge wie Fortpflanzung und Verdauung sind körperliche Funktionen, die wir für das Leben hier auf dieser Erde benötigen. Was den Himmel betrifft, so glaube ich nicht, dass wir dort geschlechtslos werden oder mit unseren verklärten Zähnen niemals in einen saftigen Pfirsich beißen werden. Es ist einfach so, dass der Himmel uns etwas weit, weit Besseres verheißt. Sogar noch weit besser als die Erfüllung, die Menschen in der Ehe genießen.« Ich warf ihm einen skeptischen Blick zu. »Ich bin zwar nicht verheiratet, aber das ist ziemlich schwer vorstellbar.«

»Nein, es ist nicht schwer vorstellbar; es ist unmöglich. Absolut unmöglich. Wir haben keine Ahnung, was Gott vorbereitet. Aber betrachte mal diese Aussage in Psalm 16,11«, meinte er, während er im Alten Testament blätterte. »›Vor dir ist Freude die Fülle und Wonne zu deiner Rechten ewiglich.‹ Der Glaube sagt uns, dass die Freuden und Vorzüge, die Menschen in der Ehe genießen, nur eine schwache Andeutung größerer Freuden sind, die erst noch kommen werden.«

Zweifelnd grinste ich zu ihm hinüber, aber ich kam zu dem Schluss, dass er Recht hatte. Meine Fragen über Intimität und Nahrung würde ich für den Augenblick wohl besser beiseite legen. Zunächst einmal musste ich den Glauben entwickeln, dass jede Negation nur die Kehrseite einer Erfüllung darstellt. Einer Erfüllung all dessen, was Gott für unser Menschsein beabsichtigt hat.

Nicht nur werden Fortpflanzung und Verdauung überflüssig sein, sondern es wird im Himmel keine – ich wiederhole: keine – Sonne und keinen Mond geben. In Offenbarung 21,23 steht: »Und die Stadt bedarf keiner Sonne noch des Mondes, dass sie ihr scheinen.« Aber seien Sie nicht bekümmert. Der Himmel wird in nichts hinter dem Staunen zurückbleiben, das Sie beim Anblick eines herrlichen Sonnenaufgangs oder einer klaren Mondnacht empfinden, »denn die Herrlichkeit Gottes erleuchtet sie, und ihre Leuchte ist das Lamm«. Selbst das Licht wird seine zukünftige göttliche Erfüllung finden, denn es wird ein besseres Licht sein, »nicht wie eine Kerzenflamme, die ausgeblasen wird, sondern wie eine Kerzenflamme, die unsichtbar wird, weil jemand die Rollos hochgezogen, die Fensterläden aufgestoßen und das strahlende Licht des auferstandenen Sohnes hereingelassen hat«.[3] Der Glaube lässt uns nicht trauern. Wir werden im Himmel nicht verlieren. Wir werden gewinnen. Der Herr, der den Samen einer zukünftigen göttlichen Erfüllung in fast jedes gute Ding auf dieser Erde gelegt hat, wird es bis zu dem Tag seiner Wiederkunft zur Vollendung bringen und alle bislang nicht gesehenen göttlichen Realitäten kristallklar werden lassen. Gott wird nichts Gutes wegwerfen. »Der alte Acker des Raums, der Zeit, der Materie und der Sinne soll von Unkraut befreit, umgegraben und mit neuem Getreide besät werden.«[4]

In das Positive hineinschauen

Darf ich eine Frage stellen, die noch etwas anderes in Bezug auf diese Negationen im Himmel erklären wird? Wissen Sie, warum ein Fotograf ein Negativ benutzt, um Sie zu fotografieren? Er benutzt es, um uns ein positives Bild zu zeigen. Dasselbe Prinzip benutze ich auch, wenn ich an meiner Staffelei male. Manchmal entscheide ich mich, nicht die Umrisse zum

Beispiel eines Blatts mit dem Pinsel zu zeichnen, sondern den Himmel rund um das Blatt, der dann seine Umrisse bestimmt. Diese umgekehrte Form der Malerei ist eine Art – manche würden sagen, eine bessere Art –, den Umrissen der Blätter gegen den Himmel Gestalt zu geben. Der Künstler lässt Sie durch die Malerei etwas sehen, was Sie nicht sehen.

Das Prinzip bleibt dasselbe, wenn es um den Himmel geht: *Die Negationen werden benutzt, um uns das Positive zu zeigen.* Auf der Erde wissen wir nur zu gut, worin die negativen Seiten liegen: Leid, Schmerz und Tod. Zeigt man uns ihr Gegenteil, die positive Seite, dann haben wir die bestmögliche Vorstellung des vollkommenen Zustands. Zum Beispiel gibt es im Himmel vielleicht keinen Mond, keine Ehe und keine Notwendigkeit mehr zu essen, wie es in Offenbarung 21 heißt, aber es gibt auch einige ziemlich *gute* Negationen, mit denen wir uns identifizieren können, und seltsamerweise werden auch sie alle in Offenbarung 21 aufgezählt:

Kein Leid mehr.

Keine Tränen mehr.

Kein Schmerz mehr.

Kein Fluch mehr.

Und, Preis sei Gott dafür, kein Tod mehr.

Sela. Pause.

Denken wir mal drüber nach.

Wir würden alle einräumen, dass die Summe des menschlichen Leids auf der Erde die Summe des menschlichen Glücks weit übersteigt. Hiob sagte: »Der Mensch, vom Weibe geboren, lebt kurze Zeit und ist voll Unruhe« (14,1). Der Psalmist David drückt dies in Psalm 55,7.9 aus: »O hätte ich Flügel wie Tauben, dass ich wegflöge und Ruhe fände... Ich wollte eilen, dass ich entrinne vor dem Sturmwind und Wetter.«

Da halte ich es mit Hiob und David: Hol mich hier raus! Haben Sie so etwas je empfunden? Ich kann Ihnen nicht sagen, wie viel Kummer ich mit den Jahren in Schach gehalten habe. Wie leicht könnten die Tränen fließen, wenn ich mir gestatten würde, über alle Freude an der Bewegung und die Wonne des Fühlens nachzudenken, die mir versagt sind. Kopfüber in einen Swimmingpool eintauchen und spüren, wie meine Arme und Beine durchs Wasser gleiten. Gitarrensaiten mit meinen Fingern zupfen. Joggen bis zum Muskelkater. Dampfgegarte Marylandkrebse aufknacken. Am Morgen schwungvoll die Bettdecke zurückschlagen und aus dem Bett springen. Mit meinen Händen über die Brust meines Ehemanns streichen und sie *fühlen*. Wenn ich mir vorstelle, wie wir eines Tages diese Worte hören werden, die nicht mehr gesprochen wurden, seit Adam aus dem Garten Eden verbannt wurde: »Es wird kein Leid mehr sein.«

Glaube, um den Heimweg zu finden

Sehen Sie das? Sehen Ihre Augen des Glaubens nun schärfer? Oder besser gesagt: Können Sie es hören? Das schwache Echo eines fernen himmlischen Gesangs? Es flüstert, dass der Himmel keine *Aufhebung* all der guten Dinge sein wird, die wir kennen, sondern eine neue und ungemein verbesserte Version. Und außerdem wird der Himmel eine *Auflösung* all der schlimmen Dinge sein, die wir kennen, wenn Gott jede Träne abwischen und den Vorhang über Schmerz und Enttäuschung zuziehen wird.

Nun muss ich etwas korrigieren, was ich zuvor geschrieben habe. Erinnern Sie sich an den Kommentar während einer dieser Diskussionen am offenen Kamin? »Es gibt keine Worte für den Himmel«? Es hätte heißen müssen: »Der Himmel ist zu spezifisch, zu real für die Sprache.«[5] Wenn ich etwas von dem Propheten Hesekiel und dem Apostel Johannes gelernt habe, dann ist es, dass der Himmel real ist. Es ist kein Zustand und kein Befinden, sondern ein Ort. Ein Ort mit Straßen, Toren,

Mauern und Flüssen. Wir irren uns, wenn wir uns den Himmel wie einen Hauch dünn und nebulös vorstellen. Es ist die Erde, die verdorrendem Gras gleicht, nicht der Himmel.

Was wir brauchen, um den Ort kennen zu lernen, den Jesus jetzt für uns vorbereitet, ist Glaube. Glaube an das, was Gott in seinem Wort über den Himmel zu sagen hat. Denn als Gott beschloss, über den Himmel zu sprechen, tat er es, indem er die Substantive und Verben, die Syntax und die Grammatik der Bibel benutzte. Und obwohl er den Himmel hauptsächlich in höchst symbolischen Büchern wie Hesekiel und der Offenbarung schildert, sind diese Symbole als Anreiz für unser Denken und Nahrung für unseren Glauben gedacht ...

Ein Glaube, der sich *auf* die biblischen Symbole konzentriert, in sie *hinein* und über sie *hinaus* blickt.

Ein Glaube, der die Fähigkeit entwickelt, an diesem himmlischen Augenblick festzuhalten.

Ein Glaube, der uns den Weg nach Hause weist.

Diese Art von Glauben macht den Himmel zur lebendigen Realität. Er bringt die Dinge, die für andere Menschen unsichtbar und distanziert wirken, in enge Berührung mit Ihrem Herzen. Er bezieht Ihr Herz und Ihre Augen mit ein. Wenn der Apostel Paulus hier wäre, würde er Epheser 1,18 wiederholen: »Er gebe euch erleuchtete Augen des Herzens, damit ihr erkennt, zu welcher Hoffnung ihr von ihm berufen seid, wie reich die Herrlichkeit seines Erbes für die Heiligen ist.«

Halten Sie einen Augenblick inne, schärfen Sie Ihre Augen des Glaubens und wandern Sie dann mit mir in eine Welt, von der Sie seit Ihrer Jugend gehört und die Sie doch nie gesehen haben: den Himmel. Wie wird es dort sein? Was werden wir tun? Wo ist dieser Ort, den man Himmel nennt, und warum wird er als unsere »Heimat« bezeichnet? Blicken Sie mit mir durch ein dunkles Glas, und vielleicht entdecken Sie, dass die Heimat näher – und realer – ist, als Sie je gedacht haben.

TEIL I

Wie wird der Himmel sein?

2 Wer sind wir im Himmel?

Seit Jahren denke ich über meine himmlische Heimat nach. Sie verstehen natürlich, weshalb: Mein irdischer Körper funktioniert nicht. Das ist ein Grund, warum ich ständig vom Himmel träume.

Ich kann nicht behaupten, dass meine Träume Perlentore und goldene Straßen in Technicolor-Qualität abbilden; sie gleichen eher groben Skizzen oder trüben Spiegelbildern, wenn meine Augen »den König … in seiner Schönheit [und] ein weites Land sehen« (Jesaja 33,17). Wie jener flüchtige Anblick eines Weizenfeldes damals in Kansas ...

... abgesehen von einem außerordentlichen Traum, den ich eines Nachts einmal in einem norwegischen Hotel Stavanger hatte. In meiner stillen Zeit hatte ich mich die ganze Woche hindurch auf Offenbarung 21,21 konzentriert, wo es heißt: »Der Marktplatz der Stadt war aus reinem Gold wie durchscheinendes Glas.« Das ergab keinen Sinn. Gold ist nicht transparent; und es ist überhaupt nicht mit Glas zu vergleichen, weil man nicht hindurchsehen kann. Es war wieder eines dieser himmlischen Bilder, über die man beim Nachdenken stolpert. Ich zuckte die Achseln und schloss meine Bibel.

In der folgenden Nacht, während der kalte norwegische Wind an den Fensterläden meines Schlafzimmers rüttelte, kuschelte ich mich ins Bett und glitt in einen höchst verwunderlichen Traum. Ich sah mich in einem gelben Badeanzug am Rand eines Swimmingpools stehen. Dies war erstaunlich, weil ich selten davon träume, auf meinen Beinen zu stehen. Normalerweise kann ich meinen Körper von den Schultern abwärts nicht sehen oder spüren; mein Leib und meine Beine erscheinen mir immer verschwommen und unfertig wie die grob skizzierten Umrisse eines Gemäldes. Nicht so in diesem Traum.

Ich streckte meine Arme über den Kopf, beugte meinen Rücken leicht nach vorn und tauchte geschmeidig ins Wasser. Wieder an der Oberfläche strich ich mir das Wasser aus dem Haar und sah erstaunt, wie strahlend meine Hände aussahen, ganz rosig-nass und elfenbein-honigfarben, in Leben, Schönheit und Gesundheit gebadet. Ich drückte beide Handflächen an meine Nase; wild und lieblich war ihr Geruch. Manch einer hätte mich für einen Engel halten können, aber nie fühlte ich mich mehr als ein Mensch, als eine Frau. Ich reckte den Kopf und bewunderte meine ausgestreckten Arme, und dann schaute ich umher. Es ist schwer zu beschreiben, aber das Wasser und die Luft funkelten in strahlendem Licht, wie reines Gold, transparent wie Glas.

Jeder Atemzug stach tief in meine Lungen, doch war es ein köstliches Prickeln, das mich nur noch tiefer einatmen ließ. Ich blickte hinab und sah das Wasser im Pool glitzern wie Diamanten. Sie kennen sicher den Ausdruck: »Das Wasser prickelt auf meiner Haut.« In meinem Traum tat es genau das. Auch die Luft war prickelnd. Alles schien zu funkeln, klar und golden.

Ich sah einen Freund am Rand des Swimmingpools sitzen; er entspannte sich auf einem Liegestuhl unter einer weißen Veranda und beobachtete mich. Seltsamerweise wirkte auch er wie in Licht gebadet. Er schien realer, mehr ein Mann als je zuvor. Er war mein alter Freund, doch tausendmal mehr er selbst, und als unsere Augen sich trafen, flutete Jugend in mein Herz. Ich fragte mich, ob er dasselbe fühlte. Ich lächelte, winkte und begann zu schwimmen; mit langen, kräftigen Zügen teilten meine Arme sanft das Wasser. Die Wellen fühlten sich kühl und glatt an, mehr wie Seide als wie Wasser. Nach einer Weile sprang mein Freund kopfüber in den Pool. Er berührte meine Schulter und es brannte, doch ohne jeden Schmerz. Worte waren überflüssig; unser Lächeln sagte, dass wir zum ersten Mal wieder Freunde waren. Zug um Zug schwammen wir gemeinsam. Und je länger wir schwammen, desto stärker wurden wir. Nicht schwächer, sondern stärker.

Es war der bemerkenswerteste Traum, den ich je hatte. Als ich aufwachte, hatte ich keinen Zweifel, dass es ein Traum vom Himmel war. Nun war ich überzeugt, dass »reines Gold wie durchscheinendes Glas« tatsächlich existiert. Es war kein holpriger Vergleich. Ich sah es mit den Augen meines Herzens.

Neue Körper

Eines Tages wird der Traum Wirklichkeit werden. Eines Tages – falls ich sterbe, bevor Jesus wiederkommt – wird meine Seele wieder mit meinem Körper vereint werden. Halten Sie doch inne und träumen Sie mit mir ...

Eines Tages gibt es keine ansetzenden Bäuche und schütteren Haare mehr. Keine Krampfadern oder Krähenfüße. Keine Zellulitis oder Stützstrümpfe. Vergessen sind dann die Speckrollen und Doppelkinns. Nur ein kurzer Hüpfer über den Grabstein hinweg, und schon ist es der Körper, den Sie sich immer erträumt haben. Fit und durchtrainiert, samtig und schlank.

Schon beim Gedanken daran möchte ich vor Freude glucksen! Kein Wunder, dass wir sehnsüchtig »erwarten den Heiland, den Herrn Jesus Christus, der unsern nichtigen Leib verwandeln wird, dass er gleich werde seinem verherrlichten Leibe« (Philipper 3,20–21).

Unseren nichtigen Leib verwandeln ... gleich seinem verherrlichten Leibe. Erstaunlich. Wie Jesus in seinem Auferstehungsleib werden wir Hände und Arme, Füße und Beine haben. Wir werden keine Geistwesen sein, die wie Engel körperlos umherschweben.

Eine solche Verheißung wirft allerdings fast noch mehr Fragen auf, als sie beantwortet. Schließt ein verherrlichter Leib ein verherrlichtes Verdauungssystem ein? Was ist mit Schlaf? Was ist, wenn wir lieber etwas schiefe als perfekte gerade Zähne haben? Werden wir genauso aussehen? Und wenn das so ist, werden wir einander erkennen? Wird mein Mann »Ken Tada« und meine Mutter »Margaret Johanna Eareckson« sein? Werde ich im Himmel einen sonnengelben Badeanzug tragen, wenn ich mit einem beliebigen Freund schwimmen möchte?

Und noch etwas. Wie ist es mit den Menschen, die vor Jahrhunderten im Ozean ums Leben kamen; deren Leiber schon längst zu Fischfutter geworden sind? Oder mit Menschen, die durch Bomben in Fetzen gerissen wurden; Pionieren, die in der Prärie auf der Strecke blieben und deren Körper zu Staub wurde, der sich in alle vier Winde zerstreute? Wird Gott die Winde aufsaugen, die Körperpartikel jedes einzelnen Menschen sammeln und aussortieren und die richtige DNA zusammenbauen?

Solche Fragen wurden im Sommer 1990 für mich real, nachdem mein neunzigjähriger Vater gestorben war. Er hatte ein Leben als Cowboy und Zureiter geführt, mit Indianern gehandelt, schnelle Pferde geritten und die höchsten Gipfel der *Rocky Mountains* erklommen. Und so lag es nahe, dass meine Familie, Ken und ich zum *Pikes Peak* hochfuhren, um die Asche meines Vaters zu verstreuen.

Wir fanden einen abgelegenen Ort nahe am Rand einer Klippe. Mehrere hundert Meter unter uns erstreckte sich ein grünes Tal wie ein Patchwork aus Sonnenlicht und Wolkenschatten. Der eisige Wind zerzauste uns das Haar, und wir hielten unsere Hüte und Mützen fest. Ein Adler schwebte über unsere Köpfe. Ken öffnete das »Book of Common Prayer« und las:

»Denn wie es dem allmächtigen Gott in seiner Vorsehung gefallen hat, die Seele unseres geliebten Vaters, John Eareckson, aus dieser Welt zu nehmen, so übergeben wir seinen Körper der Erde; Erde zu Erde, Asche zu Asche, Staub zu Staub; in Erwartung der Auferstehung beim Erscheinen unseres Herrn Jesus Christus, bei dessen Wiederkunft ... die Erde und das Meer ihre Toten hergeben werden; und die verweslichen Leiber derer, die in ihm entschlafen sind, werden verwandelt werden und seinem eigenen verherrlichten Leib gleich sein ...« [1]

Ken schloss das Buch und las einen letzten Vers aus Römer 8,11, der uns versichert: »Wenn nun der Geist dessen, der Jesus von den Toten auferweckt hat, in euch wohnt, so wird er, der Christus von den Toten auferweckt hat, auch eure sterblichen Leiber lebendig machen durch seinen Geist, der in euch wohnt.« Daraufhin trat meine Mutter näher an die Klippe, nahm die Asche ihres Mannes in die Hand und streute sie in den Wind. Mit nassen Augen beobachtete ich, wie eine Bö die Asche meines Vaters erfasste und hoch hinauf in die Wolken trug.

Asche zu Asche und Staub zu Staub.

Später an diesem Nachmittag sprachen wir darüber, wie Gott Dads Leib auferwecken würde. Wir gingen nicht ins Detail, aber unser Glaube vergewisserte uns, dass es irgendwie geschehen würde. Als ich abends im Bett lag, fragte ich mich, *wie* das wohl geschehen wird. Milliarden Menschen haben auf der Erde gelebt und wohl denselben Staub und dieselbe Asche geteilt. So weit ich weiß, legte sich die Asche meines Vaters über irgendein Feld in jenem grünen Tal, um das Feld für die nächste Generation zu düngen. Es klingt albern, aber wie werden John Eareckson Moleküle von den anderen verschieden bleiben?

Andere haben über dasselbe nachgedacht. Der Apostel Paulus brachte ihre Gedanken in 1. Korinther 15,35 zum Ausdruck, als er sagte: »Es könnte aber jemand fragen: Wie werden die Toten auferstehen, und mit was für einem Leib werden sie kommen?«

Dann rückt Paulus diese großen, beängstigenden Fragen zurecht, wenn er sagt: »Du Narr!« Mit anderen Worten: »Leute, besinnt euch. Öffnet doch die Augen.« Und ab Vers 36 skizziert er einige Lektionen aus der Natur: »Was du säst, wird nicht lebendig, wenn es nicht stirbt. Und was du säst, ist ja nicht der Leib, der werden soll, sondern ein bloßes Korn, sei es von Weizen oder etwas anderem. Gott aber gibt ihm einen Leib, wie er will, einem jeden Samen seinen eigenen Leib.«

Wie werden die Toten auferweckt?

Haben Sie je diese Natursendungen im Fernsehen gesehen? Diese Spezialaufnahmen, bei denen die Kamera durch eine Glasscheibe ein trockene, alte Limabohne im Erdreich beobachtet? Im Zeitraffer können Sie zuschauen, wie sie schrumpft, braun wird und stirbt. Dann, wie durch ein Wunder, platzt die tote Schale dieser kleinen Bohne auf, und ein winziger Lima-Keimling sprießt wie ein Bein heraus. Die alte Bohne wird zur Seite ins Erdreich gepresst, während die kleine grüne Pflanze anschwillt. Die Limapflanze erstand zum Leben, weil die alte Bohne starb.

Nicht einmal ein Professor der Botanik kann erklären, wie Leben aus dem Tod entsteht, nicht einmal bei etwas so Einfachem wie einem Samenkorn. Aber eines ist sicher: Es ist eine Limabohnenpflanze. Kein Rosenbusch und keine Bananenstaude. Man kann sie mit nichts anderem verwechseln. Sie hat eine absolute Identität. Klar und deutlich und unverkennbar eine Limabohnenpflanze. Vielleicht kam sie anders aus der Erde heraus, als sie hineinkam, aber es ist dieselbe.

So ist es auch beim Auferstehungsleib. Wir werden eine absolute Identität mit unserem Körper haben, der gestorben ist. Ich werde meinen Dad klar als John Eareckson erkennen können. Der Papa, dem ich im Himmel begegnen werde, wird mein Dad sein; er wird in meinen Augen nicht neutral sein, nicht aller Merkmale beraubt, die ihn zu meinem Vater machten. Vielleicht kommt er anders aus der Erde heraus, als er begraben wurde, aber er wird nicht mit jemand anderem verwechselt werden.

Und was ist mit seinem Staub und seiner Asche, die im Wind verwehten? Wie viele Moleküle meines Vaters müssen wieder vereint werden, bevor er auferweckt werden kann? Sehr wenige, vermute ich. Ich habe einmal gelesen, dass sämtliche DNA der rund fünf Milliarden Menschen, die heute die Erde bewohnen, zusammengenommen etwa die Größe zweier Aspirintabletten mit je 325 Milligramm besäßen. Dieses »wer«, das Sie und mich ausmacht, ist nicht besonders groß. Es ist sogar außerordentlich klein.[2]

Im Übrigen: Wie viel von dieser alten Limabohne war nun der »Same«, aus dem auf wunderbare Weise Leben entsprang? Auf diese Frage wissen selbst die besten Botaniker der Welt keine Antwort. Niemand weiß, wie viel von diesem Samen benötigt wird oder auch nur wie überhaupt Leben aus einem toten Samenkorn entstehen kann. Es ist eines der Geheimnisse Gottes in der Natur.

So wird es auch bei der Auferstehung sein. Gott wird nicht jeden Teil Ihres Körpers brauchen, um ihn aufzuerwecken. Und überhaupt besitzen Sie heute nicht einen Partikel Ihres Körpers, den Sie noch vor einigen Jahren hatten. Im Einmaleins der Biologie lernen wir, dass menschliche Zellen sich alle dreieinhalb Jahre erneuern. Das Fleisch und Blut, das »Sie« heute ausmacht, ist nicht dasselbe Fleisch und Blut, das Sie als Teenager hatten. Dennoch lebt diese spezielle Person, die Sie sind, weiter.

Offensichtlich hängt Gott sich nicht so sehr an der DNA auf

wie wir. Jesus erteilt in Johannes 12,24 eine einfache Biologie-Lektion: »Wahrlich, wahrlich, ich sage euch: Wenn das Weizenkorn nicht in die Erde fällt und erstirbt, bleibt es allein; wenn es aber erstirbt, bringt es viel Frucht.« An die Auferstehung zu glauben ist nicht schwerer, als an die Ernte zu glauben.

Was für ein Körper?

Wie steht es mit der zweiten Frage: »Mit was für einem Leib werden sie kommen?« Wenn wir uns an den Apostel Paulus und seine Lektionen aus der Natur halten, brauchen wir nur die Augen zu öffnen und umherzuschauen. »Was du säst, ist ja nicht der Leib, der werden soll, sondern ein bloßes Korn ... Gibt es einen natürlichen Leib, so gibt es auch einen geistlichen Leib ... Und wie wir getragen haben das Bild des irdischen, so werden wir auch tragen das Bild des himmlischen [Jesus]« (1. Korinther 15,37.44.49).

Du säst nicht den Leib, der werden soll. Diese Lektion lernte ich an einem jener stürmischen Novembernachmittage, an denen ich oft nachdenklich und grüblerisch werde. Ich blickte aus meinem Fenster und sah ein wohlgenährtes, buschiges Eichhörnchen, das seinem herbstlichen Ritual nachging, Eicheln zu sammeln. Ich beobachtete, wie es jede Eichel beschnüffelte, in seinen Pfoten inspizierte und sich dann die Backen mit den vielversprechendsten vollstopfte. Die anderen ließ es zu Boden fallen.

Die verschmähten Eicheln kullerten in der kalten Brise umher. Ich wusste, dass der Wind die meisten wegwehen würde. Andere würden auf dem Boden liegen bleiben und in der kühlen Luft austrocknen. Und einige, nur einige wenige, würden im Erdreich Wurzeln schlagen. Das würden diejenigen sein, aus denen im nächsten Frühjahr grüne Sprosse neuen Lebens hervorsprießen würden.

Erstaunt schüttelte ich den Kopf. Würde man dieser winzigen Eichel sagen, dass sie eines Tages mit schweren Zweigen und dicken, grünen Blättern haushoch emporragen würde, als ein Baum so groß, dass er viele Eichhörnchen beherbergen würde, so würde diese Nuss Ihnen sagen, dass Sie verrückt sein müssen. Eine gigantische Eiche hat absolut keine Ähnlichkeit mit einer Eichel. Die beiden sind – obwohl verwandt – so verschieden wie Tag und Nacht. Irgendwie, irgendwo dort in dieser Eichel liegt das Versprechen und das Muster des Baumes, der noch werden soll.

Irgendwie, irgendwo in Ihnen liegt das Muster der himmlischen Person, die Sie werden sollen, und wenn Sie einen Blick darauf erhaschen wollen, wie herrlich und voller Schönheit Ihr Körper sein wird, dann ziehen Sie einfach einen Vergleich. Vergleichen Sie den faserigen Pfirsichkern mit dem Baum, der daraus wächst, überladen mit duftenden Blüten und köstlichen Früchten. Sie sind völlig verschieden und doch dieselben. Vergleichen Sie eine Raupe mit dem Schmetterling. Eine feuchte, muffige Blumenzwiebel mit der aromatischen Hyazinthe. Eine faserige Kokosnuss mit der graziösen Palme.

Kein Wunder, dass wir uns verrennen, wenn wir über unseren Auferstehungsleib nachdenken, uns fragen, ob unsere Zähne nun gerade und unser Verdauungssystem intakt sein wird. 1. Korinther 15,42–44 berührt diese Fragen nur andeutungsweise: »Es wird gesät verweslich und wird auferstehen unverweslich. Es wird gesät in Niedrigkeit und wird auferstehen in Herrlichkeit. Es wird gesät in Armseligkeit und wird auferstehen in Kraft. Es wird gesät ein natürlicher Leib und wird auferstehen ein geistlicher Leib.« *Es* wird gesät ... *es* wird auferstehen. Vielleicht können wir die Veränderungen nicht beschreiben, aber wir wissen, es ist dasselbe »es«. Sie und der, der Sie eines Tages sein werden, sind ein und dieselbe Person – und doch anders.

Der Versuch zu verstehen, wie unsere Körper im Himmel sein werden, das ist, als würde eine Eichel ihre Bestimmung als Baum mit Wurzeln, Rinde, Zweigen und Blättern zu begreifen versuchen. Oder als würde man von einer Raupe verlangen, das Fliegen zu genießen. Oder als sollte ein Pfirsichkern sich vorstellen, er würde duften. Oder als sollte eine Kokosnuss wissen, was es heißt, sich in der Meeresbrise zu wiegen. Unsere ewigen Körper werden so großartig, so herrlich sein, dass wir nur einen flüchtigen Blick der zukünftigen Schönheit erhaschen können. C. S. Lewis staunte: »Es ist eine ernste Angelegenheit, in einer Welt von möglichen Göttern und Göttinnen zu leben.«[3]

Limabohnen. Weizenkörner. Pfirsichkerne. Eicheln und Eichen. Es sind Beispiele der Natur, zu deren Gebrauch die Bibel uns einlädt, da »noch nicht offenbar geworden [ist], was wir sein werden« (1. Johannes 3,2). Eine der besten Arten, die Auferstehung zu verstehen, ist ein Ausflug in die Felder entsprechend der Lektion des Apostels Paulus über die Natur: Suchen Sie eine Eichel, schauen Sie hoch in die luftigen Wipfel des Baumes, von dem sie herabfiel, und preisen Sie Gott, dass »so auch die Auferstehung der Toten« sein wird.

Können Sie jetzt verstehen, warum ich so gern vom Himmel träume?

Irgendwo in meinem gebrochenen, gelähmten Körper steckt der Same dessen, was ich einmal sein werde. Die Lähmung lässt das, was ich einmal sein werde, noch großartiger erscheinen, wenn man die zurückgebildeten, nutzlosen Beine mit prächtigen auferstandenen Beinen kontrastiert. Ich bin überzeugt, falls es im Himmel Spiegel gibt (und warum eigentlich nicht?), dann werde ich in meinem Spiegelbild unverkennbar »Joni« sehen, wenn auch eine wesentlich bessere, prächtigere »Joni«. Und zwar so prächtig, dass sich ein Vergleich gar nicht lohnt. Es gibt keinen Weg, mir das alles vorzustellen, weil ich nur eine »Eichel« bin, wenn es darum geht, den Himmel zu verstehen. Aber eines will ich Ihnen sagen: Was immer aus meiner kleinen Eichelgestalt werden wird, in all seiner Kraft und Herrlichkeit, ich bin dafür bereit.

Ich bin bereit, diesen niedrigen Leib umgestalten zu lassen. Das bedeutet, dass ich nicht einfach nur von den Toten wiedererweckt werden werde, wie Lazarus, als er aus seinem Grab heraustrat. Menschen, die von den Toten zurückkehren – ob aus dem Grab oder vom Operationstisch –, sind danach nicht fähig, wie Christus zu erscheinen und wieder zu verschwinden, durch Wände hindurchzugehen oder sich in Gedankenschnelle in Raum und Zeit zu bewegen.

Nein, ich werde das Ebenbild Christi tragen, des Menschen vom Himmel. Wie sein Leib wird auch der meine ein wirklicher, buchstäblicher Körper sein, der sich für die Erde *und* den Himmel eignet. Ob wir eine Frisbee-Scheibe werfen oder am Großen Bären vorbeifliegen; ob wir über Mauern springen oder durch sie hindurchgehen; ob wir mit Freunden plaudern oder mit Engeln sprechen; ob wir im gläsernen Meer Forellen fangen oder uns beim Hochzeitsmahl Nachschub holen: Immer und überall werden wir vollkommen auf unsere Umgebung eingestellt sein, ob es der neue Himmel oder die neue Erde ist.

Ein neues Herz

Bitte glauben Sie nicht, dass ich nichts anderes tue, als davon zu träumen, wie ich aus diesem Rollstuhl springe, verherrlichte Finger und Zehen strecke und über die Perlentore einen Stabhochsprung mache. So sehr ich auch in der Vorstellung schwelge, diesen Rollstuhl hinter mir zu lassen, ist dies für mich noch nicht das Beste am Himmel.

Ich komme damit klar, dass meine Beine und Arme mir nicht gehorchen. Für mich sind Hände, die sich weigern, etwas aufzuheben, wie sehr meine Verstandeskraft es ihnen auch befiehlt, eine Tatsache des Lebens. Damit werde ich fertig.

Aber es gibt tatsächlich etwas, womit ich nicht fertig werde. Ja, je älter ich werde und je näher ich dem Himmel komme, desto weniger kann ich mich damit abfinden. Ich habe es einfach satt, gegen mein Fleisch zu kämpfen; das heißt gegen »das Gesetz der Sünde ... in meinen Gliedern«, die einfach nicht tun wollen, was ich ihnen befehle. »So finde ich nun das Gesetz, dass mir, der ich das Gute tun will, das Böse anhängt. Denn ich habe Lust an Gottes Gesetz nach dem inwendigen Menschen. Ich sehe aber ein anderes Gesetz in meinen Gliedern, das widerstreitet dem Gesetz in meinem Gemüt und hält mich gefangen im Gesetz der Sünde, das in meinen Gliedern ist. Ich elender Mensch!« (Römer 7,21–24).

Deshalb wird das Beste am Himmel ein völlig geläutertes Herz sein.

Daran werde ich jedes Mal erinnert, wenn ich diese wunderschönen Worte aus dem Glaubensbekenntnis im »Book of Common Prayer« lese, wo es heißt: »Allmächtiger und barmherziger Vater; wie verlorene Schafe sind wir von deinen Wegen abgewichen und haben uns verirrt. Wir sind zu sehr den Regungen und Wünschen unseres eigenen Herzens gefolgt. Wir haben deine heiligen Gesetze übertreten. Wir haben die Dinge unterlassen, die wir hätten tun sollen; und wir haben getan, was wir nicht hätten tun dürfen; und es gibt nichts Gesundes in uns ... elenden Sündern.« [4]

Ich liebe diese Worte. Und ich hasse diese Worte. Das ständige Bekennen bin ich leid. Ich hasse es, zu sündigen. Es schmerzt mich, ständig abzuweichen und in die Irre zu gehen; Dinge zu tun, die ich nicht tun sollte; immer der Länge nach im Dreck zu landen, betrübt über meine elende Sünde gegen den

Gott, den ich liebe. Mein Herz ist verunreinigt und befleckt, und das treibt mich auf die Knie vor meinem Herrn (zumindest bildlich gesprochen). Das Seltsame ist, je näher ich Jesus komme, desto intensiver wird die Hitze des Gefechts.

Nie fühle ich mich mehr an der Front dieser Schlacht als dann, wenn ich Gott preise. Gerade wenn ich mitten drin bin, ihn im Gebet anzubeten oder in Hymnen zu preisen, wandert mein Herz zu irgendeinem schlimmen Gedanken. Ein ums andere Mal muss ich mein Herz packen und schütteln, damit es sich wieder besinnt!

»Wer wird mich erlösen von diesem todverfallenen Leibe? Dank sei Gott durch Jesus Christus, unsern Herrn« (Römer 7,24–25). Eines Tages wird Jesus zurückkommen, um die Erlösung zu vollenden, die er an dem Tag begann, als ich zuerst glaubte. Eines Tages wird er mich von der Gegenwart und dem Einfluss des Bösen befreien. Das ist der Grund, weshalb auf die schlechte Nachricht in Römer 7 die gute Nachricht in Römer 8 folgt: »Auch wir selbst, die wir den Geist als Erstlingsgabe haben, seufzen in uns selbst und sehnen uns nach der Kindschaft, der Erlösung unseres Leibes« (Römer 8,23).

Genau darin liegt der höchste und erhabenste Grund, weshalb »Fleisch und Blut das Reich Gottes nicht ererben können« (1. Korinther 15,50). Unser Eintreten in den Himmel erfordert einen erlösten Leib. Der Körper muss vom Gesetz der Sünde befreit werden, das in seinen Gliedern wirkt. In der gegenwärtigen Zeit ist der Geist zwar willig, das Fleisch aber schwach. Es kommt jedoch der Tag, wenn der Körper kein Hindernis für den Geist, sondern ein vollkommenes Gefäß sein wird, um meinem verherrlichten Sinn, Willen und Gefühl Ausdruck zu verleihen. Gegenwärtig tragen wir unsere Seelen im Innern. Doch eines Tages werden wir »in Gerechtigkeit gekleidet« sein und unsere Seelen – strahlend und herrlich – außen tragen. [5]

Ich kann es gar nicht abwarten, in Gerechtigkeit gekleidet

zu sein. Ohne jede Spur von Sünde. Natürlich wird es wunderbar sein, dazustehen, sich zu recken und nach den Wolken auszustrecken, aber noch wunderbarer wird es sein, einen Lobpreis darzubringen, der rein ist. Keine Ablenkung wird mich verkrüppeln. Keine Unaufrichtigkeit mich beeinträchtigen. Keine Hü-hott-Halbherzigkeit mich hindern. Mein Herz wird sich mit Ihrem verbinden und in überschäumender Anbetung übersprudeln. Endlich werden wir fähig sein, uneingeschränkte Gemeinschaft mit dem Vater und dem Sohn zu haben.

Für mich wird dies das Beste am Himmel sein.

Einen neuen Sinn

Ich freue mich auf den Himmel, weil dort so viele Investitionen auf mich warten. Ein neuer Körper. Ein neues Herz frei von Sünde. Aber ich habe einige andere Freunde, die genauso viel, wenn nicht mehr investiert haben.

Ich begegnete diesen Freunden vor kurzem in einer Sonntagsschulgruppe, als ich dort Zeugnis gab. Es waren junge Erwachsene mit geistigen Behinderungen, einige durch ein Downsyndrom, andere durch Autismus oder verschiedene Gehirnverletzungen. Es war ziemlich schwierig, ihre Aufmerksamkeit zu bekommen. Einige sahen aus dem Fenster, andere trommelten mit den Fingern auf ihr Pult, und wieder andere tummelten sich im hinteren Teil des Raumes. Die Lehrerin klatschte in die Hände und lenkte die Aufmerksamkeit der Gruppe auf mich.

Ein oder zwei stützten den Kopf auf ihre Ellbogen und beobachteten mich mit nicht allzu großer Neugier in meinem Rollstuhl. Ihr Interesse gewann ich, als ich meine nutzlosen Arme schwenkte und ihnen erzählte, dass die Veranstalter der *Six Flags Over Magic Mountain* mich nicht auf die Riesenwasserrutsche lassen wollten. Das tat ihnen Leid. Einige buhten. Dann sagte ich ihnen, dass ich eines Tages, wenn ich meinen neuen Körper bekomme, nicht nur die Wasserrutsche schaffen, sondern auch mit Skiern den Steilhang am *Mammoth Mountain* hinunterfahren oder im New Yorker Stadtmarathon mitlaufen würde, wenn ich es wollte (einige lachten, als ich bemerkte, dass ich das nun absolut nicht wollte).

»Es wird phantastisch sein, einen neuen Körper zu haben.« Ich lächelte die Männer und Frauen an, die nun mit gespanntem Interesse zuhörten. Die jungen Männer in der hinteren Reihe kehrten zu ihren Plätzen zurück und die anderen hörten auf, Papierbällchen zu katapultieren und mit Bleistiften auf ihren Pulten zu trommeln. Alle wollten mehr über den Himmel hören.

»Man sagt, dass die Tore des Himmels jeweils aus einer einzigen Perle gemacht sind«, erklärte ich mit großen Augen.

»Ne-e-eee!«, kommentierten ein Teenager mit Down-Syndrom und einige seiner Freunde einstimmig. Sie kicherten und hielten die Hand vor den Mund. »Keine Perle so groß«, höhnte er.

»Und ob es die gibt«, neckte ich. »Und könnt ihr euch vorstellen, wie groß erst die Auster sein muss, die eine solche Perle hervorbringt?« Die halbe Klasse streckte beide Arme weit aus, um zu zeigen, wie groß eine solche Auster sein musste, um eine Perle von der Größe eines Tores zu bilden.

Ihre Aufmerksamkeit war mir sicher. Ich forderte sie auf, weitere tolle Dinge zu nennen, die ich mit meinem neuen Körper würde tun können. Sie meinten, es wäre sicher großartig für mich, in ein McDonald's hineinzugehen und mich in die Schlange zu stellen. Ich könnte einen Snickers-Riegel auspacken. Ich könnte die Toilettenspülung betätigen (dies erntete weiteres Gelächter). Ein Mädchen wollte wissen, ob ich im Himmel noch meine Plastikarme haben würde. Ich sah sie ein wenig perplex an, weil meine Arme ganz und gar nicht aus Plastik sind, aber ich grinste, zuckte die Achseln und sagte fröhlich: »Nein, kein Plastik mehr im Himmel. Ich werde einen wirklichen Körper haben und alle möglichen Sachen tun können, sogar schwimmen gehen, wenn ich will.«

Mein Kommentar brachte eine neue Welle des Mitgefühls. Ein Mädchen kam auf mich zu, tätschelte mir den Arm und meinte: »Sei nächstes Mal aber vorsichtig, okay?«

»Okay«, versprach ich. Die Gruppe wollte mehr über den Himmel hören. Sie erfanden alle möglichen wilden und wunderbaren Sachen, die man im Himmel tut. Auf Giraffen reiten. Mit Jesus ein Picknick machen. Haifische streicheln. Eine Menge Geld verdienen. Kareem Abdul-Jabaar die Hand schütteln. Ich erinnerte sie, dass dies nur möglich sein würde, wenn Herr Jabaar Jesus kannte. Daraufhin kam der Vorschlag, für die *Los Angeles Lakers* zu beten.

Als ihre Begeisterung wuchs, warf ich schließlich ein: »Hört mal, Leute, ich werde eines Tages einen neuen Körper haben, und ihr werdet, eines Tages, einen ... neuen ... *Verstand* haben!« Die ganze Gruppe sprang auf die Füße und applaudierte wild. In all dem Getöse und Gejohle fuhr ich fort: »Ihr werdet besser denken können als euer Lehrer hier. Und ihr werdet eurer Schwester bei den Hausaufgaben helfen und ihr sogar die komplizierteren Sachen wie Mathematik und so weiter erklären. Ihr werdet superstarke, geniale Gedanken denken und so ziemlich alles wissen, was man wissen kann. Euer Verstand wird im Turbogang arbeiten! Aber vor allem werdet ihr mit Jesus zusammensein und über alles Mögliche sprechen.«

Noch bevor die Sonntagsschule vorüber war, befand sich die ganze Gruppe auf dem Weg, ihre Herzen und Sinne auf die himmlische Herrlichkeit auszurichten. Sie schauten aus dem Fenster, ob Jesus schon zurückkäme, klatschten mit den Händen und hüpften umher. Ich dachte, ich hätte ihnen eine Stunde über den Himmel gegeben, aber sie lehrten mich, was es bedeutet, »Christi Sinn« zu haben.

Einen neuen Sinn! Einen neuen Verstand!

In 1. Korinther 13,12 wird dies so beschrieben: »Wir sehen jetzt durch einen Spiegel ein dunkles Bild; dann aber von Angesicht zu Angesicht. Jetzt erkenne ich stückweise; dann aber werde ich erkennen, wie ich erkannt bin.« Wir werden den Sinn Christi haben. Keine Angst mehr davor, sich dumm vorzukommen oder die Antworten nicht zu wissen. Wir werden »erkennen, wie wir erkannt worden sind«, und unser derzeitiges Wissen wird in einem Maße wachsen, wie wir es uns nicht vorstellen können. Mehr noch wird die Brillanz unserer besten Gedanken und Erinnerungen noch deutlicher hervortreten, weil wir sie durch unseren erneuerten Verstand klarer fassen können.

Doch was ist mit den traurigen Gedanken, die uns von der Erde noch bleiben? In Jesaja 65,17–18 steht: »Denn siehe, ich will einen neuen Himmel und eine neue Erde schaffen, dass man der vorigen nicht mehr gedenken und sie nicht mehr zu Herzen nehmen wird. Freuet euch und seid fröhlich immerdar über das, was ich schaffe!« Auf den ersten Blick erscheint uns das paradox. Haben wir nicht soeben gelesen, dass wir *alles* erkennen werden? Sind schlechte Dinge davon ausgenommen?

Unsere Unkenntnis oder unsere unvollkommenen Gedanken und Erinnerungen werden weniger ausradiert als vielmehr überstrahlt werden, so wie die Sterne in der aufgehenden Sonne verblassen. Etwas so Überwältigendes wird beim Finale der Welt geschehen, dass sein Licht jede düstere Erinnerung in den Schatten stellen wird. Schlechte Dinge werden uns, wie Jesaja feststellt, nicht in den Sinn kommen, denn sie werden durch die Herrlichkeit der Erkenntnis Gottes ausgeblendet.

Nur gute Dinge werden uns in den Sinn kommen. Unsere Gedanken werden nicht länger ungehindert ablaufen; wir werden keine gemeinen Ausdrücke erfinden oder üble Pläne schmieden. Wir werden nicht mehr gegen müßige Tagträume oder Phantasievorstellungen unserer Begierde zu kämpfen haben. Unsere Gedanken werden vielmehr auf herrliche Weise erhöht werden, denn wenn Jesus offenbar wird, »werden *wir ihm gleich sein;* denn wir werden ihn sehen, wie er ist« (1. Johannes 3,2).

Denken wir an einen vollkommenen Gehorsam gegenüber den Zehn Geboten. Keine anderen Götter neben dem Herrn haben? Ein Leichtes, denn wir werden mit ihm eins sein. Ich weiß nicht, wie es bei Ihnen ist, aber ich würde mich gern auf Zehenspitzen in die Reihen der Serafim einordnen und einstimmen, wenn sie Tag und Nacht unaufhörlich verkünden: »Heilig, heilig, heilig ist Gott der Herr, der Allmächtige.«

Neid? Sie und ich werden nichts als Bewunderung für die Auserwählten empfinden, die zur Rechten und Linken Christi sitzen werden.

Den Sabbat halten? Wir werden in den siebten und letzten Tag Gottes eingetreten sein, in die Sabbatruhe des ewigen Friedens und der unaufhörlichen Freude.

Ehebruch? Ich werde jeden Einzelnen so vollkommen lieben, wie Christus liebt, und nie wird mich der Gedanke betrüben, diejenigen, die ich liebe, könnten mich gering schätzen oder ihre Liebe würde nicht gern und uneingeschränkt erwidert. In jedem Menschen werde ich diejenige Facette der Herrlichkeit Christi entdecken, die nur er oder sie in einzigartiger Weise widerspiegeln kann – ich werde einen ganzen Berg von Menschen lieben, Männer und Frauen!

Habgier? Wir werden Miterben Christi sein. Wir werden alles haben.

Falsche Zeugenaussagen? Der Vater der Lüge wird tot sein. Das Fleisch wird uns nicht länger zur Lüge verleiten. Nur Wahrheit wird aus unseren Herzen entspringen.

Den Namen des Herrn missbrauchen? Nichts als Lobpreis wird auf unseren Lippen sein.

Nie ein schmerzlicher Gedanke.

Oh – welch seliger Tag – wir werden den Sinn Christi haben!

Und mit dem Sinn Christi werden wir »vollkommen erkennen«. Nicht halbwegs, sondern vollkommen. Während wir auf der Erde waren, verstanden wir nur sozusagen oder teilweise, wie Gott für uns und für andere Menschen »alle Dinge zum Besten dienen« lässt, besonders inmitten schmerzlicher Bewährungsproben. Meistens haben wir uns die Köpfe gekratzt und gegrübelt, wie es möglich sein soll, diese verfilzten Webfäden in Römer 8,28 zu unserem Besten ineinander zu weben. Auf der Erde wirkte die Unterseite des Bildteppichs wirr und unsauber; doch im Himmel werden wir verwundert die Vorderseite des Webteppichs betrachten und erkennen, wie Gott alle Umstände zum Guten und zu seiner Herrlichkeit zu einem wunderschönen Bild zusammenfügte.

Dies wird eine jener Begleiterscheinungen sein, die für unser ewiges Glück zwar nicht unabdingbar, aber einfach schön zu wissen sind. Die Eltern des kleinen Mädchens, das durch einen alkoholbedingten Autounfall gelähmt wurde, werden verstehen. Sie werden sehen, wie dieser Unfall das Leben von Freunden und Nachbarn berührte und ungeahnt weite Auswirkungen hatte. Sie werden sehen, wie Gott die Gebete von Menschen fast quer durch die Nation gebrauchte; und wie diese Gebete Verwandte und die Freunde von Verwandten erreichten und weitere Wellen zogen, als sie es sich erträumt hätten. Sie werden sehen, wie Gottes Gnade ihre Tochter umgab und ihren jungen Charakter mit Größe und Mut prägte. Sie werden sehen, dass nichts – aber auch absolut gar nichts – vergeudet war, sondern dass jede Träne gezählt und jeder Schrei gehört wurde. »Zähle die Tage meiner Flucht, sammle meine Tränen in deinen Krug; ohne Zweifel, du zählst sie« (Psalm 56,9).

Meine Schwester Linda wird verstehen, warum Gott ihre fünfjährige Tochter Kelly durch einen Gehirntumor zu sich nahm. Meine Freundin Diane wird sehen, wie ihre multiple Sklerose sie davor bewahrte, in geistliche Gleichgültigkeit zu fallen. Mein Mitarbeiter Greg wird erkennen, welches Maß an Gnade Gott nach seiner Scheidung über ihn ausschüttete. Sie werden über jene Situation staunen, in der Sie sich über Ihr unverhofftes verkehrswidriges Abbiegen an der Ampel ärgerten und um Haaresbreite einem schrecklichen Unfall entgingen – einem Unfall, der nie geschah.

Wir werden unsere Hände erheben und Gott verherrlichen, wenn wir erkennen, wie die Hundert Dollar gebraucht wurden, die wir bei der Missionskonferenz spendeten, um Hunderte von Menschen in Brasilien zu erreichen. Wir werden sehen, wie oft er die richtigen Orte und die richtigen Augenblicke steuerte, so dass wir genau den richtigen Leuten begegneten – und wir werden die glücklichen Ehen und tiefen Freundschaften erfahren, die daraus entstanden.

Wir werden verstehen, wie alles zusammenpasste. Alles zählte. Nichts wurde verschwendet. »Der Herr macht alles zu seinem Zweck, auch den Gottlosen für den bösen Tag.« (Sprüche 16,4). Alles und jedes, auch die kleinste Kleinigkeit, wird unseren uneingeschränkt weisen und allmächtigen Gott in höchstem Maß verherrlichen.

Vervollkommnung von Leib und Seele

Vollkommenheit des Körpers und der Seele mag manch einem langweilig erscheinen.

Ich habe zwei Freunde, John und Mike, die mit Vollkommenheit einfach nichts anfangen können. Es sind wunderbare Brüder in Christus, aber sie gehören zu jener bodenständigen

Sorte von Christen, die sich lieber mit dem irdischen Dienst des Königreichs beschäftigen, als sich von zukünftigen Dingen ablenken zu lassen. Sie erfüllen die Aufgabe, die Gott ihnen hier zugeteilt hat, und lassen den Himmel Himmel sein. Jedenfalls ist ihre Vorstellung vom Himmel statisch – ein nie endendes Nichtstun, in der es nichts mehr zu erreichen und keine Ziele zu verwirklichen gilt. Für sie ist der Himmel buchstäblich das Ende. Die Vorstellung einer »nie endenden Beziehung zu den Füßen Jesu« erscheint ihnen zwar tröstlich, lässt sie ansonsten aber recht unberührt.

Vollkommenheit? Nee, sie wissen die Würze einer gelegentlichen herzhaften Auseinandersetzung zu schätzen. »Wer wünscht sich schon eine Frau oder einen Freund, der immer mit allem einverstanden ist?«, sagen sie.

Die beiden würden lieber helfen, die goldenen Straßen mit Riesenlastern, Radbaggern und Dampfwalzen zu pflastern. Sie würden lieber täglich auf dem Strom des Lebens Kajak fahren und mit Josef und Daniel angeln gehen, als mit ihnen herumzusitzen und sich ihre Traumtherapie erklären zu lassen.

Ich habe nicht vor, diese Freunde zu kritisieren. Ehrlich gesagt hoffe ich, dass sie mich zum Angeln mitnehmen. Sie arbeiten nur einfach mehr mit der linken Hemisphäre ihres Gehirns. Ihnen liegen Logik und Definitionen und – man höre – die holprigen irdischen Symbole. Vervollkommnung von Leib und Seele hat nichts damit zu tun, den perfekten Köder auszuwerfen oder die ideale Golfrunde zu spielen. (Obwohl ich mich erinnere, wie einer aus der Acht mir einmal sagte, er könne nicht verstehen, wie bei einem himmlischen Basketballspiel je einer einen Treffer erzielen könne, wenn die Angriffsspieler so perfekt seien wie die Abwehrspieler, worauf ich erwiderte: »Nun, wenn es im Himmel verschiedene Stufen der Begabung und Geschicklichkeit gibt – und ich glaube, das wird so sein –, dann musst du dir eben ein paar Heilige suchen, deren vollkommene Spieltechnik nicht so erstklassig ist wie deine!«)

Doch selbst bei diesem Jungen aus der Acht müssen wir uns vorsehen. Wir können uns den Himmel nicht mit den Bauklötzen unserer Logik zurechtzimmern. Wir dürfen nicht vergessen, dass unsere Vorstellungen holprig werden, wenn wir uns auf irdische Bilder verlassen.

Damit wir unsere körperliche und seelische Vervollkommnung wertschätzen können, müssen wir unsere Herzen und Sinne einigermaßen auf den Himmel einstimmen. Der Himmel ist ein vorbereiteter Ort für vorbereitete Menschen. Andernfalls wirkt der Himmel wenig attraktiv auf uns.

Es ist doch so: Ich höre liebend gern Mozart. Und zwar, weil Mozart ein Meister der Komposition perfekter Musik war. Man sagt mir, dass er seine Noten makellos auf alle Notenlinien auf jeder Seite notierte und sogar gewisse numerische Progressionen benutzte, die absolute Ordnung und Symmetrie in Ton und Harmonie widerspiegeln. Mathematiker studieren diesen Komponisten. Er ist perfekt.

Sollte ich nun einigen Rowdys aus der Highschool meines Mannes Mozarts *Zauberflöte* vorspielen, würden sie wiehern und dann die Bässe ihrer Stereoanlage voll aufdrehen. *Hip-hop* und *Death-rap* liegen eher auf ihrer Wellenlänge. Diese sind von perfekter Musik meilenweit entfernt. Man muss perfekter Musik schon längere Zeit aufmerksam zuhören, bevor man sie schätzen lernt.

Was der Punkt ist? Sie müssen sich hier auf der Erde schon einige Zeit mit diesem »Seid heilig, wie auch ich heilig bin« beschäftigen, bevor Sie die Vorstellung himmlischer Vollkommenheit schätzen lernen. Bei John und Mike wird dies ihre Sehnsucht nach dem Himmel wohl zunächst eher dämpfen als entfachen. Doch ob wir nun links-hemisphärisch oder rechtshemisphärisch, ob wir Macho oder Denker sind, keiner von uns darf je die Augen von denjenigen Aspekten des Himmels abwenden, die uns rätselhaft oder gar abschreckend erscheinen; denn gerade in der Rätselhaftigkeit der Vollkommenheit liegt verborgen, was wir noch nicht wissen und doch wissen müssen.

»Wie bitte ... wie war das?« Ich kann meine zwei Freunde schon hören.

Je näher wir dem Herrn Jesus kommen und je mehr wir unsere Herzen und Sinne auf die Herrlichkeit des Himmels lenken, desto besser werden wir für die Vollkommenheit des Himmels vorbereitet sein. Gemeinschaft wird nicht bedeuten, zu Jesu Füßen zu sitzen und gegen die Langeweile anzukämpfen, während alle anderen entzückt sind. Nein. Gemeinschaft wird der Gipfel dessen sein, was sich in irdischer Freundschaft nur andeutungsweise zeigte.

Ich würde John und Mike gern sagen: »He, vergesst nicht, dass Christus besser weiß als ihr, was es heißt, Mensch zu sein. Er segelte auf dem Meer, kletterte Berge hinauf und schlief neben einem plätschernden Bach unter dem Sternenhimmel. Er weiß, was unser Herz höher schlagen lässt. Vergesst nicht: schließlich hat er euch erschaffen. Ihr werdet nicht aufhören, Mensch zu sein. Ihr werdet vielmehr die ganze Fülle dessen genießen, wozu euer Menschsein eigentlich bestimmt war. Ihr beide, mit all eurer Vorliebe, beim Lagerfeuer Freundschaften zu schmieden, werdet, ein jeder von euch, ein besseres ... ›Du‹ sein!«

Und ein besseres Du ist ein vollkommenes Du.

Vollkommene Menschen in vollkommener Gemeinschaft

Das himmlische Hochzeitsmahl des Lammes wird die perfekte Party sein. Der Vater verschickt schon seit langem Einladungen, und in allen Zeitaltern haben Menschen diese

Einladung angenommen. Jesus ist vorausgegangen, um die Luftschlangen aufzuhängen, das Fest vorzubereiten und unser Haus fertigzustellen. Und wie bei jeder Party ist es die Gemeinschaft, die das Fest so schön machen wird.

Gemeinschaft mit unserem herrlichen Erlöser und mit unseren Freunden und Familienangehörigen.

Es gibt zahllose Menschen, bei denen ich es gar nicht abwarten kann, sie wiederzusehen. Königin Ester, Daniel, Jona und natürlich Maria und Marta. Das Erstaunliche ist, dass ich diese Leute und all die anderen Erlösten, denen ich auf dieser Erde nie begegnet bin, sofort erkennen werde. Wenn die Jünger Elia und Mose erkennen konnten, als sie auf dem Berg der Verklärung neben Jesus standen – Heilige, die ihre Augen nie erblickt hatten –, dann gilt dasselbe auch für uns. Ich kann es kaum abwarten, ihnen allen zu begegnen!

Eine Person, auf deren Wiedersehen im Himmel ich mich jedoch ganz besonders freue, ist Steve Estes, mein Freund, den ich im ersten Kapitel erwähnte. Er ist Landpfarrer einer Kleinstadtgemeinde in Pennsylvanien. Und abgesehen von meinem Mann ist er mein liebster Freund. Ken ist der Erste, der meine Wertschätzung für Steve versteht und akzeptiert. Schließlich weiß er, dass der Herr diesen jungen Mann in den sechziger Jahren gebrauchte, um mich aus meiner selbstmörderischen Verzweiflung zu holen. Steve verstand nichts von Rollstühlen, aber er liebte Christus leidenschaftlich und wollte, dass ich – seine frisch aus dem Krankenhaus entlassene depressive Nachbarin – in Gottes Wort Hilfe und Hoffnung finde. Also trafen wir ein Abkommen: Ich versprach, reichlich Cola kalt zu stellen, und er würde freitagabends mit seiner Bibel zu mir nach Hause kommen und mir helfen, in mühseliger Kleinarbeit die Puzzleteile meines Leids zusammenzubasteln. Ja, ich fand die Hilfe und Hoffnung, von der er sprach. Und der Rest ist Geschichte.

Das ist nun schon lange her, und selbst wenn wir einander nur gelegentlich telefonisch begegnen, bleibt unsere Freundschaft stark und unverbrüchlich. Aber wann immer ich diese »gute alte Zeit« vermisse oder mir wünsche, ich könnte ihn öfter sehen, dann tröstet mich dieser erstaunliche Gedanke: Wir werden für immer Freunde sein.

Unsere Freundschaft ist kein Zufall. Gott hat für mich und Steve etwas Ewiges im Sinn. Woher ich das weiß? In Apostelgeschichte 17,26 steht: »Und er hat aus einem Menschen das ganze Menschengeschlecht gemacht, damit sie auf dem ganzen Erdboden wohnen, und *er hat festgesetzt, wie lange sie bestehen und in welchen Grenzen sie wohnen sollen.*«

Verstehen Sie, was dies bedeutet? Aus den Milliarden Möglichkeiten, unter den Millionen von Menschen, mit denen ich befreundet sein könnte, wählte Gott Steve für mich aus. Einige Meilen mehr zwischen unseren Häusern oder einige weitere Jahre zwischen unseren Geburtsjahren und wir hätten gute Chancen gehabt, einander nie zu begegnen. Doch für Christen gibt es, wie C. S. Lewis sagte, keine Zufälle. »Christus, der zu seinen Jüngern gesagt hat: ›Nicht ihr habt mich erwählt, sondern ich habe euch erwählt‹, kann gewiss zu jeder Gruppe von befreundeten Christen sprechen: ›Nicht ihr habt einander ausgesucht, sondern ich habe euch füreinander ausgesucht.‹« [6]

Das hat ungeheure Bedeutung für die Ewigkeit. Eine hier auf Erden begonnene Freundschaft hat kaum die Zeit, sich zu entwickeln; in den wenigen Jahren, die wir hier auf der Erde leben, kratzen wir nur ein wenig an der Oberfläche. Die größere und reichere Dimension einer Freundschaft wird sich erst im Himmel entfalten. Gott hat einen Plan für Steve und mich in der Ewigkeit, und gemeinsam werden wir eine innige Rolle dabei spielen, diesen besonderen Plan zu verwirklichen. Ich werde ihn lieben, wie ich es auf der Erde nie für möglich gehalten habe. Wow, wenn ich an die Freude denke, die mein Mann und

Steve, und andere, die ich lieb habe, im Hier und Jetzt für mich bedeuten, dann stellen Sie sich nur einmal vor, was uns erst im Himmel erwartet!

Wie alles sich herauskristallisieren wird, bleibt abzuwarten, aber eines weiß ich: Alle irdischen Dinge, die wir hier mit unseren Freunden genießen, werden im Himmel ihren wahren Ausdruck finden. Ich werde nie vergessen, wie Steve eines Abends am Kamin seine Bibel aufschlug und mich durch ein Studium des Himmels führte. Mein Herz brannte so glühend wie die Kohlen im Feuer, als ich einen Hauch der himmlischen Freude erhaschte, besonders die Begeisterung über ein neues verherrlichtes Herz, einen neuen verherrlichten Körper und Verstand. Es war ein menschlicher und göttlicher Augenblick zugleich. Ja, unsere Freude war so groß, dass wir hinaus auf den Rasen im Vorgarten eilten, um zu singen und den mitternächtlichen Mond anzujaulen. Wir mussten einfach irgendetwas *tun*, um unsere göttliche Freude auszudrücken. Und abgesehen von unserem Gejaule glaube ich, dass der Himmel dem sehr ähnlich sein wird. Es wird ein Ort sein, wo wir mit unseren Freunden Dinge *tun*, einfach aus reiner Freude, zusammen und von Gott gesegnet zu sein.

Himmlische Gemeinschaft mit Freunden wird kein immerwährendes Nichtstun sein, wo wir gähnend auf Wolken herumsitzen und Engel beäugen. Weil der Himmel die Heimat erlöster Menschen ist, wird er in seiner Struktur und in seinen Tätigkeiten durch und durch »menschlich« sein. Ein Autor schrieb einmal: »Seine Freuden und Beschäftigungen müssen alle rational, moralisch, emotional, freiwillig und aktiv sein. Es muss die Ausübung aller Fähigkeiten, die Befriedigung aller Neigungen, der Ausdruck aller Begabungen, die Verwirklichung aller Ideale sein ... die intellektuelle Neugier, das ästhetische Empfinden, die heilige Zuneigung, die sozialen Affinitäten, die unerschöpflichen Ressourcen an Kraft und Stärke, die der menschlichen

Seele innewohnen, sie alle müssen im Himmel Ausdruck und Erfüllung finden.«[7]

Ach, was für Dinge wir tun werden! Sie und Ihre Freunde werden die Welt regieren und die Engel richten. Gemeinsam werden Freunde die Frucht vom Baum des Lebens essen und Säulen im Tempel Gottes sein. Gemeinsam werden wir den Morgenstern empfangen und mit Leben, Gerechtigkeit und Herrlichkeit gekrönt werden. Vor allem werden wir gemeinsam am Fuß des Thrones auf unser Angesicht fallen und unseren Erlöser für immer anbeten.

Sehen Sie einmal, wie oft ich das Wort »gemeinsam« benutzt habe. Der Himmel ist keineswegs ein Sammellager für Einzelgänger, die das Universum durchstreifen und ihrem eigenen Treiben nachgehen. Es ist ein Ort des freudigen Beisammenseins und vielleicht ist das der Grund, weshalb es heißt, dass wir in einer Stadt leben werden, im Neuen Jerusalem. Wir werden nicht hier und da isoliert voneinander in verstreuten Landhäusern wohnen, sondern einträchtig in einer Stadt wohnen. Einer *schönen* Stadt. Einer heiligen Stadt!

Davon zu träumen, das macht es erträglicher, Steve – und viele andere liebe Freunde – zu vermissen. Es macht sogar meine Beziehung zu Freunden, die gestorben und in die Herrlichkeit eingegangen sind, nah und köstlich.

Dasselbe gilt auch für Sie. Lesen Sie Apostelgeschichte 17,26 noch einmal und freuen Sie sich, dass es kein Zufall ist, dass Sie in diesem Jahrzehnt in diesem Teil des Landes und in Ihrer Stadt leben, wo Sie die Beziehung zu Ihren besten Freunden genießen. Diese lieben Menschen in Ihrem Leben sind kein Zufall. Sie hätten zu einer anderen Zeit an einem anderen Ort geboren werden können, aber Gott beschloss, Ihr Leben mit diesen speziellen Freunden zu »bevölkern«.

Diese besonderen Menschen bringen eine Saite in Ihrem Herzen zum Schwingen; sie haben etwas an sich, irgendeinen

Aspekt der Schönheit oder Güte, der Sie an Gott erinnert. Ich habe so eine leise Ahnung, dass Sie beim Anblick Gottes im Himmel sagen werden: »Ja, ich habe Dich immer gekannt!« Er war es die ganze Zeit, den Sie liebten, wann immer Sie mit dieser oder jener geschätzten Person zusammen waren. In der Freundschaft öffnet Gott Ihre Augen für seine Herrlichkeit, und je größer die Zahl der Freunde ist, mit denen Sie eine tiefe und selbstlose Liebe verbindet, desto besser und klarer wird Ihre Vorstellung von Gott sein.

Was ich tun werde, wenn ich in den Himmel komme

Ich bin in einer kleinen *Reformed Episcopal Church* aufgewachsen, in der man das Evangelium predigte, die Eucharistie feierte, aufrichtige Loblieder sang und beim Beten kniete, Banner und Kerzen, Prozessionen und der feierliche Auszug am Ende zum normalen Gottesdienst gehörten. Der Gottesdienst am Sonntagvormittag war eine ernste Angelegenheit, und ich lernte als Kind, was es heißt, meine Knie vor dem Herrn zu beugen. Ja, das Knien war hart für meine Kniescheiben, aber was es in meinem Herzen bewirkte, fühlte sich besser an!

Ich will das Knien hier nicht zum Thema machen. Gott hört, ob sein Volk nun im Stehen, Sitzen oder Liegen betet. Warum erwähne ich es also? Es ist einfach, dass ich wünschte, ich könnte es tun. Mir ist es nicht möglich, mich anbetend zu beugen.

Bei einer Konferenz schloss der Sprecher seine Botschaft einmal mit der Bitte an alle Anwesenden im Saal, ihre Stühle vom Tisch zurückzuschieben und sich, wenn es ihnen möglich war, zum Gebet auf den Teppichboden zu knien. Ich sah zu, wie alle im Raum – vielleicht fünf- oder sechshundert Menschen –

Hosenbeine und Röcke anhoben und in die Knie gingen. Während alle knieten, ragte ich gewiss heraus. Und ich konnte die Tränen nicht zurückhalten.

Ich weinte nicht aus Mitleid oder weil ich mich verlegen oder anders fühlte. Die Tränen strömten, weil mich die Schönheit dieses Anblicks so vieler Menschen auf ihren Knien vor dem Herrn berührte. Es war ein Bild des Himmels.

Als ich dort saß, erinnerte ich mich, dass ich im Himmel frei sein werde, zu springen, zu tanzen, zu treten oder Aerobic zu machen. Und obwohl ich sicher bin, dass es Jesus Freude bereiten wird, mich auf Zehenspitzen tippeln zu sehen, habe ich etwas vor, das ihn bestimmt noch mehr erfreuen wird. Wenn möglich werde ich irgendwo, irgendwann bevor das Fest richtig in Gang kommt, irgendwann bevor die Gäste beim Hochzeitsmahl des Lammes zu Tisch gebeten werden, mit meinen auferstandenen Beinen auf dankbare, verherrlichte Knie gehen. Ich werde still zu Jesu Füßen knien.

Mich *nicht* zu bewegen, das wird meine Gelegenheit sein, dem Herrn meinen aufrichtigen Dank für die Gnade zu zeigen, die er mir Jahr für Jahr schenkte, als meine Beine und Hände schlaff und reglos waren. Mich nicht zu bewegen wird meine letzte Gelegenheit sein, ein Lobopfer darzubringen – reglosen Lobpreis.

Und nach einer Weile werde ich auf die Füße springen, die Arme ausstrecken und allen, die im ganzen Universum in Hörweite stehen, zurufen: »Würdig ist das Lamm, das geschlachtet ist, zu nehmen Kraft und Reichtum und Weisheit und Stärke und Ehre und Preis und Lob!« Ich frage mich, ob in diesem Augenblick vielleicht meine episkopalen Wurzeln durchschlagen und ich die Hand auf meinen lauten Mund legen werde. Wenn ja, dann wird zumindest für mich das Fest eine Note höher steigen. Es wird eine würdige Feier der Anbetung sein, eloquent und königlich.

Es ist nun schon Jahrzehnte her, dass ich knien konnte. Jene

Sonntagvormittage einst in unserer kleinen Kirche scheinen so weit weg. Damals wusste ich das Vorrecht in Psalm 95,6 nicht zu schätzen: »Kommt, lasst uns anbeten und knien und niederfallen vor dem Herrn, der uns gemacht hat.«

Heute weiß ich es ganz sicher zu schätzen. Und der Tag rückt näher, an dem ich wieder fähig sein werde, mich hinzuknien. Das weiß ich; das kann ich spüren. Der Himmel ist gleich um die Ecke. Tun Sie mir also einen Gefallen: Tun Sie, was so viele von uns, die gelähmt oder zu schwach oder zu alt dazu sind, nicht tun *können*. Schlagen Sie in Ihrer Bibel Psalm 95,6 auf, lesen Sie ihn laut und befolgen Sie seinen Rat. Und wenn Sie betend knien, seien Sie dankbar für Knie, die sich dem Willen Gottes beugen. Seien Sie dankbar, dass Sie für den Himmel bestimmt sind, für ein neues Herz, einen neuen Sinn und einen neuen Körper.

Our risen heart, sin-free will be
pure passion poured
purely
Adore!
He will give us this heart free
to love for the first time again.
Our risen body, light, bright
clothed in righteousness,
blessed with glowing flesh
that feels, really feels for the first time again.
But now we wait
wait
wait for our Risen Lord
who will reward we who weep
yet still seek Him above all
so ...
stand we tall together

for the first time ever
then fall, please, on grateful knees ...
Eternity is ours.

– Joni Tada

(Unser auferstand'nes Herz, von Sünde frei,
wird sein wie reine Leidenschaft ausgegossen
in Reinheit
bete an!
Er wird uns dieses Herz geben, frei
um zum ersten Mal wieder zu lieben.
Unser auferstand'ner Körper, leicht, licht,
gekleidet in Gerechtigkeit,
gesegnet mit rosig glänzendem Fleisch,
das zum ersten Mal wieder fühlt, wirklich fühlt.
Nun aber warten wir
warten
warten auf unseren auferstand'nen Herrn,
der uns belohnen wird, die wir weinen
und doch vor allem anderen ihn suchen.
So ...
stehen wir aufrecht zusammen
zum allerersten Mal
und fallen, bitte, auf dankbare Knie ...
Die Ewigkeit ist unser.)

3 Was werden wir im Himmel tun?

Ich kann es immer noch kaum glauben. Ich, mit meinen verkümmerten, gekrümmten Fingern, zurückgebildeten Muskeln, knorrigen Knien und von den Schultern abwärts ohne jedes Gefühl, werde eines Tages einen neuen leichten, strahlenden und in Gerechtigkeit gekleideten Körper haben – voller Kraft und unfassbar.

Können Sie sich vorstellen, welche Hoffnung das einem Menschen wie mir mit einer Wirbelsäulenverletzung vermittelt? Oder einem Menschen mit Gehirnlähmung, Gehirnverletzung oder multipler Sklerose? Stellen Sie sich vor, welche Hoffnung dies manisch-depressiven Menschen gibt. Keine andere Religion, keine andere Philosophie verspricht neue Körper, Herzen und Sinne. Nur im Evangelium Christi finden verletzte Menschen eine so unfassbare Hoffnung.

Für mich ist es leicht, »in Hoffnung fröhlich« zu sein, wie es in Römer 12,12 heißt, und genau das habe ich in den vergangenen über zwanzig Jahren gemacht. Meine Gewissheit des Himmels ist so lebendig, dass ich mich mit Freunden verabredet habe, alle möglichen tollen Sachen zusammen zu machen, sobald wir unsere neuen Körper bekommen – wie beim folgenden Gespräch mit einem Mädchen im Rollstuhl, das ich bei einer Konferenz kennen lernte.

»Wo wir nun hier gesessen und uns über den Himmel unterhalten haben«, sagte ich, »würdest du gern eine Verabredung treffen, dass wir da oben etwas zusammen unternehmen?«

Das Mädchen, das verdreht und gebeugt im Rollstuhl saß,

warf mir einen verdutzten Blick zu und fragte: »Was denn unternehmen?«

»Was würdest du denn gern tun?«

»Ehm ... ich würde gern stricken können«, meinte sie zögernd.

»Gut, dann werden wir uns in einer Hütte treffen, zwei Schaukelstühle vor den Kamin ziehen und unsere Stricknadeln herausholen. Einverstanden?«

Meine Freundin im Rollstuhl protestierte. »Das sagst du nur so. Im Himmel gibt es keine Hütten und Schaukelstühle. Solche Sachen gibt's nur auf der Erde.«

Mit ganzem Ernst blickte ich sie an und sagte: »Ich glaube doch. Der Himmel ist überhaupt nicht missverständlich. In Jesaja 65,17 steht, dass Gott ›einen neuen Himmel und eine neue Erde‹ plant. Hast du das gehört? Im Himmel ist auch unser Planet eingeschlossen. Eine neue Erde mit irdischen Sachen drin. ... keine unverständlichen Bilder ... nur warme und wundervolle Dinge, die die Erde ... zur *Erde* machen.«

»Wie kannst du so sicher sein, wie die neue Erde sein wird?«

»Weil ich nicht glaube, dass Gott unseren gesamten Wortschatz auf den Kopf stellen und plötzlich neu definieren wird, was *Erde* ist. Wenn es Straßen, Flüsse, Bäume und Berge auf der neuen Erde geben wird, warum dann nicht auch all die anderen guten Dinge? Warum nicht auch ... Schaukelstühle?«

Sie lächelte mich trocken an, und dann verschwand ihre Skepsis. Sie fing an zu überlegen, welches Strickmuster sie wohl am besten wählt. Auch sie merkte, was die meisten Leute entdecken, nachdem sie sich ein paar Minuten mit mir unterhalten haben. Ich nehme den Himmel ernst.

Ich nehme ihn so ernst, wie Kinder es tun. Eines Morgens beim Warten am Flughafen sagte ich meinem fünfjährigen Freund Matthew Fenlason und seinem Brüderchen Stephen, sie sollten sich an der Lehne meines Rollstuhls festhalten und mit mir auf die Suche nach Kindern gehen, mit denen wir spielen könnten. Wir fanden einige kleine Jungen, die mit ihren Eltern in der Wartelounge saßen, und fragten, ob sie gern mit uns spielen würden. Ein paar Minuten später waren wir im offenen Bereich der großen Halle mitten beim »Fang mich«. Als Matthew mich am Arm »gefangen« hatte, war ich an der Reihe und raste im Rollstuhl, so schnell es nur ging, um die Kinderschar, konnte ihn aber nicht erwischen. Es tat ihm Leid, dass ich nicht aufstehen und ihm nachjagen konnte, und so flüsterte er mir zu: »Keine Sorge, Joni, wenn wir in den Himmel kommen, werden deine Beine gesund sein, und dann können wir *wirklich* ›Fang mich‹ spielen.«

Er meinte es ernst. Und ich auch.

Rana Leavell und ich haben vor, hinter der *Rose Bowl* auf die Berge zu klettern. Thad Mandsager und ich, beide querschnittsgelähmt, werden in den *Sierras* Ski laufen. Meine Schwestern Linda, Kathy, Jay und ich werden ein Tennisdoppel spielen. Michael Lynch hat vor, mich *paso doble* tanzen zu lehren, und mein Mann Ken hat schon gesagt: »Ist mir egal, wem du im Himmel all deine Tänze vergibst ... nur spar den letzten für mich auf.« Dann habe ich eine ganze Schar rumänischer Waisenkinder, mit denen ich im ungarischen Tiefland picknicken möchte, und ich kann es gar nicht abwarten, meine Freundin Judy Butler auf ein wirklich schnelles Pferd zu setzen und durch den *Windsor Great Park* zu galoppieren. Pferde im Himmel? Ja. Ich glaube, Tiere gehören zu Gottes besten und avantgardistischsten Ideen; warum sollte er denn seine größten schöpferischen Leistungen hinauswerfen? Ich spreche nicht davon, dass mein verstorbener Schnauzer Scrappy in den Himmel kommt – Prediger 3,21 klammert diese Idee aus. Ich spreche von neuen Tieren, die für jene neue Ordnung geschaffen sind. Jesaja sah Löwen und Lämmer voraus, die friedlich nebeneinander liegen, und Bären, Kühe und Kobras; und Johannes sah die Heiligen auf weißen Pferden galoppieren. Ich habe keine Ahnung, wo sie ihren Platz haben werden, aber ich bin sicher, dass sie einen Teil des neuen Himmels und der neuen Erde bevölkern werden. Unterstreichen Sie wieder das Wort »Erde«. Ohne Tiere wäre es einfach keine »Erde«. Wenn Sie also reiten gehen wollen, dann treffen Sie Judy und mich an der Statue mit dem Kupferpferd am Ende des Reitwegs in Windsor.

Sie werden merken, dass es mir mit diesen Verabredungen ernst ist. Ich bin überzeugt, dass diese Dinge tatsächlich geschehen werden. Du meine Güte, wenn ich schon dachte, dass mein Freund unter dem weißen Badehaus am Swimmingpool erfreut war, mich in einem verherrlichten Zustand zu sehen, stellen Sie sich nur einmal die Freude vor, die wir alle erleben werden, wenn wir einander frei von jeder Sünde mit strahlend hellen, gesunden Körpern sehen werden. Es wird die Antwort auf all unsere Sehnsüchte sein.

Und nicht nur auf Ihre Sehnsüchte, sondern auch auf die Jesu.

Belohnung im Himmel

Sie sind die Erfüllung eines Wunsches Jesu. In Johannes 17,24 können Sie die Sehnsucht in Jesu Stimme hören: »Vater, ich will, dass, wo ich bin, auch die bei mir seien, die du mir gegeben hast, damit sie meine Herrlichkeit sehen, die du mir gegeben hast; denn du hast mich geliebt, ehe der Grund der Welt gelegt war.« Mein Herz glüht bei dem Gedanken an seine Freude über unsere Erfüllung. Immer wieder stelle ich mir sein Vergnügen vor, wenn er uns für das Hochzeitsmahl in weiße Gewänder gekleidet sieht.

Tatsächlich bereiten Sie ihm so viel Vergnügen, dass Jesus irgendwann inmitten der königlich himmlischen Feierlichkeiten – vielleicht unmittelbar vor oder nach dem Hochzeitsmahl – aufstehen, seinen Thron einnehmen und Kronen an alle Gäste austeilen wird. Das ist eine *höchst* ungewöhnliche Feier. Denn es sind nicht die Gäste, die mit Geschenken kommen, sondern der Gastgeber. Es ist der Herr Jesus, der alle Geschenke austeilen wird.

Und diese Belohnungen sind keine gewöhnlichen Partygeschenke.

Wir werden Kronen erhalten. 2. Timotheus 4,8 liest sich wie die Einladung zu einer Krönung: »Hinfort liegt für mich bereit die Krone der Gerechtigkeit, die mir der Herr, der gerechte Richter, an jenem Tag geben wird, nicht aber mir allein, sondern auch allen, die seine Erscheinung lieb haben.«

Wow, Gott möchte mich mit einer Krone belohnen! Einige Erwachsene mögen bei der Vorstellung einer Belohnung die Nase rümpfen, ich aber nicht. Das Kind in mir hüpft auf und ab, wenn ich mir vorstelle, dass Gott mich tatsächlich mit irgendetwas belohnen könnte. Ich erinnere mich, wie ich als Kind Klavierunterricht erhielt und vor Freude auf meiner Bank herumrutschte, wenn Frau Merson goldene Kronen auf mein Notenblatt stempelte, weil ich meine Sache gut gemacht hatte. Es war nicht so sehr die Freude über meine eigene Leistung, sondern die Freude darüber, wie zufrieden Frau Merson mit mir war. Meine Aufmerksamkeit galt nicht meinem Spiel, sondern ihrer Zustimmung. Reife, vernünftige Erwachsene können mit derartigem »Kinderkram« nichts anfangen, Kinder aber sehr wohl.

Nichts ist so offensichtlich an einem Kind Gottes, das auf den Himmel ausgerichtet ist, wie seine unverhohlene Freude über eine Belohnung – eine Belohnung als Ausdruck der Anerkennung des Vaters. C. S. Lewis sagte: »Gott gefallen ... Teil der göttlichen Freude sein ... von Gott geliebt werden, nicht nur bemitleidet, ihn erfreuen, so wie ein Künstler sich an seinem Werk oder ein Vater an seinem Sohn erfreut – das erscheint uns unmöglich; unser Denken kann dieses Gewicht, diese Last der Herrlichkeit kaum ertragen. Und doch wird es so sein.« [1]

Daher gilt für alle Kinder, von denen Jesus sagte, dass sie am besten für das Königreich des Himmels geeignet sind: Stellen Sie sich darauf ein, dass Gott Ihnen nicht nur sein Wohlgefallen, sondern auch Seine Anerkennung zeigen wird.

Wie sieht eine Krone im Himmel aus? Gleicht sie der mit Perlen und Diamanten besetzten Krone des Schahs von Persien oder einer Krone wie der von Königin Viktoria, mit einem Kreuz auf der Spitze? Vorsicht, ich hege den leisen Verdacht, dass wir uns wieder haarscharf irdischen Bildern nähern.

In Psalm 149,4 erhalten wir einen Hinweis, was für eine Art von Krone Gott meint: »Der Herr hat an seinem Volk Gefallen, die Gebeugten krönt er mit Sieg« (Einheitsübersetzung). Aha! Gott meint wahrscheinlich keine buchstäbliche Krone, denn ein Sieg (bzw. »Heil« oder »Erlösung«; siehe Elberfelder) ist nicht etwas, was man auf den Kopf setzen könnte. Himmlische Kronen stehen für etwas, was er tut; für etwas, was Gott gibt, wie die Erlösung, mit der er uns krönt. Jedenfalls ist das herrlicher und großartiger als irgendein altes Ungetüm aus Platin mit vielen funkelnden Verzierungen.

In Jakobus 1,12 ist von einer *Krone des Lebens* die Rede, die denen vorbehalten ist, die in der Bedrängnis ausharrten. Dies bedeutet, dass Gott uns mit ewigem Leben belohnt.

Dann gibt es eine *Krone des Ruhms* bzw. der Freude in 1. Thessalonicher 2,19 für Gläubige, die andere zu Christus führen. Das bedeutet, dass Gott uns mit einer Freude belohnt, die ewig währen wird.

Die *unvergängliche Krone* in 1. Korinther 9,25 wird denen überreicht, die am Tag des Gerichts für rein und makellos befunden werden. Nichts, was Gott gibt, wird je vergehen, verderben oder verblassen.

Und in 1. Petrus 5,2–4 gibt es eine *Krone der Herrlichkeit* für christliche Leiter, die andere geleitet haben. Gott belohnt uns mit einer Herrlichkeit, die nie nachlassen, sondern nur zunehmen wird.

Meine Lieblingskrone steht in 2. Timotheus 4,8, die Krone der Gerechtigkeit für alle, die das Erscheinen Jesu bei seiner Wiederkunft sehnsüchtig erwarten. Gott wird uns mit der rechten Stellung vor ihm belohnen, die sich nie ändern wird.

Halten Sie sich für Kronen bereit!

Der Richterstuhl Christi

Denn wir müssen alle offenbar werden vor dem Richterstuhl Christi, damit jeder seinen Lohn empfange für das, was er getan hat bei Lebzeiten, es sei gut oder böse (2. Korinther 5,10).

Huu-oh, auf einmal klingt das gar nicht mehr nach Krönungsfeier. Das hier klingt beängstigend. Besonders der Teil: »Es sei gut oder böse«. Bestimmt ist es mit der Festtagsstimmung schnell vorbei, wenn alle die schlechten Dinge sehen, die Sie auf der Erde getan haben. Man wird vor Ihnen abwinken und stöhnen: »*Jetzt* weiß ich, wie der all die Jahre auf der Erde wirklich war. Mensch, bin ich von ihm enttäuscht!«

Als ich noch in der High School war, empfand ich genauso über den Himmel. Ich konnte nie verstehen, warum Christen sich danach sehnen, dorthin zu kommen. Für mich war der Himmel ein Ort, wo nicht nur Gott, sondern auch all meine Freunde und Familienangehörigen alles wissen und alles sehen würden. Nach dem Eintritt durch die Perlentore sah ich mich vor einem Theaterzelt mit der Aufschrift stehen: NÄCHSTE VOR-

STELLUNG: DIE UNZENSIERTE FASSUNG VON JONI. Ich stellte mir vor, wie ich durch die Reihen ging und an Menschen vorüberkam, die ich respektierte, wie meine Lehrerin aus der Neun, mein Hockey-Trainer und mein Sonntagsschulleiter. Überall im Publikum entdeckte ich andere, wie den behinderten Jungen in der Schule, den ich verspottet hatte, und das Mädchen aus unserer Straße, der ich in einem Faustkampf übel mitgespielt hatte. Ich sah, wie ich die erste Reihe erreichte, auf einen Stuhl sank und zusammenzuckte, während Gott den Film meines Lebens für alle sichtbar abspulte. Erzählen Sie mir nichts von Schuld und Gericht!

Ich bin vielmehr geneigt zu glauben, dass es beim wahren Richterstuhl Christi ganz anders zugehen wird.

Erwägen Sie zum Beispiel 1. Korinther 4,5: »Darum richtet nicht vor der Zeit, bis der Herr kommt, der auch ans Licht bringen wird, was im Finstern verborgen ist, und wird das Trachten der Herzen offenbar machen. Dann wird einem jeden von Gott sein Lob zuteil werden.«

Lesen Sie das noch einmal. *»Dann wird einem jeden von Gott sein Lob zuteil werden.«* Wenn Christus seinen Thron einnimmt und sich auf den Richterstuhl setzt, glaube ich nicht, dass er eine ungekürzte, unzensierte Fassung Ihres Lebens abspulen wird. Er wird nicht finster dreinblicken wie ein harter und unnachgiebiger Richter, der mit dem Hammer auf den Tisch schlägt und Ihre Sünden für das Gerichtsprotokoll laut vorliest. Nein, das geschah schon bei einem anderen Gericht. Beim Gericht am Kreuz. Dort schwenkte der Vater den Gerichtshammer und erklärte seinen Sohn »Schuldig!«, als er für uns zur Sünde wurde. Dies wurde in die Gerichtsbücher des Himmels eingetragen und dann wurde die Anklage mit den Worten »vollständig bezahlt« abgeschlossen, geschrieben nicht mit roter Tinte, sondern mit rotem Blut. Und sowieso: »Wenn du, Herr, Sünden anrechnen willst – Herr, wer wird bestehen?

Denn bei dir ist die Vergebung, dass man dich fürchte« (Psalm 130,3–4).

Ihre Sünden werden Sie im Himmel nicht verurteilen. Psalm 103,10–12 verspricht: »Er handelt nicht mit uns nach unsern Sünden und vergilt uns nicht nach unsrer Missetat. Denn so hoch der Himmel über der Erde ist, lässt er seine Gnade walten über denen, die ihn fürchten. So fern der Morgen ist vom Abend, lässt er unsre Übertretungen von uns sein.« Wenn Sie Ihr Vertrauen auf Christus gesetzt haben, der Ihre Übertretungen am Kreuz auf sich genommen hat, dann haben Sie nichts zu befürchten. Er hat alles beseitigt. Alles ausradiert. Sünde hat nicht länger die Macht, zu verwunden oder in Reue und Bedauern zu stürzen.

Der Richterstuhl Christi ist anders. Es ist kein Strafprozess, um zu ermitteln, ob Sie schuldig oder unschuldig sind, sondern eher ein Prüfstand zur Bestätigung Ihrer Fähigkeit, Gott zu dienen.

Die folgende Analogie ist für einen Theologiestudenten vielleicht allzu einfach, aber ich möchte uns das Rednerpult eines Bauunternehmers vor Augen malen, der bei einem Richtfest Auszeichnungen an die Architekten, Maurer, Vorarbeiter und Konstrukteure austeilt. Der Bauleiter prüft die Qualität der Arbeit jedes Einzelnen. Jeder empfängt Anerkennung für das, was er gebaut hat, und dafür, wie er es gebaut hat. Anerkennung, nicht Verurteilung. Es ist wahr, dass einige Mitstreiter größere Auszeichnungen erhalten als andere, aber jeder wird seinen Lohn empfangen. Und der Preis? Der Bauleiter wird sagen: »Gut gemacht! Du hast bei diesen wenigen Häusern viel geleistet; nun werde ich dir ein großes Bauprojekt anvertrauen.« So werden die Architekten und Vorarbeiter mit größeren und anspruchsvolleren Verträgen belohnt. Und die Maurer krempeln sich die Ärmel hoch und nehmen die neuesten und besten Häuser auf dem Wohnungsmarkt in Angriff. Jeder verlässt das

Richtfest zufrieden, gestärkt und mit größerer Kapazität, im Baugewerbe zu dienen.

So ähnlich ist es für Christen. Während wir auf der Erde sind, haben wir die Gelegenheit, »Schätze im Himmel« zu sammeln und – bildlich gesprochen – Baumaterial vorauszuschicken, damit etwas von ewigem Wert gebaut werden kann. Deshalb sollte jeder zusehen, »wie er darauf baut. Einen andern Grund kann niemand legen als den, der gelegt ist, welcher ist Jesus Christus. Wenn aber jemand auf den Grund baut Gold, Silber, Edelsteine, Holz, Heu, Stroh, so wird das Werk eines jeden offenbar werden. Der Tag des Gerichts wird's klar machen; denn mit Feuer wird er sich offenbaren. Und von welcher Art eines jeden Werk ist, wird das Feuer erweisen. Wird aber jemandes Werk verbrennen, so wird er Schaden leiden; er selbst aber wird gerettet werden, doch so wie durchs Feuer hindurch« (1. Korinther 3,10–15).

Ich baue mit einem Auge auf die Ewigkeit, und das können Sie auch tun. Jeden Tag haben wir die Möglichkeit, unsere geistlichen Ärmel hochzukrempeln und unsere geistlichen Energien dazu zu verwenden, in unserem eigenen Leben und im Leben anderer etwas zu bauen, das Bestand haben wird. Wir werden ermahnt, aufzupassen und als Baumaterial Gold, Silber und kostbare Edelsteine zu verwenden; das heißt, einen Dienst aus reinem Herzen, den rechten Beweggründen und mit dem Ziel der Verherrlichung Gottes zu tun. Oder wir können Holz, Heu und Stroh wählen; Dinge, die aus unlauteren Motiven und mit dem Ziel, uns selbst zu erhöhen, getan werden.

Wir werden alles vor den Richterstuhl Christi bringen, was wir sind und was wir getan haben. Mit einem Blick wird der Herr die Qualität dessen prüfen, was wir gebaut haben, und jeder selbstsüchtige Dienst wird augenblicklich vom Feuer verzehrt werden. Zwar stimmt es, dass kein Kind Gottes gescholten werden wird, aber einige werden mit leeren Händen wieder vom Feuer weggehen; ihre einzige Belohnung wird die ewige Erlösung sein.

Das ist ernüchternd. Ich kann es mir nicht anders vorstellen, als dass auch ich leicht angesengt wieder von dort wegkommen werde. Verstehen Sie mich nicht falsch, ich glaube schon, dass ich mich in Gottes Wohlgefallen über meinen Dienst auf der Erde sonnen werde, aber Stolz und unlautere Motive werden wahrscheinlich einiges getrübt haben. In Rauch aufgehen werden all die Situationen, in denen ich das Evangelium aus aufgeblasenem Stolz weitergegeben habe. In Flammen aufgehen wird jeder Dienst, den ich nur aus »Pflichtgefühl« getan habe. Zu Asche verbrennen wird jedes manipulative Verhalten und jede als Wahrheit verkleidete Lüge.

Aber, Moment mal, selbst wenn viele Menschen den Richterstuhl nur um Haaresbreite überleben und nichts als ihre Krone der Erlösung behalten, haben sie allen Grund zur Freude. Denken Sie an all die Menschen, die Jesus auf dem Totenbett vertrauten und kaum die Zeit hatten, Ja zu ihm zu sagen, geschweige denn, etwas für die Ewigkeit zu bauen. Stellen Sie sich nur einmal vor, noch wenige Sekunden vor dem Tod den Fängen der Hölle entkommen zu sein. Eine solche Freude ist kaum zu übertreffen.

Ein einziger Blick des Herrn wird jeden wertlosen Dienst verzehren, aber jeden Dienst erstrahlen lassen, der zu Gottes Ehre geschah. Wie Gold und kostbare Edelsteine wird jeder reine Dienst die Feuerprobe mit Leichtigkeit bestehen. *Dafür* werden wir gelobt werden. Wir werden vor dem Richterstuhl auf die Knie fallen, während die Worte unseres Meisters in unseren Herzen widerhallen: »Recht so, du tüchtiger und treuer Knecht, du bist über wenigem treu gewesen, ich will dich über viel setzen; geh hinein zu deines Herrn Freude! ... Denn wer da hat, dem wird gegeben werden, und er wird die Fülle haben; wer aber nicht hat, dem wird auch, was er hat, genommen werden« (Matthäus 25,23.29).

Ich komme um vor Sehnsucht, diese Worte zu hören. Buchstäblich. Ich möchte jede selbstsüchtige Motivation und jedes stolzes Gehabe in den Tod geben, damit mein Werk die Feuerprobe bestehen kann, wenn der Herr meinen Dienst in Augenschein nimmt. Ich möchte sorgfältig darauf achten, wie ich baue, und mir bewusst machen, dass jedes Lächeln, jedes Gebet und jedes Gramm Muskeln oder alles Geld, das ich opfere, ein goldener Tragbalken, Ziegelstein oder Bolzen ist. Ich möchte mit allem, was ich hier tue, in die Ewigkeit investieren und dort etwas Strahlendes und Schönes bauen. So viel Gewicht haben die Dinge, die wir hier unten tun.

Und keiner wird übersehen werden. Jeder wird seine Belohnung empfangen. Jeder von uns wird zu irgendeinem Dienst im Himmel fähig sein; wir werden etwas zu tun haben.

Ewige Anbetung, die nie langweilig ist

Ich sehe schon, wie meine beiden Freunde John und Mike, denen die Vorstellung einer Tatenlosigkeit im Himmel so zuwider war, nach dem Richterstuhl mit offenem Mund und weit aufgerissenen Augen dastehen. Während sie auf der Erde lebten, wussten sie immer, dass sie Söhne Gottes waren, aber sie wussten auch, dass »noch nicht offenbar geworden [ist], was wir sein werden«. Aber nun im Himmel sind sie im vollsten Sinn des Wortes Söhne Gottes. Welche Vollmacht, welches Vorrecht! Und zum Beweis hat Gott sie gekrönt.

Ich stelle mir vor, wie sie einander an den Armen packen, herumspringen und ausrufen: »O Mann, jetzt haben wir etwas zu *tun*! Wir können dienen!« Sie reiben sich die Hände, krempeln die Ärmel ihrer weißen Gewänder hoch und fragen:

»Okay, Herr, was ist unsere Aufgabe? Zeig uns, wo es ist, und schon legen wir los!«

Jesus wird dann vielleicht seine eigenen Worte aus Johannes 4,23 wiederholen und sagen: »Aber ... die Zeit ... ist schon jetzt, in der die wahren Anbeter den Vater anbeten werden im Geist und in der Wahrheit; denn auch der Vater will solche Anbeter haben.« Unsere erste Bestimmung im Himmel ist Lobpreis. Unser wichtigster Dienst für Gott im Himmel ist Anbetung. Der Himmel ist ein Ort ewiger, liebender Anbetung. Unser Dienst wird darin bestehen, Gott ständig ohne Unterbrechung zu preisen.

»Hähh??«, höre ich meine Freunde sagen.

Und wenn Gott nicht ihre Gedanken lesen könnte, dann würden sie es wagen zu denken: *Das ist großartig und ich bin ganz dafür, aber wird es nach einer Weile nicht ein wenig langweilig? Werden uns nach ein paar Jahrtausenden nicht die biblischen Hymnen und Lobpreislieder ausgehen?*

Wie schon gesagt, ich habe früher genauso über den Himmel gedacht. Alles, was keine Veränderungen einschloss, wirkte auf mich in höchstem Maß langweilig. Selbst ein großartiger Urlaub am Strand trug das Potenzial in sich, langweilig zu werden, wenn wir ihn zu sehr in die Länge zogen. Ich war immer zufrieden, dass gute Dinge nach einer gewissen Zeit zu Ende gingen.

Aber im Himmel wird der Lobpreis nie langweilig werden.

Erstens liegt der einzige Grund, weshalb wir selbst die besten Dinge nach einer Weile als monoton empfinden, in ... *einer Weile*, mit anderen Worten im Ablauf der Zeit. Die Ewigkeit ist nicht veränderungslos (was langweilig wäre), weil Veränderungslosigkeit bedeutet, dass eine Zeit vergeht, in der alles gleich bleibt. So ist es im Himmel absolut nicht. Die Ewigkeit ist nicht wie zahllose Jahrtausende. Nicht einmal wie eine Milliarde oder eine Billion Jahrtausende. Im Himmel vergeht keine Zeit; der Himmel *ist* einfach.

Als Nächstes höre ich meine Freunde erwidern: »Ja, aber man kann über die Wahrheit, Güte, Schönheit und Reinheit des Himmels nur so und so lange begeistert sein. Das Erreichen der Vollkommenheit hat so etwas Erstickendes an sich; fast haben wir den Weg hierher mehr genossen als die Ankunft. Der Himmel ist so, so ... endgültig!«

Das könnte man nur sagen, wenn man die Wahrheit, die Güte oder sogar die Ewigkeit und den Himmel als statisch und abstrakt versteht. Das sind sie nicht. Wahrheit und Güte, Ewigkeit und Himmel – ja, Gott selbst – sind nicht statisch, sondern dynamisch. Nicht abstrakt, sondern konkret. Realer als alles, was wir auf der Erde je berührt oder geschmeckt haben. Denken Sie daran: Wir täuschen uns, wenn wir uns den Himmel flüchtig, dünn und nebulös vorstellen. Es ist die Erde, die verdorrendem Gras gleicht, nicht der Himmel.

In C. S. Lewis' »Die große Scheidung« gibt es einen Dialog zwischen einem verwirrten Geist aus der Hölle und einem himmlischen Geist, der versucht, ihm die Konkretheit der Ewigkeit begreiflich zu machen. Der himmlische Geist beginnt:

»Willst du mit mir zu den Bergen kommen?«

»Natürlich würde ich einige Sicherheiten verlangen ... eine Atmosphäre freier Forschung ...«

»Nein ... keine Atmosphäre freier Forschung. Denn ich will dich in das Land der Antworten bringen, nicht der Fragen, und du sollst das Antlitz Gottes schauen.«

»Ja, aber ... für mich gibt es nichts dergleichen wie eine endgültige Antwort ... du musst doch selbst fühlen, dass etwas Erstickendes um die Idee von Endgültigkeit ist ... In Hoffnung wallen ist besser als ankommen ... was ist seelenzerstörender als geistiger Stillstand?«

»Du denkst das, weil du bisher Wahrheit nur mit dem abstrakten Intellekt erfahren hast. Ich will dich an einen Ort bringen, wo du sie schmecken kannst wie Honig, wo du von ihr umarmt wirst wie von einem Bräutigam. Dein Durst soll gelöscht werden.«

Der Lobpreis im Himmel wird nicht reglos und abstrakt sein, wie man es von einer verstaubten alten Hymne kennt, die in einer Kathedrale von einer Handvoll Gläubigen mit versteinerten Gesichtern angestimmt wird. Oder wie man es empfindet, wenn man ein Loblied zum hundertsten Mal singt. Selbst die schönsten biblischen Hymnen nutzen sich nach einer Weile ab und man stöhnt: »Das haben wir doch schon zigmal gesungen. Können wir nicht mal was Neues singen?« Eigentlich ist uns gar nicht wichtig, ob das Lied selbst neu ist – einige der ältesten Hymnen der Kirche sind immer noch frisch –, aber wir können Worte oder Lieder der Anbetung nicht ertragen, die mit der Zeit zur eingefahrenen Routine geworden sind. Wenn Freude und Erfüllung im Lobpreis fehlen, dann wissen wir, dass uns das Wesentliche fehlt. Wir wollen Gott etwas Frisches darbringen, das wirklich sein Herz berührt.

Im Himmel wird es unserem Lobpreis nie daran mangeln. Anbetung wird nicht irgendeine Spanne zwischen uns auf Punkt A und Gott auf Punkt B überbrücken. Diese Art von Lobpreis mag auf der Erde toleriert werden, aber im Himmel hängt sie in der Luft.

Lobpreis im Himmel wird gehaltvoll sein. Wir werden vom Baum des Lebens essen.

Verborgenes Manna wie Honig kosten.

Wahrheit riechen wie eine Blume.

Gerechtigkeit tragen wie Licht.

Den Morgenstern wie ein Zepter halten.

Wie die Sterne des Himmels leuchten.

In die Freude des Herrn eingehen.

Diese Verben haben nichts Regloses und Abstraktes an sich. Alles im Himmel wird mehr Substanz haben, als wir es je erträumten.

Im ewigen Lobpreis wird die freudige Spannung, die wir auf dem Weg zum Himmel empfinden, kein Vergleich zu dem sein, was wir bei unserer Ankunft dort sehen, besitzen, schmecken und tragen werden. Für John und Mike wird die Begeisterung sich nicht nur auf das Bergsteigen erstrecken, sondern auch auf die Aussicht vom Gipfel und auf beides gleichzeitig. Wir werden hoffnungsvoll reisen und sozusagen gleichzeitig ankommen – wir werden uns nicht länger nach unserem abwesenden Gott sehnen, sondern uns in unserem Gott erfreuen, der bei uns ist.

Warum wir ihn für immer preisen werden

Zweitens wird unsere Anbetung Gottes nie aufhören. Es ist wie die Begeisterung, die ich als Kind empfand, wenn mein Vater mir eine Geschichte vorlas. Für mich war der Anfang immer das Faszinierendste. Er war frisch. Und zwar weil der Beginn etwas Zeitloses berührt, das keine zeitlichen Ereignisse trüben können. Leider ließ, je weiter die Geschichte fortschritt, mein Interesse immer mehr nach, und damit auch mein Staunen.

Ein Märchen ausgenommen. In C. S. Lewis' »Der Kampf um Narnia« – dem Abschluss der Serie »Die Narnia-Chronik« – gab es nicht das übliche »Und sie lebten glücklich bis an ihr Ende«. Stattdessen schrieb C. S. Lewis auf der letzten Seite, nach Dutzenden erheiternder Abenteuer und Reisen in allen vorangegangenen Büchern, dass er nun am Beginn der wahren Geschichte angekommen sei. Alle früheren Kapitel über die Narnia-Abenteuer waren nur der Umschlag und die Titelseite gewesen. Nun sollte das wahre 1. Kapitel aufgeschlagen werden, eine Geschichte, die niemand auf der Erde je gelesen hatte, die für immer und ewig weitergehen würde, und bei der jedes neue Kapitel besser sein würde als das letzte

Ich erinnere mich, wie ich als Kind dachte: *Willst du damit etwa sagen, dass alles, was bis jetzt passiert ist, nur das Vorwort zur eigentlichen Geschichte war? All diese tollen Sachen waren nur der Ausblick auf eine größere Geschichte!* Das Staunen war wieder da. Ich stand wieder am Beginn.

Die meisten Menschen wünschten, so wäre es auch im wirklichen Leben. Genau wie in einer Geschichte arbeiten die Leute sich durch ein Kapitel ihres Lebens nach dem anderen hindurch, und die Faszination und das Staunen, das sie als Kind empfanden, verblassen mit den Jahren im Ablauf der Ereignisse. Wir werden müde und erschöpft, unfähig, die Träume je wieder zu erhaschen, die uns zu Anfang so packten. Der Zustand, den wir ersehnen, nimmt nie ganz Gestalt an. Und so verebbt unser Interesse.

Aber für Christen *werden* alle Dinge, die unser Interesse an der Ewigkeit wecken, *Gestalt annehmen*. Wir werden das Lamm sehen. Reinheit genießen. Wahrheit berühren. In Gerechtigkeit gekleidet sein. Wie bei einer großartigen Geschichte wird es immer ein bezaubernder Anfang sein. Oder noch besser, der Anfang *und* das Ende, so wie Gott sowohl Alpha als auch Omega, der Erste und der Letzte, der Anfang und das Ende ist.

Kein Wunder, dass Fleisch und Blut das Himmelreich nicht erben können. Am Anfang und Ende zugleich zu sein, Gerechtigkeit wie ein strahlendes Gewand zu tragen, erfordert eine vollständige Metamorphose. Wie eine Raupe zum Schmetterling wird oder ein Pfirsichkern zum blühenden Baum. Unsere irdischen Körper wären niemals fähig, die Freude zu fassen oder das Lob auszudrücken. Unsere fleischlichen Herzen und Sinne könnten das alles nie fassen. Himmlische Anbetung würde das menschliche Gefäß aus allen Nähten platzen und zerspringen lassen. Wir sprechen hier nicht vom Abstreifen einer Schlangenhaut; wir sprechen von radikaler Umgestaltung. Wir kleinen Raupen und Pfirsichkerne müssen vom Tod zum Leben hindurchgehen, damit unsere verherrlichten Körper und Herzen bereit werden für die überfließende Erfüllung mit ekstatischem Lobpreis. Wie Jesus sagte: »Wahrlich, wahrlich, ich sage dir: Es sei denn, dass jemand von neuem geboren werde, so kann er das Reich Gottes nicht sehen« (Johannes 3,3).

Nein, Lobpreis wird keine Verpflichtung und kein Befehl sein, sondern etwas ganz Natürliches. Oder vielmehr, eine übernatürliche übersprudelnde Reaktion des wiedergeborenen Geschöpfs, neu und bereit für den Himmel. Professor E. L. Maskell drückt es so aus: »Wir preisen Gott nicht, weil es uns gut tut, obwohl das zweifellos der Fall ist. Auch preisen wir ihn nicht, weil es ihm gut tut, denn das ist in der Tat nicht der Fall. Lobpreis ist somit ekstatisch in dem strengen Sinn, dass er uns völlig aus uns selbst herausnimmt; er ist rein und allein auf Gott ausgerichtet. Er lenkt unsere Aufmerksamkeit völlig von uns selbst weg und konzentriert sie vollständig auf ihn.« [3]

Ich kann es nicht abwarten! Ich habe es so satt, über mich selbst nachzudenken. Manchmal komme ich mir vor wie jene selbstversunkene Frau in dem Kinofilm »Beaches«, die zu ihrem Freund sagt: »Genug von mir geredet ... sprechen wir von dir. Sag mal, was hältst *du* eigentlich von mir?« Kommt Ihnen dieses Gefühl bekannt vor? Nun, im Himmel wird Selbstvergessenheit uns zur zweiten Natur werden; somit wird nichts mehr eintönig sein. Lobpreis wäre nur langweilig, wenn wir innehalten und uns beobachten könnten, um uns zu vergewissern, wie gut wir unsere Sachen machen, wie gut unser Gesang klingt oder was wir leisten; doch diese Art von Selbstbewusstsein wird es im Himmel nicht geben. Die krönende Herrlichkeit wird für uns alle darin liegen, uns selbst zu verlieren, doch im Alpha und Omega wiederzufinden. Das ist reiner Lobpreis. Die totale Ausrichtung auf Gott.

Schließlich werden unsere strahlend hellen Körper, weil wir mit ihm eins und wie er voller Licht sind, gar nicht anders können, als von der Herrlichkeit Gottes durchtränkt zu sein. Denn

»Herrlichkeit« bedeutet nichts anderes als die Widerspiegelung des eigentlichen Wesens Gottes, sei es Heiligkeit, Gerechtigkeit, Barmherzigkeit oder Gnade. Wann immer er sich auf der Erde oder im Himmel in irgendeiner dieser Eigenschaften offenbart, sagen wir, dass er »sich verherrlicht«. Und im Himmel werden wir, wie Diamanten, im Prisma unseres Lobpreises mit jeder Facette unseres Seins seine göttliche Herrlichkeit widerspiegeln. Daniel 12,3 knipst sozusagen den Lichtschalter an, wenn es dort heißt: »Und die da lehren, werden leuchten wie des Himmels Glanz, und die viele zur Gerechtigkeit weisen, wie die Sterne immer und ewiglich.«

Erinnern Sie sich an meinen Traum, in dem alles – die Luft, das Wasser und mein Körper – in gleißendem Licht erstrahlte? Ich glaube nicht, dass mein Traum allzu weit vom wahren Himmel entfernt ist. Der Himmel wird vom Lamm erstrahlen, das die Lampe ist. Das Licht wird im Himmel so sehr *sein*, dass »der Mond ... schamrot werden und die Sonne sich schämen [wird], wenn der Herr Zebaoth König sein wird auf dem Berg Zion und zu Jerusalem und vor seinen Ältesten *in Herrlichkeit*« (Jesaja 24,23).

Gottes Herrlichkeit und sein Licht gehen Hand in Hand. Der Himmel ist ein Ort voller Herrlichkeit, Licht und Lobpreis.

Meine Freunde John und Mike werden – wie jeder andere erlöste Mensch – mit Freuden die Zeitgrenze überschreiten, um Teil jener großen Schar zu werden, »die niemand zählen konnte, aus allen Nationen und Stämmen und Völkern und Sprachen; die standen vor dem Thron und vor dem Lamm, angetan mit weißen Kleidern und mit Palmzweigen in ihren Händen, und riefen mit großer Stimme: Das Heil ist bei dem, der auf dem Thron sitzt, unserm Gott, und dem Lamm!« (Offenbarung 7,9–10).

Wer vermag Worte für eine solche Anbetung zu finden? Welcher Thesaurus enthält Substantive oder Adjektive, um auszudrücken, dass wir das Leben wie die Frucht eines Baumes »essen« und das Brot des Himmels »kosten«? Da möchte ich meine Hände erheben und flüstern: »O welch eine Tiefe des Reichtums, beides, der Weisheit und der Erkenntnis Gottes! Wie unbegreiflich sind seine Gerichte und unerforschlich seine Wege! ... Denn von ihm und durch ihn und zu ihm sind alle Dinge. Ihm sei Ehre in Ewigkeit! Amen« (Römer 11,33.36).

Gott dienen, indem wir mit ihm herrschen

Ich muss etwas gestehen. Ich bin meinen Freunden John und Mike ähnlicher, als ich zugegeben habe. Verbringen Sie nur ein paar Wochen mit mir und Sie werden wissen, was ich meine. Mit Vorliebe kremple ich mir hier auf der Erde die Ärmel hoch und stürze mich in den Dienst für Gott. Ich zeichne mich weniger durch mein Mensch*sein* als durch mein Mensch*tun* aus. Krankenhäuser aufsuchen, für verschiedene Angelegenheiten eintreten, für das Abendessen einkaufen, im Dienst reisen, unsere Ehebeziehung pflegen, an meiner Staffelei malen, am Computer schreiben, an Radiosendungen arbeiten, Telefonseelsorge geben, in der Sonntagsschule helfen und was es da sonst noch alles gibt.

Außerdem bin ich ein Perfektionist. Wenn ein Gemälde meinen Vorstellungen nicht entspricht, wird es verworfen. Wenn ein Artikel nicht ins Schwarze trifft, landet er im Papierkorb. Wenn eine Freundschaft verletzt wurde, wird sie in aller Sorgfalt wiederhergestellt. Wenn meine Ehe leidet, werden alle Termine gestrichen und Ken erhält absolute Priorität. Wenn ich den Eindruck habe, dass ein Vortrag ins Leere geht, zermürbe ich mir endlos den Kopf mit dem Gedanken: *Warum habe ich bloß das gesagt? Hätte ich doch lieber jenes gesagt!* Es hat Tage gegeben, da konnte ich nur die Hände heben und seufzen:

»Wozu soll das alles gut sein? Ich hab's schon wieder vermasselt!«

Dieser Druck ist zum großen Teil überflüssig, weil ich ihn mir selbst mache. Ein Teil davon ist allerdings real und notwendig. Deshalb lässt Gott einen gewissen Druck zu, wenn er weiß, dass ich den Dienst für ihn mit einer bequemen, lässigen Haltung in Angriff genommen habe.

Aber im Himmel wird es kein Versagen im Dienst geben. Keine Enttäuschung über unser Tun. Nie werden wir uns über unser Versagen grämen, die Aufgabe nicht erfüllt zu haben, die Gott uns anvertraut hat, wie eine fehlgeschlagene Ehe oder Mission. Nie werden wir unsere Verantwortung unerfüllt lassen.

Und, Junge, werden wir zu *tun* haben! John und Mike werden auf Wolke sieben schweben, allerdings nur für kurze Zeit, denn sie werden beschäftigter sein, als sie es auf der Erde je waren. Kein Schlendern über die Straßen von Gold, um sich die Ewigkeit zu vertreiben. Kein Zeitvertreib beim Harfezupfen am gläsernen Meer. Wir werden Aufgaben zu erledigen haben. Ich kann kaum die Tränen zurückhalten, wenn ich an meinen Freund Cornelius denke, der seit fünfzehn Jahren im Bett liegt und keinen Finger bewegen kann, um auch nur die geringste Arbeit zu tun. Ich kann schon sehen, wie dieser Mann in seinem verherrlichten Körper John und Mike im Staub hinter sich zurücklässt, während er all die Arbeit in Angriff nimmt, die er in den vielen Jahren auf der Erde so vermisst hat. Wir werden Gott durch Anbetung und durch Arbeit dienen – aufregende Arbeit, die wir nie satt haben werden.

Für mich wird das der Himmel sein. Ich liebe es, Gott zu dienen. Und wenn wir im irdischen Dienst treu waren, wird unsere Verantwortung im Himmel im entsprechenden Verhältnis wachsen. Nein, das nehme ich zurück. Sie wird nicht im entsprechenden Verhältnis wachsen. Dazu ist Gott viel zu großzügig. Unser Dienst wird völlig unverhältnismäßig wachsen. Man braucht kein Raketenforscher zu sein, um die Formel zu verstehen, die Jesus in seinem Gleichnis vom Himmelreich in Lukas 19,17 nennt: »Recht so, du tüchtiger Knecht; weil du im Geringsten treu gewesen bist, sollst du Macht haben über zehn Städte.«

Halten Sie inne und lesen Sie das noch einmal. Zehn Städte? Für Treue in den ganz unbedeutenden Kleinigkeiten? Wenn es darum, uns zu segnen, geht Jesus vom kleinen Einmaleins zur Infinitesimalrechnung über. Denen, die in wenigen kleinen Dingen treu sind, wird eine Fülle von Dingen anvertraut werden.

Waren Sie in Ihrer Ehe oder einer Mission treu? Selbst wenn es nur geringe Kleinigkeiten waren? Gott denkt schon exponentiell, so wie bei seiner Gleichung mit den »zehn Städten«. Er erhöht unsere Befähigung zum Dienst großzügig in einem »hoch n«-Maßstab. Je treuer Sie in diesem Leben sind, desto mehr Verantwortung werden Sie im zukünftigen Leben erhalten.

Beachten Sie bitte, dass Jesus nicht sagt: »Weil du im Geringsten *erfolgreich* gewesen bist«, sondern »weil du im Geringsten *treu* gewesen bist.« Gott nimmt weder den Erfolg Ihrer Ehe unter die Lupe, noch beurteilt er die Ergebnisse Ihrer Mission. Vielleicht haben Sie fünfundvierzig Jahre in einer Ehe gelebt und vierzig damit verbracht, nur aufgrund eines Versprechens und eines Gebets auszuharren. Vielleicht haben Sie fünfundzwanzig Jahre investiert, um in den Buschdörfern Mosambiks das Evangelium weiterzugeben, und können nur eine Handvoll Bekehrte vorweisen. Vor dem Richterstuhl wird Gott keine Bilanztabellen zücken, um eine Kosten-Nutzen-Rechnung Ihres irdischen Dienstes aufzustellen. Jeder Christ befindet sich auf demselben Spielfeld. Nicht der Erfolg ist der Schlüssel, sondern die Treue. Größer und besser zu sein ist nicht der Punkt. Das Entscheidende ist der Gehorsam.

Je vertrauenswürdiger Sie gewesen sind, desto größer wird

Ihr Dienst in der Ewigkeit sein. Das ist der Punkt, an dem unsere zwei Freunde glänzen werden!

Das ist der Punkt, an dem wir dienen können und beschäftigter sein werden, als wir es auf der Erde je waren. Denn wir werden ihn nicht nur in Ewigkeit preisen, sondern auch ewig mit ihm herrschen. »Wer überwindet, dem will ich geben, mit mir auf meinem Thron zu sitzen, wie auch ich überwunden habe und mich gesetzt habe mit meinem Vater auf seinen Thron« (Offenbarung 3,21). Können Sie das glauben? Wir werden mit Christus auf seinem Thron sitzen und mit ihm herrschen. Wir werden einen Bereich der Autorität und Aufsicht in Gottes ewigem Königreich zugewiesen bekommen.

Wir werden mit ihm herrschen, und nicht nur das.

Wir sind mehr als Könige? Ja, wir sind Söhne und Erben. In Römer 8,17 werden wir in eine unvorstellbare Stellung erhoben: »Sind wir aber Kinder, so sind wir auch Erben, nämlich Gottes Erben und Miterben Christi.« Stellen Sie sich nur einmal vor: Wir werden mit Christus auf seinem Thron sitzen, und wir werden gemeinsam mit ihm die Aufsicht über sein und unser Erbe führen. Wir erben, was unser älterer Bruder erbt. Und Psalm 2,8–9 liest sich wie seine Besitzurkunde: »Fordere von mir alle Völker, ich schenke sie dir; die ganze Erde gebe ich dir zum Besitz. Regiere sie mit eiserner Faust!« (Gute Nachricht). Wir sprechen hier nicht von ein paar Hektar Land am hinteren Ende der Farm. Unser Verantwortungsbereich werden Himmel und Erde sein.

Wir werden mit Christus über die Erde herrschen!

Über die Erde herrschen

Ich wünschte, ich würde die Einzelheiten kennen, aber Gott hat sie nicht alle offenbart. Eine Andeutung finden wir in

Offenbarung 20: Wir werden Priester Gottes und Christi sein und tausend Jahre mit ihm herrschen, und in Jesaja 11: Er wird die Armen mit Gerechtigkeit richten und den Elenden im Lande rechtes Urteil sprechen.

Immer wieder erscheinen die Worte »Erbe«, »Erde« und »herrschen« in Verbindung miteinander. Blättern Sie das Alte Testament durch und Sie werden wiederholt Hinweise darauf finden, dass die Gesalbten Gottes persönlich Recht ausüben, die Unterdrückten aufrichten oder mit eisernem Stab herrschen. Vielleicht werden die Einzelheiten nicht dargelegt, aber einen Hinweis gibt es, den wir erfassen sollen: Wir werden mit Christus über die Erde herrschen.

Es ist nicht klar, ob es sich dabei um diese Erde handelt oder um das, was die Bibel als »neue Erde« bezeichnet. Aber ich weiß, dass das Glanzstück der Schöpfung Gottes, dieser Juwel von einem Planeten, nicht fallen gelassen werden wird. Er wird nicht haltlos durch das All trudeln. Gott vergeudet nichts, sondern stellt sie wieder her, und in Römer 8,20–21 lesen wir, welche Absicht der Herr mit dieser wunderschönen blauen Murmel hat: »Die Schöpfung ist ja unterworfen der Vergänglichkeit – ohne ihren Willen, sondern durch den, der sie unterworfen hat –, doch auf Hoffnung; denn *auch die Schöpfung wird frei werden von der Knechtschaft der Vergänglichkeit zu der herrlichen Freiheit der Kinder Gottes.*«

Wie wir stöhnt auch »die ganze Schöpfung bis jetzt noch vor Schmerzen ... wie eine Frau bei der Geburt« (Römer 8,22). Das empfinde ich, wann immer ich einen Smog, einen Schrottplatz oder tote Waschbären auf der Straße sehe. Wenn ich über die Berge an der Küste fahre, nur einen Steinwurf von meiner Wohnung entfernt, und über die jähen, zerklüfteten Felsen und Cañons staune, ist mir lebhaft bewusst, dass ich mitten in einem Erdbebengebiet lebe (das Northridge-Beben 1994 fühlte sich ganz so an wie eine dieser »Geburtswehen«). Ständig rutscht hier irgendwo Schlamm ab oder brechen Feuer aus. Diese Hügel sind ruhelos. Außerdem sind sie durch unwirkliche Paläste irgendwelcher Malibu-Filmstars entstellt, die die Landschaft mit Satellitenschüsseln übersäen. Es bricht mir das Herz, diese Berge und Bäume (und die Filmstars!) in solchen Fesseln zu sehen.

Das ist die Erde, die Christus in seine herrliche Freiheit bringen wird. Können Sie das Seufzen im Wind hören? Können Sie die lastende Stille in den Bergen fühlen? Können Sie die ruhelose Sehnsucht im Meer spüren? Können Sie es in den traurigen Augen eines Tieres sehen? Es kommt etwas ... etwas Besseres.

Wenn Sie wissen wollen, was dieses »etwas« nun genau ist, dann studieren Sie die Offenbarung und Jesaja. Stürzen Sie sich in die Hermeneutik. Erforschen Sie die Eschatologie. Ich muss gestehen, dass ich nie in den Genuss kam, ein theologisches Seminar zu besuchen, und ich kann keine so schlüssige theologische Linie ziehen, wie ich es gern möchte; aber ich bin schon zufrieden zu wissen, dass der Himmel die Erde – alt oder neu – mit einschließt. Mich fasziniert die Vorstellung, dass wir nach der Wiederkunft Christi diesen Planeten vielleicht wieder bewohnen werden. Die Wege, die ich jetzt mit meinem Rollstuhl befahre, werden möglicherweise dieselben sein, über die ich mit verherrlichten Füßen spazieren werde, wenn Christus regiert.

Wenn ja, dann werden Thad und ich tatsächlich auf den Bergen der *Sierras* Ski fahren. Und die weitläufigen Bergpfade hinter dem *Rose Bowl* werden mein Freund und ich mit unseren himmlischen Füßen betreten. Das heißt, falls Thad, Rana und die anderen ihre abenteuerlichen Streifzüge in fernen Winkeln des Universums unterbrechen wollen!

Die Möglichkeiten sind ebenso unerschöpflich wie begeisternd. Vielleicht ist es Teil unserer Herrschaft auf der Erde, den Armen und Bedürftigen in Kurdistan unter die Arme zu greifen, die Hügel des Libanon wieder aufzuforsten, beim Gericht über die Übeltäter zu helfen oder am Amazonas Bäume zu pflanzen. Wie wäre es, die Gerichtshöfe von Korruption zu säubern und die Richter in göttlicher Weisheit zu schulen? Wie wäre es, die Slums von Rio de Janeiro zu beseitigen und den Atommüll loszuwerden? Vielleicht werden wir die Nationen lehren, Gott anzubeten, Frieden neu zu definieren und Schwerter in Pflugscharen zu schmelzen. Werden wir die Ozonschicht flicken und die blaue Donau wieder azurblau statt schlammig braun aussehen lassen? Werden wir den Staatshaushalt zurechtstutzen, die Bürokratie abschaffen und allen zeigen, dass allein die Theokratie in der Stadt das Sagen hat?

Eines ist sicher: Es wird keine Obdachlosenheime (keine obdachlosen Männer und Frauen!) mehr geben. Keine Waisenhäuser und keine Behindertenheime. Keine Abtreibungskliniken. Und keine Altenpflegeheime.

Und mitten drin wird sich die glitzernde Hauptstadt des Himmels, das Neue Jerusalem, wie eine schimmernde Perle abheben. Könige und Fürsten werden aus den fernen Enden der Erde in die Heilige Stadt strömen, um ihre Ehrerbietung zu erweisen. Die Vorstellung sprengt fast meine Vorstellungskraft, aber so steht es kristallklar in Offenbarung 21.

Mir ist bewusst, dass dies mehr Fragen aufwirft, als es beantwortet. Wer sind zum Beispiel all diese Menschen, die mit eisernem Zepter regiert werden müssen? Was machen diese Leute noch auf der Erde, nachdem der Herr Jesus mit seinen Heiligen zurückgekehrt ist? Sind es böse Menschen, die gerichtet, oder die Armen, die aufgerichtet werden müssen? Warum sind sie noch da, wenn der Himmel auf die Erde gekommen ist?

Es sind die Theologen, die sich ständig mit solchen Fragen auseinandersetzen. Einige sagen, dass wir, nachdem die in Christus Verstorbenen nach seiner Rückkehr auf die Erde auferweckt worden sind, tausend Jahre lang mit ihm über die Menschen auf diesem Planeten herrschen werden. Gegen Ende dieser Periode wird der Teufel eine letzte Rebellion anstiften, die mit dem Untergang Harmagedons enden wird. Gottes Armeen werden siegen, der Teufel wird verlieren, böse Menschen werden auferweckt werden, das Buch des Lebens wird aufgeschlagen werden und der Tag des Gerichts wird gekommen sein. Nach der endgültigen Vernichtung der alten Schlange und ihrer bösen Heerscharen wird die Erde durch Feuer verzehrt, gereinigt und zu einer ewigen Heimat erneuert und bereitet werden. Haben Sie das mitbekommen?

Nach Ansicht anderer Theologen werden dann, wenn der Herr Jesus als König der Könige auf die Erde kommt, unmittelbar Harmagedon, die Niederlage Satans, das Totengericht und ein vernichtendes Feuer folgen, das die ganze Erde und das umgebende All einäschern wird, und die Zeit wird enden. Wenn der Rauch verzogen ist, werden der Herr und seine Heiligen das ewige Königreich im neuen Himmel und der neuen Erde errichten.

Puh, ich bin froh, dass Theologen diese Dinge studieren! Wie die Erde – ob alt oder neu – sich in Gottes himmlische Ordnung einfügen wird, kann ich nicht mit Gewissheit sagen. Ich neige zu der Auffassung, dass wir tausend Jahre lang mit Christus auf dieser Erde regieren werden und dass diese Periode eine Art Vorhalle oder Hinführung zum Himmel sein wird. Aber alles, was ich wirklich wissen muss, ist, dass wir »auf einen neuen Himmel und eine neue Erde nach seiner Verheißung [warten], in denen Gerechtigkeit wohnt« (2. Petrus 3,13). Im Himmel werden wir uns wie zu Hause fühlen. Ich werde Miterbe Christi sein ... Ich werde mithelfen, im neuen Himmel und auf der neuen Erde zu herrschen ... und ich werde im Dienst beschäftigter und glücklicher sein, als ich es je für möglich gehalten hätte.

Und das gilt auch für Sie.

Es ist realer, als wir es uns vorstellen können

Wissen Sie, was mich an der Herrschaft mit Christus auf der Erde am meisten begeistert? Sie ist konkret. Der Himmel ist kein Wolkenkuckucksheim mit nebulösen, geisterhaften Formen und Wolken. Es ist kein Ort, an dem man mit dem Finger durch Leute durchstechen kann und entdeckt, dass sie überirdische Geistwesen sind, die man nicht umarmen oder greifen kann. Ganz und gar nicht!

Schon das Schreiben der letzten Seiten hat meine Begeisterung neu entfacht, wie sehr der Himmel dem Felsen von Gibraltar gleicht. Wir werden berühren und schmecken, herrschen und regieren, uns bewegen und laufen, lachen und nie einen Grund haben zu weinen.

Vor Jahren habe ich den Himmel vielleicht als dunstigen, nebulösen Wohnort der Engel und – schluck! – Menschen betrachtet, aber jetzt nicht. Mich prickelt der Gedanke, wie felsenfest real der Himmel ist, und wie viel mehr er uns Heimat sein wird – weit mehr als die Erde. Jedes Mal, wenn ich mir vor Augen führen will, wie dynamisch und definitiv der Himmel tatsächlich ist, blättere ich in C. S. Lewis' »Die große Scheidung«, einer fiktiven Vision, in der unerlöste Menschen einen Tagesausflug im Bus zu den leuchtenden Grenzen des Himmels machen. Hören Sie, was sie sagen, als sie einen erstaunlichen Blick auf den Himmel werfen:

Nun war es das Licht, das Gras, die Bäume, die anders waren; aus irgendeinem andern Stoff gemacht, so viel fester als die Dinge in unserm Land ...

Danach sah ich Leute uns entgegenkommen. Da sie leuchteten, sah ich sie schon aus großer Entfernung ... die Erde bebte unter ihrem Tritt, wie ihre starken Füße in die feuchte Grasnarbe sanken. Ein leichter Nebel und ein süßer Geruch stiegen auf, wo sie das

Gras zerstampft und den Tau zerstäubt hatten ... die Kleider verhüllten nicht die massige Großartigkeit der Muskulatur noch die strahlende Glätte der Schenkel ... kein einziger aus der Schar gab mir den Eindruck eines bestimmten Lebensalters. Man findet, selbst in unserm Land, Spuren des Alterslosen – Gedankenschwere auf einem Kindergesicht und Kinderlaune in einem Greisenantlitz. Hier war das die Regel.

Eine wirkliche Herrschaft auf einer wirklichen Erde.

Und unser Erlöser, unser König der Könige, geht uns voraus.

Aber aufgepasst: Warten Sie erst, bis Sie sehen, was wir nach diesem Planeten anfangen werden!

4 Wo ist der Himmel und wie lässt er sich beschreiben?

Die Schatten der Nacht waren tief. Nur schwach zeichnete sich die Dämmerung am Horizont ab. Plötzlich platzten zwei Donnerschläge in die Stille der Nacht und rüttelten an unserem Schlafzimmerfenster: »Bomm! Bomm!«

Ein entspanntes Lächeln huschte über mein Gesicht, obwohl ich noch halb schlief. Ich wusste, was dieser Knall bedeutete: das Space Shuttle war gerade wieder in die Erdatmosphäre eingetreten und die Astronauten würden bald an der *Edwards Air Force Base* am Rand der *Mojavewüste* in Kalifornien landen.

Ich warf einen Blick aus dem Fenster und sah, wie die Nacht noch immer von einer Parade funkelnder Sterne erleuchtet war, Botschafter schwach flackernder Feuerwerke des Sieges überall am Firmament. Fast war ich neidisch auf die Astronauten, die in jener Woche den Saum des Alls berührt hatten. Für eine Weile waren sie mit den Sternen befreundet gewesen und hatten das Universum von der Erdatmosphäre aus an den Zehen gekitzelt. Ich gähnte ein Gebet, bevor ich wieder in den Schlaf sank: »Bald, Jesus, bald werde ich da oben sein ... so weit über allem ... und nicht einmal die Raumfahrer werden mich einholen können.«

Das Universum fasziniert mich. Wenn irgendeine Sendung über Sterne oder Weltraumforschung läuft, schalte ich ein. Wann immer das Space Shuttle auf der Umlaufbahn kreist, finden Sie mich in die NASA Video-Berichte im Kabelfernsehen vertieft – ich liege im Bett und bete für die Völker der Erde, während ein kleines Shuttle Symbol sich langsam über eine Karte des Planeten schiebt.

Ich verfolgte es im CNN mit, als die Astronauten der *Endeavor* im Weltall spazierten, um Reparaturen am Hubble-Weltraumteleskop vorzunehmen. Unter ihren frei schwebenden Gestalten lag die Erde wie eine gigantische blaue Murmel da. In atemlosem Staunen schüttelte ich den Kopf, als ich eine Live-Aufnahme unseres langsam kreisenden Planeten sah, mit Afrika, dann dem Nahen Osten, dann Indien, die nacheinander auf dem Bildschirm erschienen. Noch erstaunlicher waren die übertragenen Gespräche zwischen dem Shuttle-Commander und seinen Mitarbeitern, während sie mit dem schwerfälligen Teleskop hantierten.

»Halt mal den Schraubenzieher und – hey, schau mal über deine Schulter. Da hinter dir, das ist die Venus.« Er ließ einen langgezogenen Pfiff ertönen. »Mensch, ist das ein phantastischer Anblick!«

»Vorsicht, der Schraubenzieher; er schwebt davon. Ahh, sieh dir das mal an. Das da unten ist New Orleans.«

»Tss, und guck mal da – was da so schnell auftaucht, ist die Westküste von Florida.«

Wie ich schon sagte: erstaunlich.

Dann gab es da die vielen telefonischen Fragen von Zuschauern aus der ganzen Welt. Sie bestürmten die Astronomen und Wissenschaftler am CNN-Pult mit einer Frage nach der anderen. Durchschnittsmenschen wie ich, die gebannt vor dem Bildschirm saßen und sich alle dasselbe fragten: Was wird das Hubble-Teleskop nach der Reparatur offenbaren?

Ein Anrufer fragte: »Wenn Hubble angeblich den Rand des Universums fotografieren wird, was werden wir dann auf der anderen Seite vorfinden?«

Das ist schwindelerregend, dachte ich. *Hier sitzen wir, Millionen von Menschen aus aller Welt, beobachten, wie die Erde sich vor unseren Augen dreht, und diskutieren, was es jenseits des Universums gibt.*

Der Astronom erwiderte: »Die Menschen meinen, dass es jenseits des Universums nur leeren Raum gibt. Aber das ist nicht so. Es gibt eine andere Dimension, die wir uns nicht einmal im Traum vorstellen können.«

»Ja«, sagte ich laut zum Fernseher, »und das nennt man Himmel.«

Ein anderer fragte: »Ich habe gehört, dass dieses Teleskop Wissenschaftlern helfen wird, das Alter des Universums zu ermitteln. Wie können sie das tun?«

Eine Wissenschaftlerin räusperte sich und antwortete: »Das Hubble-Teleskop kann die Distanzen zwischen Galaxien fotografieren, während sie sich voneinander entfernen. Wenn wir die Geschwindigkeit der Ausdehnung bestimmt haben, dann können wir einfach ›den Film rückwärts abspulen‹ und zeigen, wann das Universum begann.«

Ihre Antwort brachte mich zum Lachen. Vor einigen Jahren stellte der berühmte Astronom Carl Sagan das Universum als das Einzige hin, das war, ist und je sein wird. Es hatte keinen Anfang. Es wird kein Ende haben. Diese Ansicht ist inzwischen passé. Schon einige kurze Augenblicke und wenige Hubblebilder später sind die Astronomen sich einig, dass das Universum einen Anfang hatte. Genauso schnell wurde auch Einsteins Relativitätstheorie bewiesen. Und wenn unser komplexes, hoch strukturiertes Universum einen Anfang hatte, dann sagt uns unsere Vernunft, dass jemand es begonnen hat. Man ist sich auch einig, dass das Universum ein Ende haben wird – ich frage mich, ob die Wissenschaftler einmal daran gedacht haben, im Buch der Offenbarung nachzuschlagen, um einen verstohlenen Blick auf diese zukünftigen Ereignisse zu werfen.

Ich bezweifle es. So gehen die meisten von ihnen eben nicht vor. Allmählich ließ mein Interesse an der Sendung nach, nachdem ein oder zwei Anrufer vergeblich versucht hatten, Gott in die Diskussion einzubringen. Die Wissenschaftler fertigten sie kurz ab. Experten wenden sich eher an Stephen Hawking oder andere Physiktheoretiker, um Aufschluss über dunkle und mysteriöse Daten zu erhalten. Antworten suchen sie eher in der kühlen, rationalen Welt der wissenschaftlichen Debatte. Sie vergessen, dass im Himmel die Heimat der Sehnsüchte ihres Herzens liegt. Sie halten sich an das, was flach und faktisch, unpersönlich und rational ist. Und so erhalten neu entdeckte Supernovas eine Nummer im galaktischen Register und die Sterne nicht gerade romantische Namen wie M-31. Gähn!

Ich schaltete den Fernseher aus.

Der Zeitpunkt des Endes

Mehrere Tage später, als die Astronauten der *Endeavor* eine Pressekonferenz gaben, war ich froh, dass sie die romantische Erfahrung schilderten, wie sie über ihre Schulter einen Blick auf die Venus geworfen hatten und die Westküste Floridas vorbeiziehen sahen. Mit ihnen konnte ich mich mehr identifizieren als mit jenen phantasielosen Wissenschaftlern.

Ich identifizierte mich auch mit meinem Vater, der 1909 den ersten Ford – Model T – die *Howard Street* hinunterknattern sah und Monate später die Brüder Wright in ihrem Flugzeug über den Hafen von Baltimore fliegen sah. Wie er mir sagte, war das einfach mehr, als er fassen konnte. Die Welt entwickelte sich einfach zu schnell. Mein Vater hätte die heutige Zeit noch erleben sollen. Denn jetzt, kaum mehr als eine Generation später, entwickelt sich die Welt *tatsächlich* zu schnell. Tonnenweise überfluten die Daten unsere kleinen Gehirne, während wir zuschauen, wie der Planet sich vor unseren Augen dreht.

Ich wünschte, auch der Prophet Daniel hätte diesen Tag erleben können. Aber vielleicht tat er das tatsächlich. Vielleicht sah er den CNN in einer prophetischen Vision und konnte nur mit staunend aufgerissenen Augen zuschauen. Vielleicht konnte sein Gehirn nur einen Teil davon verkraften, und er wandte sich gerade noch rechtzeitig ab, um Gott sagen zu hören: »Und du, Daniel, verbirg diese Worte, und versiegle dies Buch bis auf die letzte Zeit. Viele werden es dann durchforschen und große Erkenntnis finden« (Daniel 12,4).

Von allen Seiten stürmen Erkenntnisse über unser Universum auf uns ein. Wir erfassen etwas Neues, nur um beim nächsten Bericht von irgendeinem internationalen Wissenschaftssymposium zu erfahren, dass diese Erkenntnisse inzwischen überholt sind. Bedeutet diese Multiplikation des Wissens, dass wir am Ende der Zeit angelangt sind? Ich frage mich, ob Gott die Siegel eines großen Buchs öffnet, das jahrhundertelang verschlossen war, um nun Seite für Seite Fakten über die Himmel zu offenbaren, die sein Schöpfungswerk bestätigen.

Früher glaubten die Wissenschaftler, dass das Universum eine Fülle wandernder Kometen und langsam rotierender Galaxien enthält, die ohne Rhythmus oder Ursache durch das All mäandern. Inzwischen bestätigen die meisten Wissenschaftler nach und nach, dass im gesamten Universum eine starke Ordnung existiert und zwischen Kräften, Energiefeldern und Materie ein feines, aber exaktes Zusammenspiel besteht. Manche haben den Mut, es als »schön« und als »Zeichen eines göttlichen Plans« zu bezeichnen, aber solche Leute werden von der wissenschaftlichen Gemeinschaft entschieden kritisiert. Dennoch gibt es Molekularphysiker wie Dr. John Templeton, die kühn genug sind, schwarz auf weiß festzustellen: »Je mehr Daten die Wissenschaft uns über das Universum liefert, desto mehr sehen wir, dass Gott sich dem menschlichen Forschersinn tatsächlich immer weiter offenbart.« [1]

Es ist diese feine und geordnete Schlichtheit des Universums, die die Herzen von Experten wie Dr. Templeton berührt.

Er und eine Handvoll anderer beginnen, das Geschnatter der wissenschaftlichen Debatte lange genug leise zu stellen, um jenes unverkennbare Echo aus den Sphären des Himmels zu vernehmen.

Es ist genau dasselbe Lied, so alt und doch so neu, dessen Klänge in Psalm 19,2–5 widerhallen: »Die Himmel erzählen die Ehre Gottes, und die Feste verkündigt seiner Hände Werk. Ein Tag sagt's dem andern, und eine Nacht tut's kund der andern, ohne Sprache und ohne Worte; unhörbar ist ihre Stimme. Ihr Schall geht aus in alle Lande und ihr Reden bis an die Enden der Welt.« Wenn wir zum sternenübersäten Baldachin eines klaren Nachthimmels hinaufstarren, »hören« Wissenschaftler, genau wie Sie und ich, nicht einfach »irgendetwas«. Es ist eine nicht wieder abzuschüttelnde, faszinierende Melodie. Es sind die Himmel, die von der Herrlichkeit Gottes künden.

Wie weit weg ist der Himmel?

Als Kind habe ich mich gefragt, wo da draußen im All Gott wohl lebt und wie lange man brauchen würde, um dorthin zu gelangen. Wäre ich alt genug gewesen, ein Lehrbuch über Astronomie zu lesen, hätte ich darin einige Statistiken entdeckt, bei denen mir schwindelig geworden wäre. Unser Sonnensystem hat einen Durchmesser von 700 Lichtminuten. Das sind fast 13 Milliarden Kilometer. Aber die Galaxie, zu der unser Sonnensystem gehört, hat einen Durchmesser von 100.000 Lichtjahren. Nicht Minuten, sondern *Jahre*. Sparen Sie sich hier die Mathematik. Unsere Galaxie ist gigantisch. Aber der absolute Renner kommt erst: Unsere kleine Galaxie mit ihrer Ausdehnung von 100.000 Lichtjahren ist nur *eine* von Milliarden anderer Galaxien draußen im Kosmos. [2]

Solche ungeheuren Entfernungen und die atemberaubende Weite des Alls kann ich nicht begreifen. Die Zeit reicht nicht, um diese Milliarden von Sternen und Planeten, alle von Gott erschaffen, mit dem Hubble-Weltraumteleskop zu erfassen. Aber es befindet sich da oben am Rand der Erdatmosphäre und tut gehorsam und systematisch genau das: das Universum erfassen. Hubble hat kürzlich Bilder eingefangen, die ziemlich nah an die Grenze unseres Kosmos heranreichen, und ich glaube, es würde uns den Boden unter den Füßen wegziehen, wenn es tatsächlich den Rand fotografieren könnte!

Was ist auf der anderen Seite?

Diese Frage mag das *Scientific Journal* in Verlegenheit bringen, nicht aber die Bibel. Weit jenseits des intergalaktischen Raums mit seinen Milliarden Spiralnebeln und Novas liegt eine andere Dimension. Manche vermuten darin die fünfte Dimension. Man kann es Unendlichkeit nennen, aber wo immer und wie weit sie auch ist, die Bibel nennt sie den höchsten Himmel oder den Himmel der Himmel. »Siehe, der Himmel und aller Himmel Himmel ... ist des Herrn, deines Gottes«, steht in 5. Mose 10,14. Die äußersten Weiten des Alls sind nicht so leer und einsam, wie wir meinen, denn der höchste Teil des Himmels ist die Wohnstätte Gottes. Es scheint, als würde dieser »dritte Himmel«, wie die Bibel ihn nennt, sich in die Ewigkeit hinein erstrecken und unseren expandierenden Kosmos mit allen Himmelskörpern umspannen. Es ist die Dimension, von der der Herr sagt: »Der Himmel ist mein Thron und die Erde der Schemel meiner Füße!« (Jesaja 66,1).

Der Wohnort Gottes existiert in der Unendlichkeit. Er ist weit, weit weg. Deshalb amüsiert es mich, wenn der Apostel

Paulus in 2. Korinther 12,2 so beiläufig schreibt: »Ich kenne einen Menschen in Christus; vor vierzehn Jahren – ist er im Leib gewesen? ich weiß es nicht; oder ist er außer dem Leib gewesen? ich weiß es auch nicht; Gott weiß es ... Und ich kenne denselben Menschen ... der wurde entrückt in das Paradies und hörte unaussprechliche Worte, die kein Mensch sagen kann.«

Der dritte Himmel? Der höchste aller Himmel? Komm schon, Paulus, wie bist du denn so schnell dort angekommen?

Paulus war nicht der einzige, der in einem Nu den Thron des Himmels erreichte. Zu dem sterbenden Räuber neben ihm am Kreuz sagte Jesus: »Und Jesus sprach zu ihm: Wahrlich, ich sage dir: Heute wirst du mit mir im Paradies sein« (Lukas 23,43).

Heute? Jesus, Paulus und ein verstorbener Krimineller übersprangen Milliarden Lichtjahre im Bruchteil einer Sekunde?

Wie nahe ist der Himmel?

Ich habe immer empfunden, dass der Himmel wesentlich näher ist, als wir glauben. Als braves Sonntagsschulkind glaubte ich, dass der Himmel »oben« ist. In späteren Jahren entdeckte ich, dass die Bibel es klipp und klar sagt: Paulus wurde in den dritten Himmel *hinauf* versetzt ... Jesus fuhr zum Himmel *auf* ... der Herr wird uns bei seiner Wiederkunft in den Himmel *hinauf* entrücken ... und, von der anderen Seite betrachtet, schaut Gott vom Himmel *auf* die Menschenkinder *herab* (Psalm 53,3).

Das ist die Sprache, die die Bibel uns nahe legt, genauso wie sie uns ermutigt, andere irdische Begriffe wie »Kronen« oder »gläserne Meere« zu benutzen. Und das ist schlüssig. Gewiss kann der Himmel nicht »unten« sein, sonst könnten wir ein Loch bis nach China bohren.

Doch obwohl der Wohnort Gottes weit oben liegen mag, verlieren Distanzen wie »oben« oder »unten« ihre Bedeutung, wenn man erkennt, dass der Himmel – selbst der höchste Himmel – jenseits unseres Raum-Zeit-Kontinuums existiert. Breite und Länge sowie Richtungen und Distanzen sind auf die Zeit bezogen, und die Zeit gehört zur vierten Dimension. Und die vierte Dimension ist nur ein verschwindender Teil der Unendlichkeit. In ihr wird die Zeit aufgehen. Tun Sie einen Schritt über den Rand des äußersten Alls hinaus und Sie treten ein in die fünfte Dimension, in der ungeheure Distanzen in der Größenordnung von Lichtjahren nur der Bruchteil einer Sekunde für, nun ... für den sterbenden Räuber sind, der im Augenblick seines Todes unmittelbar mit Jesus im Paradies erschien.

Wäre ich der Räuber gewesen, es hätte mir die Sprache verschlagen, Jesus sagen zu hören: »Heute wirst du mit mir im Paradies sein.« Heute? In diesem Augenblick? Nimmt Jesus mich bei der Hand und schreitet mit mir durch eine Mauer, wie er es in jenem Obersaal tat? Oder wie er an einem Ufer erschien, um für seine Jünger das Frühstück zu machen? Oder wie er in einem Augenblick die Straße nach Emmaus hinunter schlenderte und – schwupp – im nächsten Augenblick in Jerusalem ankam? Werden wir im Bruchteil einer Sekunde verwandelt werden?

Ja, und in Offenbarung 1,8 gibt der Herr uns einen Hinweis, wie er dies tut und jeder Zeit und Entfernung spottet: »Ich bin das A und das O, spricht Gott der Herr, der da ist und der da war und der da kommt, der Allmächtige.« Beachten Sie, dass Jesus sich nicht an die Konventionen unserer Logik hält, was den Ablauf der Zeit betrifft; wir zeitgebundenen Geschöpfe möchten die Reihenfolge ändern und sagen: Jesus *war*, ist und wird kommen. Das klingt chronologischer. Es entspricht unserem Empfinden von Vergangenheit, Gegenwart und Zukunft. Aber Jesus ist der große »Ich Bin«, der immer in der Gegenwart lebt. Er ist der Gott des *Jetzt*.

Daran denke ich jedes Mal, wenn ich Offenbarung 22 lese. Dort sagt Jesus der wartenden Gemeinde dreimal: »Ich komme bald!« (Worauf die Gemeinde dreimal erwidert: »Komm!«) Es ist interessant, dass er nicht sagt: »Ich werde kommen ... na sagen wir mal in ein paar tausend Jahren.« Jesus sagt es im Präsens, als ob er nur eine Haaresbreite entfernt wäre, bereit, den Schleier der Zeit und der Distanz zu durchschreiten und wieder in unsere Welt einzutreten. Es ist, als befände er sich jetzt auf dem Rückweg.

Das Königreich der Himmel, in dem Jesus der König *ist* und war und immer sein wird, ist also ein Ort, und mehr noch: Eine Dimension, in der Zeit und Distanz keine Hindernisse sind. Der sterbende Räuber wurde nicht mit übermenschlicher Geschwindigkeit zum Himmel transportiert, als er starb. Er schlüpfte vielmehr von der einen Dimension in die nächste, so wie Jesus durch Mauern oder was auch immer von einem Raum in den anderen schlüpfte.

Sie können nicht in den Himmel *transportiert* werden. Ein Raumschiff kann Sie nicht dorthin tragen. Sie könnten nicht einmal mit einer Zeitmaschine den Himmel erreichen, wenn es so etwas gäbe. Denn der Himmel existiert außerhalb jeder noch so beschleunigten Zeit. Eine Fluggeschwindigkeit von einer X-tillion Stundenkilometer würde Sie vielleicht augenblicklich an den Rand des Universums versetzen, doch der Schritt in den dritten Himmel erfordert mehr. Er erfordert etwas anderes, denn unser Fleisch und Blut können den Himmel nicht betreten.

Wir müssen wiedergeboren werden, sonst können wir, wie Jesus warnte, »das Reich Gottes nicht sehen«. Als der sterbende Räuber aus dem Geist geboren wurde, wurden ihm sozusagen die geistlichen »Gene« Gottes selbst gegeben – die »Gene« Christi, der *ist*, war und immer sein wird. Und das gilt auch für uns, wenn wir aus dem Geist geboren sind. Wie der Räuber sind wir für die Ewigkeit bereit. Im Kleingedruckten des Vertrags steht natürlich, dass wir dem sterbenden Räuber auch in einem anderen Sinn folgen und zuerst sterben müssen.

Wo ist der Himmel?

Der Himmel ist nahe. Vielleicht näher, als wir ahnen. Es ist ungefähr so, als würden wir einem ungeborenen Kind im Leib seiner Mutter sagen: »Verstehst du, dass du bald in eine große, weite Welt voller Berge und Flüsse mit einer Sonne und mit einem Mond geboren werden wirst? In Wirklichkeit existiert du schon jetzt in dieser wunderbaren Welt.«

»Moment mal«, könnte das ungeborene Baby sagen. »Das kann nicht sein. Meine Welt ist die, die mich umgibt. Sie ist sanft, warm und dunkel. Du wirst mir nie einreden, dass es nur eine Handbreit von diesem Uterus entfernt einen solchen Ort mit Flüssen, Bergen und einer Sonne und einem Mond gibt, was immer das auch sein soll.«

Das liebe Baby! Da liegt es nun, geborgen in seiner kleinen Welt, und weiß nichts von der Tatsache, dass eine herrlichere Welt die seine umgibt und einschließt. Eine Welt, für die es geformt wird. Erst wenn es in sie hineingeboren werden wird, wird es verstehen, dass seine warme, dunkle Welt schon immer in ihr enthalten war. Dieser andere Ort wunderbarer Schönheit war schon die ganze Zeit vorhanden. Nur wenige Zentimeter entfernt.

Selbst diese Erde steht mit all ihren Geburtswehen kurz davor, sich nach einem letzten Stöhnen als »neue Erde« in den Himmel geboren zu finden. Tatsächlich trennt nur eine Handbreit diese materielle Welt von der geistlichen Welt, die die Erde umschließt. Und wie ein ungeborenes Baby werden wir für diese größere Welt geformt, in die wir schon bald hineingeboren werden sollen (und das ausgerechnet durch den Tod!). Wir haben Mühe, uns vorzustellen, dass der Himmel diese Welt einschließt, und so muss die Bibel uns ständig anspornen, unsere Augen »nicht auf das Sichtbare, sondern auf das Unsichtbare« zu richten. Es ist eine Frage der »Sicht«. Es geht um unsere Augen des Glaubens.

Der Glaube versichert uns, dass der Himmel *transzendent* ist. Er liegt jenseits der Grenzen unserer Erfahrung; er existiert getrennt von unserem materiellen Universum. Der Himmel ist auch *immanent* insofern, als er alle Himmelskörper, Galaxien und das Heer der Sterne umfasst. Wenn wir glauben, dass Gott allgegenwärtig ist, dann können wir glauben, dass auch die Himmelswelt, von der die Bibel in Epheser 2,6 (Elberfelder) spricht, allgegenwärtig ist. Denn wo Gott ist, da ist auch das Königreich des Himmels.

Wie schon gesagt, ist der Himmel näher, als wir es uns vorstellen, obwohl wir ihn nicht sehen können. Ich kann geradezu sehen, wie Gott über den Hang der Menschen lacht, ihre Augen nur auf das Sichtbare zu fixieren, wenn er uns in Jeremia 23,23–24 erinnert: »Bin ich nur ein Gott, der nahe ist, spricht der Herr, und nicht auch ein Gott, der ferne ist? Meinst du, dass sich jemand so heimlich verbergen könne, dass ich ihn nicht sehe?, spricht der Herr. Bin ich es nicht, der Himmel und Erde erfüllt?, spricht der Herr.«

Eines Tages werden wir auf dieselbe Reise gehen, wie der sterbende Räuber. Wir werden im Paradies ankommen. In der Zwischenzeit können wir sagen, dass wir auf der Ebene unseres allgegenwärtigen und souveränen Gottes operieren. In mancher Hinsicht existieren wir jetzt im Königreich des Himmels.

Wir *sind schon gekommen* zum Berg Zion, zum himmlischen Jerusalem.

Wir *sind gekommen* zu Myriaden von Engeln in jubelnder Gemeinschaft.

Wir *sind gekommen* zu Gott, dem Richter aller Menschen. Es gibt einen entscheidenden Teil in uns, die »neue Schöpfung in Christus«, die in der Gegenwart lebt. Ganz so wie unser großer »Ich Bin«.

Diese Tatsache macht das Ferne und Fremde nah und, oh, so vertraut. Wenn wir diese Realität erfassen, verstehen wir, dass die Luft, die wir atmen, himmlisch ist. Der Boden, den wir betreten, ist heilig. Das Licht, das wir genießen, ist göttlich. Könnte das Rauschen in den Bäumen das Geflüster von Engelsflügeln sein? Das grenzt an romantische Verklärung, aber die Bibel selbst sagt: Wir sind »gekommen ... zu Myriaden von Engeln, einer Festversammlung« (Hebräer 12,22; Elberfelder). Buchstäblich.

Finstere und strahlende Engel

Dieses Jahr habe ich an einer landesweiten Gebetskette quer durch Kanada teilgenommen, bei der christliche Zuschauer live über Satellitenfernsehen verbunden wurden. Meine Aufgabe bestand darin, die Nation in einer Zeit der Buße zu leiten. Ich nahm meine Verantwortung sehr ernst und fragte die Organisatoren, ob ich das Auditorium am Vorabend besichtigen könne.

Ich rollte in die weitläufige Sportarena und blieb unten am Bühnengeländer stehen. Der Ort war erfüllt vom Hall der hämmernden Handwerker und probenden Ordner. Wir alle wussten, dass am nächsten Morgen Tausende von Fürbittern die Arena füllen und die Himmelswelt mit ihren Gebeten erschüttern würden. Doch an diesem Abend galt es, eine ganz andere Arbeit zu erledigen.

Als mein Soundcheck an der Reihe war, rollte ich zum Mikrofon auf der hölzernen Bühne, die sich noch im Bau befand.

»Tontest, Tontest«, sagte ich, und meine Stimme hallte durch die Arena. Ordner, Techniker und Handwerker setzten ihre Routine fort, während der Tontechniker die Einstellungen justierte.

Meine Augen wanderten über die leeren Sitze. Ich lehnte den Kopf zurück und blinzelte durch die Dachkonstruktion. Während der Tontechniker seine Arbeit fortsetzte, begann ich in das Mikrofon zu beten: »Herr, wir wissen, dass diese Arena der Schauplatz aller möglichen Veranstaltungen von Eishockey-Kämpfen bis zum Drogenhandel bei Rockkonzerten war. Es gibt eine Menge gefallener Engel ... eine Menge Dämonen, die hier herumhängen; ich kann es spüren.«

Ich hielt im Gebet inne und blickte über jede Tribüne. Die Gegenwart von Geistwesen war mir deutlich bewusst. Es waren keine Engel. Ich betete weiter, diesmal ein wenig lauter, so dass meine verstärkte Stimme bis zur Dachkonstruktion hinaufreichte. Und während ich das tat, hielten einige Handwerker im Bohren inne, und die meisten Ordner nahmen irgendwo Platz und senkten die Köpfe.

»Jesus, du hast uns in deinem Wort gesagt, dass alles, was wir auf Erden binden, im Himmel gebunden sein wird, und was immer wir auf Erden lösen, wird im Himmel gelöst sein. In deinem Namen beten wir deshalb, dass du diesen Ort von bösen Geistern reinigst, und wir bitten dich, große, mächtige Engel mit gezogenen Schwertern und hochgehaltenen Schilden zu senden, damit sie über diesen Ort Wache halten. Mache diese Sporthalle zu einem Haus des Gebets.«

»Amen!«, sagten darauf buchstäblich alle Anwesenden.

Einige Skeptiker winken ab und erklären – versöhnlich formuliert –, dass ein solches Gebet ja eine nette Geste sei: »In Wirklichkeit gab es überhaupt keine Dämonen an diesem Ort, genauso wenig wie Engel. Nimm dieses Gerede über eine Geisterwelt doch nicht so ernst.«

Christen wissen es besser. Wir wissen, dass nicht nur der Himmel nahe ist, sondern auch ein anderer Teil der geistlichen Welt. Das »Königreich des Himmels« ist mit einer Fülle von Wesen bevölkert; und obwohl wir in Epheser 2,2 oder 6,12 nur andeutungsweise von »den bösen Geistern unter dem Himmel« erfahren, wissen wir, dass diese Wesen real, mächtig und gegenwärtig sind.

Aber nicht so mächtig wie Engel. Ich wünschte, unsere Augen könnten geöffnet werden, so dass wir die uns umgebende Himmelswelt wahrnehmen könnten. Vielleicht würde die Realität des Himmels für uns lebendig werden, wenn wir diese Schicht abstreifen könnten, die nur so dick ist wie ein dünner Schleier, und einen Blick hindurch werfen könnten.

Es gibt jemanden, der dies tatsächlich getan hat. Der Diener des Propheten Elisa spazierte eines Morgens über die Wälle der befestigten Stadt Dotan. Als er stehen blieb, um den stillen Sonnenaufgang zu betrachten, stockte ihm das Blut in den Adern. In der Morgensonne funkelte ein unüberschaubares Heer feindlicher Schilde, Pfeile und Speerspitzen. Schrecken befiel ihn beim Anblick der gewaltigen syrischen Armee, die sich zu einem frühen Überraschungsangriff anschickte.

Elisa reagierte gelassen: »Fürchte dich nicht, denn derer sind mehr, die bei uns sind, als derer, die bei ihnen sind! Und Elisa betete und sprach: Herr, öffne ihm die Augen, dass er sehe! Da öffnete der Herr dem Diener die Augen, und er sah, und siehe, da war der Berg voll feuriger Rosse und Wagen um Elisa her« (2. Könige 6,16–17).

Was für Elisa galt, gilt für jeden Gläubigen. Wenn wir in der Gemeinde singen: »Öffne mein Auge, zeige mir / Jesus, was Wahrheit ist bei dir«, würden wir unseren Augen nicht trauen, wenn Gott unsere Bitte gewährte. Uns würden die Augen übergehen beim Anblick all der Heerscharen von Engeln, feurigen Wagen, Erzengeln und Cherubim, lebendigen Wesen und dienstbaren Geister. Und einige davon sind höchstwahrscheinlich in diesem Augenblick nur eine Handbreit von Ihnen entfernt.

Welche Beziehung werden wir zu den Engeln haben?

Je mehr ich mich auf den Himmel ausrichte, desto mehr bin ich von der Gegenwart der Engel in meinem Leben überzeugt, sei es das Bewusstsein ihrer Anwesenheit in einer Sporthalle oder das Erbitten ihrer Gegenwart am Krankenbett eines Menschen. Zu ihren Aufgaben gehört das Überbringen von Botschaften, wie sie es im Buch der Offenbarung bei den sieben Gemeinden taten.

Sie helfen in Reaktion auf Gebet, wie sie es bei Daniel taten. Gott erhält alle Ehre und Herrlichkeit, aber Engel sind auf geheimnisvolle Weise am Geschehen beteiligt – wie beim bemerkenswerten Wunder der Befreiung des Petrus aus dem Gefängnis.

Engel bringen etwas von der Gegenwart Gottes mit sich und helfen dem Herrn, die Geschichte zu gestalten. Besonders glänzen sie, wenn es darum geht, uns zu schützen und zu befreien.

Sie haben – milde gesagt – genug zu tun.

Das ist mir jedes Mal bewusst, wenn ich in meinem behindertengerechten Wagen fahre. Lenkung und Bremse sind genau auf die schwachen Muskeln in meinen Schultern abgestimmt (ein Lenkrad gibt es nicht, aber das ist eine andere Geschichte). Wenn ich mit 80 Stundenkilometern über die *Ventura*-Autobahn brause, spüre ich nahezu, wie eine Schar Engel meinen Wagen umgibt, auf der Stoßstange sitzend und sich an der Radioantenne haltend. Vielleicht hat Gott einige Engel extra geschickt, weil ich behindert bin und weil er weiß, dass ich besonderen Schutz brauche. Wie viele Unfälle mir wohl durch diese Engel schon erspart blieben? Wenn ich in den Himmel komme, werde ich das feststellen; und ich werde ihnen für die vielen kritischen Situationen danken, in denen sie meinetwegen »ein paar Federn gelassen« haben.

Engel kennen zu lernen und mit ihnen Gemeinschaft zu haben, das könnte zu den besten Erfahrungen im Himmel gehören. Sie lieben Gott und haben Freude an uns. In einem Gleichnis über Sünder, die in das Königreich des Himmels eintreten, sagte Jesus: »So, sage ich euch, wird Freude sein vor den Engeln Gottes über einen Sünder, der Buße tut« (Lukas 15,10). Wenn Engel sich so über unsere Bekehrung freuen, wie viel mehr werden sie jubeln, wenn wir am Fuß des Thrones Gottes ankommen? Für die Engel werden wir eine Quelle ewiger Freude sein. Sie werden unsere Erlösung erfüllt sehen, vom Anfang bis zum Ende.

Ich habe tatsächlich einmal einen Engel gesehen. Es war um zwei Uhr in einer pechschwarzen Nacht. Ich saß hellwach im Bett und strengte meine Ohren an, um die gedämpften Stimmen meiner Familie im Schlafzimmer über mir zu hören. Sie standen um das Bett meiner fünfjährigen Nichte Kelly, die Krebs hatte und im Sterben lag. Wir wussten, dass sie jeden Augenblick von uns in den Himmel gehen könnte, aber ich war nicht in der Lage, die enge Treppe hinaufzugehen, um mich mit den anderen von ihr zu verabschieden. Plötzlich huschte ein funkelnder goldener Schatten leuchtend vor dem großen Dachfenster vorüber – nicht von links nach rechts, sondern von unten nach oben. Ich schrie auf. Dann schaute ich nach, ob vielleicht Autos draußen auf der Straße standen. Nichts zu sehen. Im nächsten Augenblick rief meine Schwester Jay die Treppe herunter: »Kelly ist gegangen!«

Einige Familienmitglieder kamen herunter, um zu sehen, warum ich geschrien hatte. Wir wussten, dass ich ein großes geistliches Wesen gesehen hatte, wahrscheinlich vom Himmel gesandt, um Kellys Seele in die Ewigkeit zu geleiten.

Wir werden auch gemeinsam mit den Engeln anbeten. Sie haben viel Übung in der Anbetung und Zugang zum himmlischen Thron gehabt. Sie haben alles gesehen. Doch wenn wir im Himmel ankommen, wird es *ihr* Vorrecht sein, mit uns anzubeten. Stellen Sie sich nur einmal vor, wie unser Lobgesang klingen wird. In Offenbarung 5,11–13 scharen sich die Engel um den Thron: »und ihre Zahl war vieltausendmal tausend; die sprachen mit großer Stimme: Das Lamm, das geschlachtet ist, ist würdig, zu nehmen Kraft und Reichtum und Weisheit und Stärke und Ehre und Preis und Lob!«

Jedes Mal, wenn ich diesen Vers lese, erinnere ich mich an eine großartige Erfahrung bei der *Moody-Pastorenkonferenz*. Man hatte mir schon gesagt, dass der Gesang nicht von dieser Welt sein würde. Und das stimmte tatsächlich. Als ich auf das Podium rollte und meinen Rollstuhl neben Dr. Joe Stowell und den anderen Sprechern parkte, ließ ich meinen Blick über das Auditorium mit 1 800 Pastoren gleiten und bekam fast den Schock meines Lebens. Irgendwie war mir entgangen, dass ich unter so vielen, vielen Männern sein würde.

Der Chorleiter ließ die Männer aufstehen, sich über die Seitengänge ausbreiten und das Podium füllen. Als sie ihre Notenbücher hochhielten und einen mitreißenden Chorgesang anstimmten, traf mich der Klang wie eine gewaltige Welle. Ein Pastor hielt sein Notenheft so, dass ich mitsingen konnte, aber ich schaffte nur einen halben Vers. Irgendetwas ließ mich innehalten, die Augen schließen und einfach nur zuhören.

Nie war ich so völlig von Klang umgeben gewesen. Er war rein und stark, klar und tief, hüllte mich ganz ein, vibrierte regelrecht in meinem Körper und ließ den Stuhl beben, auf dem ich saß. Ein donnernder Wasserfall aus vollkommenem Bass und Bariton, so voller Leidenschaft, dass mein Herz fast zerspringen wollte.

Unter Tränen versuchte ich, in den zweiten Vers einzustimmen, aber meine schwache Sopranstimme klang dünn und schmächtig. Ich war wie ein dünnes Blatt, das hilflos von einer anschwellenden Woge mitgerissen wurde, die sich vor übersprudelnder, schäumender Freude überschlug, voll jubelnder Musik. Es war ein Augenblick der Verzückung, so unverhofft beglückend und von Gott gesalbt, dass ich gleichsam aus mir heraustreten und mich zum Himmel hinauftragen lassen musste. Ich konnte nichts tun als inmitten der Tränen zu lachen und den Aufstieg zu genießen. Wenn dieser irdische Chor mich so bewegte, wie viel mehr wird es so sein, wenn unsere Stimmen sich mit denen der Engel vereinen!

Engel werden uns im Himmel auch dienen. Ihre Aufgaben umfassen nach Hebräer 1,14 mehr als nur die Erde. Engel werden uns in der Ewigkeit untergeordnet sein. Wir werden mit Jesus regieren; und wenn er die Vollmacht über alle himmlischen Heerscharen empfangen haben wird, werden auch wir über Engel herrschen. Werden wir wenige Legionen regieren oder viele? Welche Aufgaben werden wir ihnen für weit entfernte Galaxien übertragen? Wie werden sie uns auf der Erde helfen, die Herrschaft des Königreichs auszuüben? Das kann ich nicht sagen, aber die Vorstellung ist atemberaubend. Und da ich im College nie eine Reserveoffizier-Schulung gemacht und keinen Militärdienst absolviert habe, kann ich nur froh sein, dass ich einen verherrlichten Verstand haben werde, um all das zu bewältigen. Strategische Leiterschaft wird ein Kinderspiel für uns sein und wir werden Legionen von Engeln manövrieren können und im Werk Gottes im Himmel und auf der Erde vorangehen.

Noch etwas. Wenn es um die gefallenen Engel geht – die Dämonen –, so werden wir sie richten. Wenn das nicht schwarz auf weiß in 1. Korinther 6,2–3 stände, könnte ich über etwas derart Unwahrscheinliches nur lachen; aber dort steht: »Wisst ihr nicht, dass die Heiligen die Welt richten werden? Wenn nun die Welt von euch gerichtet werden soll, seid ihr dann nicht gut genug, geringe Sachen zu richten? Wisst ihr nicht, dass wir über Engel richten werden? Wie viel mehr über Dinge des täglichen Lebens.«

Unfassbar!

Ein Vers wie dieser weckt in mir den Wunsch, jede Meinungsverschiedenheit mit meinem Mann Ken in Windeseile beizulegen. Es ist mein voller Ernst. Diese kurze, aber folgenschwere Bibelstelle ist eine weitere dieser Exponentialaussagen, die eine nahezu unglaubliche Erhöhung unserer Fähigkeit zu dienen und unserer Verantwortung zu herrschen erahnen lassen. Um es noch einmal zu wiederholen: Gott wird alle Formeln über normale Proportionen sprengen und uns damit beauftragen, gefallene Engel zu richten. Dieser Gedanke lässt mich zusammenzucken, weil ich hier auf der Erde schon genug Schwierigkeiten habe zu entscheiden, wer bei einem harmlosen Wortwechsel Recht hat oder wer das letzte Stück Pastete kriegen sollte oder ob in einem lokalen Gerichtsverfahren gerecht geurteilt wurde oder nicht.

Ich? Engel richten? Wie schon gesagt, seufze ich vor Erleichterung in dem Wissen, dass mir alle Weisheit Gottes zugänglich sein wird; sonst würde ich vor dieser Aufgabe in die Knie gehen. Das ist nur eine Art, wie wir mit Christus im Himmel herrschen werden.

Offen gestanden fasziniert mich diese Vorstellung. Es gibt eine Reihe böser Geister, denen ich am liebsten sofort den Prozess machen würde. Auf der Erde haben hartnäckige Dämonen der Versuchung oder böse Mächte mir hart zugesetzt, um mich zu Fall zu bringen. Ich sage nicht, dass »der Teufel mich dazu gebracht« hat, dies oder jenes auf der Erde zu tun; ich übernehme die volle Verantwortung für meine Entscheidungen und Taten. Aber eine Hilfe waren die Dämonen jedenfalls nicht. Man könnte so ziemlich jede Anklage gegen sie erheben!

Weiter gibt es da die noch abscheulicheren Mächte und Fürsten der Finsternis, die gottlose Menschen zu verheerendem Unheil angestiftet haben. Dies sind die grauenhaften obersten Dämonen unter Satan, die böse Menschen seit Jahrhunderten tiefer in Rebellion, Mord, Folter und entsetzliche Massaker getrieben haben. Der Nazi-Holocaust. Der armenische Völkermord. Die Progrome Stalins. Die spanische Inquisition. Und besonders jene Mächte des Bösen, die zum Verrat und zur Ungerechtigkeit der Kreuzigung des eigenen Sohnes Gottes aufhetzten, darunter auch die Dämonen, die jene betrunkenen Soldaten anstifteten, die zweite Person der Dreieinigkeit zu schlagen und anzuspucken.

Wenn ich in Zeitschriften Bilder von verstümmelten Kindern in Ruanda, von verprügelten alten Frauen in Bosnien oder entstellten Leichen in einem ausgebombten Gebäude in Oklahoma City sehe, steigt in mir natürlich Wut gegen die Menschen auf, die so etwas tun. Aber wenn man bedenkt, wer hinter alledem steht, schiebe ich nicht Gott die Schuld daran zu, sondern werde zornig auf den Teufel und seine Kohorten. In Psalm 139,22 sprach der Psalmist von bösen Menschen, aber ich beziehe dies auf die gefallenen Engel und sage: »Ich hasse sie mit ganzem Ernst; sie sind mir zu Feinden geworden.«

Schon viel zu lange haben diese Dämonen auf der Erde ihr Unwesen treiben können. Ich erkenne ihre Handschrift überall von der Pornographie, die uns aus Illustrierten ankotzt, bis zum Humanismus, der sich in den Lesebüchern der Grundschüler breit macht. Die Legionen Satans haben eine düstere Spur auf dieser Erde hinterlassen, deren Ressourcen geplündert und verpulvert wurden, so dass hässliche Narben die Berge verunstalten und Rauchschwaden durch die Luft ziehen. Am meisten schmerzt es, wenn ich Männer und Frauen in den Klauen des Spiritismus und des Okkulten gefangen sehe; Satan hat ihre Augen geblendet. Und wenn der souveräne Herr den gottlosen Männern und Frauen nicht durch unsere Gebete und unser Zeugnis die Augen öffnet, werden sie wie Trauben unter seinem Zorn zertreten und gequält werden.

Dies macht mich demütig vor Gott.

Und, ja, ich hasse den Teufel.

Ich stehe hundertprozentig hinter buchstäblich jeder Predigt von Jonathan Edwards über die Hölle mit ihrem Feuer und Schwefel, den Ort, den Gott für den Teufel und seine Anhänger geschaffen hat. Ich kann diesen herrlichen – ja, herrlichen – Tag kaum abwarten, wenn Satan und seine Legionen bestraft werden und ewige Qualen erleiden müssen, weil sie den Sündenfall der Menschheit veranlasst haben. Eines Tages werden wir das Vergnügen haben, »vollkommenen Hass«, wie die Bibel es ausdrückt, gegen die Herrscher, Mächte und Fürsten der Finsternis auszudrücken.

Wird es im Himmel Neid geben?

Ich bin sprachlos. Der Gedanke, dass Gott uns außer den Segnungen der Erlösung und des ewigen Lebens mit solch außerordentlichen Gelegenheiten, ihm zu dienen, belohnt, übersteigt jedes vernünftige Maß. Wenn wir meinen, dass Gott uns seine Gnade schon auf der Erde großzügig schenkt, dann sollten wir erst abwarten, wie er im Himmel alle Schleusen öffnen und seine Herrlichkeit weit und breit verströmen wird!

Das ist der Grund, weshalb ich diese Sache mit den Kronen nicht aus meinem Herzen oder Kopf kriegen kann. Die Tatsache, dass mein Handeln auf der Erde eine direkte Auswirkung darauf haben wird, wie ich Gott im Himmel dienen werde, erfüllt mich mit Ehrfurcht und inspiriert mich. Davon spricht auch der Apostel Petrus in seinem zweiten Brief: »Wenn ihr dies tut ... wird euch *reichlich* gewährt werden der Eingang in das ewige Reich unseres Herrn und Heilands Jesus Christus« (2. Petrus 1,10–11). Unser jetziges Verhalten wirkt sich direkt auf den reichen Empfang aus, den man uns beim Eintritt in den Himmel bereiten wird. [3]

Manchmal empfinde ich es so, als wäre ich jetzt in der unteren Liga und würde hart arbeiten, um mir im Himmel einen Platz irgendwo in der obersten Liga zu sichern; denn was ich hier tue, wird sich dort in jeder Hinsicht auswirken. Ich spreche nicht davon, sich die Erlösung zu verdienen, sondern sich eine Belohnung zu verdienen. Dies erstreckt sich auf alles von der Innigkeit, mit der mein Herz in die ewige Anbetung Gottes einstimmen wird, bis zu der Art von Aufgabe, die mir auf der neuen Erde zugewiesen werden wird. Es wird sogar die Art betreffen, wie ich Engel regieren werde, wie viel ewige Freude ich werde fassen können und vielleicht sogar, wie tief meine Wertschätzung für alles sein wird, was Jesus hier auf der Erde für mich und andere Menschen getan hat.

Ich kann mir vorstellen, was Sie nun denken. *Joni, wenn du erklärst, dass es im Himmel unterschiedliche Grade der Verantwortung oder sogar der Freude geben wird, leistest du damit nicht einem gewissen ... Neid Vorschub? Werden die Menschen nicht neidisch sein, wenn einige größere, schönere Wohnungen erhalten werden?*

Darf ich eines klarstellen? Nicht ich habe mir die Vorstellung ausgedacht, dass einige Menschen im Königreich des Himmels größer sein werden als andere, sondern die Bibel sagt das. Zu den allerletzten Dingen, die Jesus im abschließenden Kapitel der Offenbarung sagt, gehört diese Aussage: »Siehe, ich komme bald und mein Lohn mit mir, einem jeden zu geben, wie seine Werke sind.« Wenn Sie in wenigen Dingen treu sind, warten Sie nur ab: »Zehn Städte« kommen auf Sie zu. Wenn Sie eine Handvoll Talente investieren, siehe da: Der Meister wird Ihre Investition mehr als verdoppeln. Gottes Wort enthält eine

Fülle von Aussagen wie: »Selig ist der Mann, der die Anfechtung erduldet; denn *nachdem* er bewährt ist, wird er die Krone des Lebens empfangen« (Jakobus 1,12).

Was den Neid betrifft, so besteht kein Grund zur Sorge. So etwas kommt im Himmel nicht vor. Wie Sie wissen, werden wir ja völlig verwandelt werden. Neid wird zum Ding der Unmöglichkeit. Wir werden nicht über die großzügige dreistöckige Villa eines anderen schwatzen und dabei denken, dass wir nur in einer Hütte mit dünnem Dach hausen. Keine Rivalität und keine Vergleiche im Himmel. Trotzdem ist es völlig einsichtig, dass Gott diejenigen auszeichnen wird, die er ehren möchte. Es ist sein Vorrecht. Und was immer er entscheidet oder wen immer er auch erhöhen möchte, werde ich gern akzeptieren. Ich werde mich für die Männer und Frauen Gottes freuen, die Christus als besonders ausgezeichnete Säulen in seinem Tempel hervorheben wird.

Einmal kam eine Frau zu mir, nachdem ich gesprochen hatte, um mir zu sagen, wie viel ihr meine Botschaft bedeutet hatte. In ihrer Begeisterung rief sie aus: »Sie sind so wunderbar. Ich wünschte, ich könnte so sein wie Sie ... Sie werden im Himmel eine große Belohnung erhalten!«

Ich wusste ihre Anerkennung zwar zu schätzen, sehe dies aber anders. Gott ist überhaupt nicht beeindruckt, dass ich mit dem Mund malen, Bücher schreiben, die ganze Welt bereisen kann oder flüchtigen Kontakt zu Billy Graham habe. Wenn er meinen Namen auf einer Bestsellerliste sieht, wird er nicht überschwänglich und sagt: »Junge, bin ich stolz auf sie; noch ein Punkt für die Lady im Rollstuhl!«

Damit will ich meine Gemälde oder Bücher oder die aufregenden Orte, an denen ich gedient habe, keineswegs herunterspielen; nur empfinde ich, dass ich einen großen Teil meines Lohns hier auf der Erde empfangen habe. Ich habe den beglückenden Lohn empfangen zu erleben, wie das Evangelium sich durch diesen Rollstuhl ausbreitet und wie Christen ermutigt und inspiriert werden. Es ist begeisternd zu beobachten, wie er durch mein Leben wirkt, und ich fühle mich beschämt und geehrt.

Doch wenn es um den Himmel geht, bin ich überzeugt, dass die höchsten Auszeichnungen an diejenigen gottesfürchtigen Menschen gehen werden – und gehen sollten –, die treu gearbeitet, aber keine Anerkennung erhalten haben. Die großen und herrlichen Zwecke meines Leidens sind für alle offensichtlich, aber einige liebe Heilige haben ohne jeden ersichtlichen Grund gelitten. Ich habe eine christliche Freundin namens Dorothy, die jahrelang stillschweigend mit unerträglichen Schmerzen gelebt hat, mit derart unglaublichen Schmerzen, dass sie in vielen Fällen beinahe ohnmächtig geworden ist. Es war unvorstellbares Leid, aber sie hat es tapfer ertragen. Ich sehne mich danach zu sehen, wie ihr Leid aufgewogen werden wird, wenn Jesus ihr eine Krone des Lebens mit besonderen Juwelen reichen wird, die für die Heiligen bestimmt ist, welche »die Anfechtung erduldet« haben.

Ja, einige werden im Königreich größer sein als andere. Was für ein wundervoller Gedanke! Ich kann es gar nicht abwarten, bis der Herr den Missionar auszeichnen wird, der fünfzehn Jahre im tiefen Dschungel gelebt hat, um die Bibel zu übersetzen, und dann still zum nächsten Stamm gezogen ist, um dort dasselbe zu tun.

Ich möchte sehen, wie der Herr die Kleinstadt-Pastoren reich belohnt, die jeden Sonntag trotz der spärlich belegten Kirchenbänke treu gepredigt haben. Oder noch besser, die Pastoren in China, die immer noch verfolgt werden und seit Jahren in ihren Gefängniszellen kein Tageslicht mehr erblickt haben.

Ich hoffe, dass der Herr größte Freude an älteren Großmüttern in Altenheimen hat, die nicht auf ihre eigene missliche Lage geachtet, sondern vielmehr ohne Glanz und Gloria für andere gebetet haben. Gottesfürchtige Teenager, die ihre Unberührtheit gewahrt haben und bei allem Druck von Gleichaltrigen, trotz aller Einschüchterung und gegen ihre eigenen Hormone beharrlich Nein gesagt haben. Und die Eltern behinderter Kinder, die ihrer Familie, im Namen Jesu, trotz aller Alltagsroutine, Isolation und finanziellen Einschränkungen treu gedient haben.

Das sind die wahren Helden und Heldinnen, und wir werden uns überschwänglich mitfreuen, wenn der Herr zu ihnen sagen wird: »Recht so, du tüchtiger und treuer Knecht!« Wenn sie ihren Lohn empfangen, werde ich glücklich daneben stehen und jubeln, pfeifen und wild applaudieren. Vielleicht habe ich den Wechselfällen menschlicher Not wie Schmerzen und Lähmung standgehalten, doch ihre geistliche Stärke hat meine bei weitem erreicht und sogar weit übertroffen. Und wissen Sie, was mich am meisten begeistern wird? Der Gehorsam jener unbesungenen Helden wird das Strahlen der Herrlichkeit Gottes noch erhöhen. Durch sie wird er noch heller erstrahlen.

Ich werde im Himmel nicht eifersüchtig auf andere sein, die ein strahlenderes Gewand tragen als ich. Und auch sie werden auf niemanden neidisch sein, wie zum Beispiel auf die beiden Auserwählten, die zur Rechten und Linken Jesu sitzen werden. Dasselbe gilt für Sie. Und wissen Sie, warum Sie mit der Belohnung zufrieden sein werden, die Jesus Ihnen gibt? Erstens wird sie Ihnen einfach deshalb gefallen, weil er Herr ist. Zweitens wird Ihr vollkommener Gerechtigkeitssinn mit seinem Urteil völlig übereinstimmen. Drittens wird Ihr Fassungsvermögen an Freude überfließend erfüllt werden.

Ihre Belohnung wird Ihr Fassungsvermögen sein – Ihr Fassungsvermögen an Freude, Dienst und Anbetung. Jonathan Edwards beschrieb dieses Fassungsvermögen so: »Die Heiligen gleichen vielen Gefäßen verschiedener Größe, die in ein Meer der Glückseligkeit geworfen werden, und jedes wird gefüllt werden: Dies ist ewiges Leben, wenn ein Mensch je bis zur Grenze seines Fassungsvermögens erfüllt wird. Doch letztlich bleibt es dem souveränen Wohlgefallen Gottes überlassen; es ist sein Vorrecht, über die Größe des Gefäßes zu entscheiden.« [4]

Wenn ich an mein Gefäß denke, stelle ich mir einen kleinen Eimer vor, in den der Herr seine Freude schütten wird, bis sie sich über den Rand ergießt und sprudelnd überschäumt. Ich werde vor Vergnügen über andere lachen, deren Fassungsvermögen an Freude die Größe einer Badewanne, eines Tanklasters oder eines Getreidesilos erreicht. Wie ich werden sie überfließend erfüllt werden und wir alle werden in ausgelassener Stimmung sein!

Ob flache Schale oder großes Gefäß, wir werden alle vor lauter Freude des Herrn überfließen und überschäumen; und selbst Leute, deren Kapazität nicht über einen Fingerhut hinausreicht, werden keine Eifersucht kennen. Wir alle werden vor Freude aus sämtlichen Nähten platzen. Ständig übersprudeln. Unaussprechliche Seligkeit in Anbetung und Dienst empfinden. Jeder von uns wird an dem Platz, den der Meister uns im ewigen Leben zugeteilt hat, völlige Zufriedenheit erleben.

Also blicke ich fest auf Jesus und konzentriere mich auf die unsichtbaren Dinge. Ich erweitere das Fassungsvermögen meines Herzens für Gott hier auf der Erde, um im Himmel ein weites und tiefes Gefäß für die Freude zu haben. Ich durchforsche mein Herz lang und breit, um das richtige Baumaterial zu wählen, einen Dienst aus Gold, Silber, Edelsteinen oder Platin. Ich bin hier auf der Erde, um so viele Kronen wie nur möglich zu verdienen.

Hey, mögen Sie denken, *Joni, dienst du da nicht dir selbst? Ist es nicht ein wenig berechnend, wenn man darauf bedacht ist, sich Belohnungen zu verdienen?*

Nein. Ich habe ein reines Gewissen in Bezug auf 1. Korinther 9,24, wo Missionare, Inhaftierte, Mütter und Väter und wir alle angespornt werden, im Wettlauf so zu laufen, »dass ihr den Preis gewinnt! Jeder, der an einem Wettlauf teilnehmen will, nimmt harte Einschränkungen auf sich. Er tut es für einen Siegeskranz, der verwelkt. Aber auf uns wartet ein Siegeskranz, der niemals verwelkt. Darum laufe ich wie einer, der ein Ziel hat« (Gute Nachricht).

Ich laufe entschiedener und schneller um die Belohnung, wann immer ich diese Ermutigung von Jonathan Edwards lese: »Menschen brauchen und sollten ihrem geistlichen Hunger und ihrem Streben nach Gnade keine Grenzen ziehen. Säe nicht spärlich. Trachte nach den weitesten Räumen im Königreich des Himmels.« [5]

Ist es egoistisch, hart zu laufen, um den Preis zu gewinnen? Ist es berechnend, auf Belohnungen hinzuarbeiten? Gewiss nicht. Himmlische Kronen sind nicht einfach eine Belohnung für eine auf der Erde gut erfüllte Aufgabe; wenn unser Augenmerk Jesus gilt, sind sie die herrliche Erfüllung des Dienstes selbst. So wie die Ehe die Belohnung und beglückende Erfüllung der Liebe ist und so wie eine Ehrenmedaille den Lohn am Ende eines siegreichen Kampfes darstellt, so verhält es sich auch mit den Kronen des Himmels. Eine Belohnung ist das Sahnehäubchen des Vergnügens, Gott hier unten auf der Erde zu dienen. Es ist die Freude, an der Berufung festzuhalten, die er uns zu Anfang gab.

Der Himmel ist eine einzige große Belohnung. Geschenk um Geschenk um Geschenk.

Im zweiten und dritten Kapitel der Offenbarung schildert Gott die Belohnungen, die er im Himmel für Sie und mich, seine Überwinder, vorgesehen hat. Meine Freundin Margaret Clarkson unternimmt den Versuch, jede Belohnung zu beschreiben, wenn sie sagt:

»Er wird uns die Frucht vom Baum des Lebens geben, das verborgene Manna – welch eine Nahrung für Seelen, die nach Gott hungern und dürsten! Der weiße Stein mit dem neuen und geheimen Namen, den nur Gott kennt so wie die Seele, die ihn erhält – wie unendlich wertvoll muss ihm die Individualität der Persönlichkeit sein, dass er jeden Seiner Überwinder so persönlich und innig kennt!

Das weiße, ewig makellose Gewand – welch eine Freude nach diesem Leben in Schmutz und Niederlage! Die ewig feststehende Säule im Tempel Gottes – welch eine Kraft nach dieser Pilgerreise in Schwachheit und Versagen! Den Morgenstern zu empfangen, dieses köstliche Synonym für den Erlöser in eigener Person; den heiligen Namen Gottes und den Namen seiner Stadt und den neuen Namen des Lammes zu erhalten – nur ein Gott wie der unsrige konnte solche Belohnungen ersinnen!

Und nur das Haupt, das mit Dornen gekrönt wurde, konnte solche Kronen des Lebens, der Gerechtigkeit und der Herrlichkeit schmieden ... was bleibt uns, als vor ihm, der auf dem Thron sitzt, niederzufallen und ihn in alle Ewigkeit anzubeten?« [6]

Ich habe eine Ahnung, dass ich nicht die einzige sein werde, wenn wir in die Ewigkeit eintreten, die mit neuen, auferstandenen Beinen auf dankbare verherrlichte Knie niederfallen wird. Zehntausende werden denselben Wunsch haben. Unsere Knie werden auf Jade und Jaspis knien. Unsere Füße werden über Gold laufen. Unsere Hände werden Mauern aus Saphiren und Smaragden berühren. Wir werden uns im goldenen Thronsaal des Königs ganz und gar zu Hause fühlen.

Doch Moment mal. Zuhause? In einem funkelnden Thronsaal? Eine Villa aus Sardonyx und Chrysolith klingt alles andere als wohnlich, geschweige denn anheimelnd. Selbst nachdem wir all diese Beschreibungen darüber betrachtet haben, wie der Himmel sein wird, und nachdem wir gespürt haben, wie dieser so erstrebenswerte Tag der Zukunft sich für uns alle anfühlen wird, mag ein Gedanke uns noch zusetzen: Werde ich hineinpassen? Wird der Himmel wirklich eine Heimat sein?

TEIL II

Wird der Himmel ein Zuhause sein?

5 Warum gehören wir nicht auf die Erde?

Hallo, meine Dame, Ihr Koffer ist da drüben!«, rief ein Gepäckträger.

»Schieben Sie doch den Gepäckwagen aus dem Weg, ja?«

»Taxi! He, angehalten – Taxi, habe ich gesagt!«, bellte draußen ein anderer.

Es war selbstmörderisch. Meine Freundin manövrierte mich in meinem Rollstuhl durch das dichte Menschengedränge und die Berge von Koffern in der Gepäckabholung des Flughafens von Los Angeles. Wütende Passagiere beschwerten sich über verlorene Gepäckstücke. Eine Menschentraube drängelte sich durch ein Drehkreuz. Draußen hupten Taxis. Polizisten brüllten. Es war das aufreibende Ende eines aufreibenden Tages mit schlechtem Wetter und einer verspäteten Ankunft. Wir fanden unsere Gepäckausgabe und meine Freundin parkte meinen Rollstuhl, um unsere Sachen abzuholen.

Mitten in diesem Tumult saß ich da und tat, was ich immer tue. Ich wartete und blieb still sitzen. Sehr still.

Das ist eine Tatsache, die zu meinem Leben gehört. Da ich von der Schulter abwärts gelähmt bin, bewegt sich ein großer Teil von mir nie. Ich bin augenblicklich still. Ich laufe nicht, ich sitze. Ich renne nicht, ich warte. Selbst wenn ich mich beeile, bleibe ich in meinem Rollstuhl sitzen. Ich kann ein dicht gedrängtes Tagesprogramm absolvieren und dies oder jenes tun, und doch bleibt ein großer Teil von mir – aufgrund meiner Lähmung – immer still.

Deshalb hätten Sie, wenn Sie mich in diesem hektischen Flughafen gesehen hätten, mein zufriedenes Lächeln bemerkt.

Früher hätte ich mich vielleicht in die Ecke gedrängt und nutzlos gefühlt, wäre wütend gewesen, meinen Koffer nicht selbst herausfischen, dem Kerl, der sich vordrängt, einen Stoß mit dem Ellbogen versetzen oder mir selbst ein Taxi heranwinken zu können. Aber der Glaube – durch viele Jahre im Rollstuhl geschliffen und geschärft – hat das geändert. Und so saß ich dort und dankte Gott für die eingebaute Ruhe und Stille vor ihm.

Ich dachte auch über den Himmel nach. Mit den Augen des Glaubens blickte ich über den Stoßstange-an-Stoßstange gedrängten Verkehr, den Geruch von Schweiß, Zigaretten, Auspuffrohren und die Geräusche meiner gehetzten Mitreisenden hinaus und begann leise zu summen ...

This world is not my home, I'm just a passing through,
My treasures are laid up somewhere beyond the blue;
The angels beckon me from heaven's open door,
And I can't feel at home in this world anymore. [1]
(Diese Welt ist nicht mein Zuhause; ich bin nur auf
der Durchreise;
meine Schätze sind irgendwo jenseits des Blau aufbewahrt.
Die Engel winken mir von der offenen Himmelstür zu,
und ich kann mich in dieser Welt nicht mehr daheim fühlen.)

Für mich war es ein Augenblick des Glaubens. Eines Glaubens kaum größer als ein Senfkorn. Und Sie erinnern sich: Mehr braucht es nicht, um Gewissheit der Dinge zu bekommen, die man erhofft – göttliche Erfüllungen in der Zukunft – und Gewissheit der Dinge, die man nicht sieht, also unsichtbarer göttlicher Realitäten.

Welcher Dinge ich denn so sicher und gewiss war? Lassen Sie es mich noch einmal singen: »The angels beckon me from heaven's open door, /And I can't feel at home in this world anymore.«

Ich summe diese unverkennbare Melodie nicht nur am Flughafen von Los Angeles. Manchmal habe ich diesen »Kann-mich-nicht-zu-Hause-fühlen«-Eindruck, während ich durch die Gänge im Billigmarkt schlendere und beobachte, wie Frauen nach den Schnäppchen jagen. Manchmal geschieht es, während ich montagabends mit Ken vor dem Fernseher sitze und mir das vierte Playback vom dreifachen Touchdown einer Mannschaft anschaue. Und ganz entschieden empfinde ich, dass »diese Welt nicht meine Heimat« ist, wenn ich auf dem Rastplatz der Ventura-Autobahn sitze.

Meinen Sie nicht, ich sei absonderlich. Seit Jahrhunderten haben Christen immer wieder genauso empfunden. Malcolm Muggeridge, ein britischer Journalist, der den größten Teil seines Lebens damit zubrachte, das Christentum zu bekämpfen, gab in seinen siebziger Jahren Christus schließlich nach. Seit jeher war die Welt des Intellekts sein Zuhause gewesen, doch nun hörte er sich, in den geweihten Hallen des universitären Lebens, selbst sagen: »Ich hatte das – manchmal außerordentlich lebhafte – Gefühl, ein Fremder in einem fremden Land zu sein; ein Besucher, kein Einheimischer ... ein Verschleppter ... Dieses Empfinden vermittelte mir, wie ich überrascht feststellte, ein Gefühl tiefer Befriedigung, fast der Ekstase ... Tage oder Wochen oder Monate konnten vergehen. Würde sie je zurückkehren – die Verlorenheit? Angestrengt versuche ich, sie mit meinen Ohren zu hören, wie ferne Musik, sie mit meinen Augen zu sehen, wie ein weit entferntes strahlend helles Licht. Ist sie für immer verschwunden? Und dann – ah! –, welche Erleichterung. Als würde man sich aus nachtschlafener Umarmung davonschleichen, die Tür leise hinter sich schließen und auf Zehenspitzen in das graue Licht der Dämmerung treten – wieder ein Fremder. Die einzige letzte Katastrophe, die über uns hereinbrechen kann, so habe ich festgestellt, besteht darin, uns hier auf der Erde beheimatet zu fühlen. Solange wir Fremde sind, können wir unsere wahre Heimat nicht vergessen.«[2]

Das hätten meine Worte sein können, während ich gestern durch das *Thousand-Oaks*-Einkaufszentrum rollte. Ich war eine

Fremde in einem fremden Land zwischen dem Videospiel-Sektor auf der zweiten Etage und dem Kinocenter auf der ersten Etage, wo der neueste Arnold-Schwarzenegger-Streifen gezeigt wurde. Eigentlich fühlte ich mich wie eine glückliche Fremde. An den falschen Ort versetzt, aber zufrieden. Alle anderen schienen in die Modeschau vertieft, die gerade im zentralen Innenhof ablief, aber ich dachte: *Ob hier noch irgendjemandem bewusst ist, dass das Leben mehr zu bieten hat als die neueste Herbstmode?*

Das ist es, was glückliche Fremde und zufriedene, wenn auch an den falschen Ort versetzte, Menschen empfinden. Sie erkennen, dass der Himmel *Heimat* ist. Da gehören sie hin. »Wir alle haben einen Heimat-Instinkt, einen ›Heimat-Detektor‹, und der spricht nicht auf die Erde an«, sagt Peter Kreeft. [3]

Ich fühlte mich in jenem Einkaufszentrum ganz und gar nicht zu Hause. Nicht zugehörig. Seine Welt erschien mir abgedroschen und gewöhnlich. Allerdings betrachte ich die Menschen nicht als banal oder langweilig; ganz im Gegenteil lagen mir die Kinder, die durch den Video-Sektor streiften, und die Frauen, die sich die Modeschau ansahen, am Herzen. Das Beunruhigende war die »Welt«, die sie so völlig in ihren Bann zog: Die verlockenden Werbeplakate des Schuhgeschäfts, auf denen flippig aussehende Kids kreischen: »Verlange, was du verdient hast!« Die krankhafte Anziehungskraft der lärmenden Videospiele, in denen Figuren enthauptet und die Arme der Cartoon-Verlierer abgehackt werden; und überall riesige Preisnachlässe, wenn man ein Kreditkonto eröffnet und drei Paar von irgendetwas kauft. Besonders berührte mich ein junges Mädchen in Jeans und Karobluse, das neidisch auf die hagere Figur eines Mannequins starrte, während sie mit leblosen Augen zu ihr zurückstarrte. Das sagte alles.

Ich konnte nicht anders, als etwas jenseits dieser Welt wahrzunehmen; es war dem Augenblick des Glaubens gar nicht unähnlich, den ich am Flughafen von Los Angeles erlebt hatte.

Wie das? Weil der Glaube zwei Seiten hat. Er bestätigt nicht nur die Realität des Himmels und schreibt dem, was wir nicht sehen, handfeste Wirklichkeit zu, sondern er lässt uns auch die sichtbaren Dinge auf der Erde anders wahrnehmen. Durch die Augen des Glaubens wird der Himmel zur felsenfesten Heimat, während die kompakte Welt, in der wir leben, an Substanz und Bedeutung verliert. Wenn wir das Leben mit Augen des Glaubens betrachten, verlieren die Dinge unserer Umgebung ihren verlockenden Reiz. Und zwar alles, von Rolex-Uhren bis zur letzten Episode unserer Lieblingsseifenoper, vom neusten Modeschrei bis zum letzten Schachzug im Kongress.

Weil der Glaube die unsichtbaren Dinge real und die sichtbaren Dinge unreal werden lässt, wird irdische Unzufriedenheit zur Straße zur himmlischen Zufriedenheit. Ein Ort, der Himmel, ersetzt die andere, die Erde, als Heimat.

Fremdlinge, Ausländer und Unangepasste

Noch etwas bewirkt der Glaube. Je heimatlicher uns der Himmel anmutet, desto mehr fühlen wir uns auf der Erde als Fremdlinge und »Ausheimische«. Vielleicht ist für manche Menschen ein Rolls Royce das Nonplusultra, aber das zeigt nur, dass sie »irdisch gesinnt [sind]. Unser Bürgerrecht aber ist im Himmel« (Philipper 3,19–20). Ich spreche hier nicht von geistlichem Snobismus und ich habe auch nichts gegen Autos oder die neuste Mode. Es ist einfach eine Frage des Schwerpunkts: »Denn wo dein Schatz ist, da ist auch dein Herz« (Matthäus 6,21).

Bitte denken Sie jetzt nicht, ich würde eine Klapperkiste fahren, die abgetragenen Sachen meiner Schwester auftragen, Einkaufszentren hassen und nie einen Fernseher einschalten. Ich habe Freude an schönen Dingen. Vergessen Sie nicht, wie ich das ganze erste Kapitel damit zugebracht habe, die gegenwärtigen und vergangenen Momente zu beschreiben, die in meinen Augen die Erde so reich machen. Ich bin diejenige, die all die guten Sachen auf der Erde genießt, wie ein 1A-Rippensteak, englisch, mit Yorkshirepudding, einen romantischen Abend mit meinem Mann, die *Bridal-Veil*-Fälle im *Yosemite*-Nationalpark und das Gefühl von ungezwirnter Seide auf meinem Gesicht. Diese Vergnügen haben nichts Abgedroschenes, Banales oder Langweiliges an sich. Nicht nur das, könnte man mir so etwas anvertrauen, bin ich sicher, dass mein Gewissen mir mit größtem Vergnügen ein schönes *Jones-of-New-York*-Kostüm gestatten würde. (Wahrscheinlich würde es mir zu Kopf steigen, was der Grund ist, weshalb einige meiner christlichen Freundinnen eine solche Kluft mit Anmut tragen können, während mir das nicht gelingt.)

Dieses Gefühl, auf der Erde ein Fremdling zu sein, hat mehr mit dem Lied zu tun, von dem ich Ihnen schon erzählt habe. Dieses unverkennbare Echo. Diese Sehnsucht und dieses Verlangen, das ich an jenem heißen Nachmittag vor dem Weizenfeld in Kansas und seither in vielen anderen Situationen verspürte. Der Schreiber des Hebräerbriefs hat bestimmt an mich gedacht, als er schrieb: »Wenn sie aber solches sagen, geben sie zu verstehen, dass sie ein Vaterland suchen. Und wenn sie das Land gemeint hätten, von dem sie ausgezogen waren, hätten sie ja Zeit gehabt, wieder umzukehren. Nun aber sehnen sie sich nach einem besseren Vaterland, nämlich dem himmlischen« (Hebräer 11,14–16).

Ein wenig gleiche ich einem Flüchtling, der sich nach einem besseren Land namens Himmel sehnt. Mein Herz befindet sich sozusagen im Exil. Die Geschichte in 1. Könige 11,14–22 ist recht kurz, entspricht mir aber ganz und gar. Hadad, ein Feind Salomos, hatte sich offenbar mit einem Teil der Familie seines Vaters nach Ägypten in Sicherheit gebracht. Dort fand er große

Gunst beim Pharao, heiratete in die Königsfamilie ein und zog seinen Sohn am Königshof auf. Doch als er hörte, dass David gestorben war, sagte Hadad zum Pharao: »Lass mich in mein Land ziehen!

Der Pharao sprach zu ihm: Was fehlt dir bei mir, dass du in dein Land ziehen willst?
Er sprach: Nichts, aber lass mich ziehen!« (1. König 11, 21–22).

Das ist der Teil, mit dem ich mich identifizieren kann. Die Erde mag reich an vergangenen Erinnerungen und gegenwärtigen Highlights sein wie bei Hadad, aber ich bleibe ihm dicht auf den Fersen: »Lass mich in mein Land ziehen!« Es sind immer die Menschen im Exil, die sich an die Heimat erinnern. Die Israeliten, gefangen in einem fremden Land, erinnerten sich an ihr wahres Land, als sie in Psalm 137,1 trauerten: »An den Wassern zu Babel saßen wir und weinten, wenn wir an Zion gedachten.« Wie Hadad, wie die Israeliten, trage ich in meinem Herzen einen Hunger nach meinem himmlischen Land, der wahren Heimat meiner Seele.

Ein Mensch, der sich zu Hause fühlt, »passt« in seine Umgebung, wie ein Fisch im Wasser, ein Vogel in der Luft oder ein Wurm im Erdreich. Aber wir »passen« hier nicht hin. Das ist nicht unsere Umwelt. Unsere Umgebung hat nichts Harmonisches an sich, ist einfach nicht »richtig«. Erinnern Sie sich an meine Erfahrung im Flughafen von Los Angeles und im *Thousand-Oaks*-Einkaufszentrum? Es war nicht so, dass die Hast und Eile dieser Welt mich gestört hätte; aber sie »klickte« einfach nicht, stand nicht im Einklang mit dem Frieden und der Stille in meinem Herzen, einem Frieden, der mir zurief: »Hier gehörst du nicht hin.« [4]

Sich wie im Exil zu fühlen bedeutet einfach, eine Tatsache zu empfinden.

O Herr,
ich lebe hier wie ein Fisch in einem Gefäß mit Wasser,

gerade ausreichend, mich am Leben zu erhalten;
doch im Himmel werde ich im Ozean schwimmen.
Hier habe ich ein wenig Luft in mir, um weiter zu atmen,
aber dort werde ich köstliche und frische Winde haben.
Hier erhellt ein Sonnenstrahl meine Finsternis,
ein warmer Strahl, der mich vor dem Frieren bewahrt;
drüben werde ich ewig in Licht und Wärme leben.

Ein puritanisches Gebet [5]

Warum passen wir hier nicht hin?

Als Christen sind Sie und ich nicht für diese Welt geschaffen.

Nun, in gewissem Sinn sind wir das. Unsere Hände, Füße, Augen und Ohren rüsten uns aus für physische Erfahrungen auf diesem Planeten aus Wasser und Schmutz. Unsere Ohren verarbeiten Geräusche, unsere Augen registrieren Anblicke, unsere Nasen erfassen Gerüche und unsere Mägen verdauen Speisen. Aber wir sind auch Geist. Das führt zu einer unglaublichen Spannung. Jemand sagte einmal: »Durch den Glauben verstehen wir, dass wir keine körperlichen Wesen mit einer geistlichen Erfahrung, sondern geistliche Wesen mit einer körperlichen Erfahrung sind.« Ein Freund, Peter Kreeft, schreibt über diese Spannung und ich greife hier einige seiner Gedanken auf ...

Als geistliche Wesen sind Sie und ich nicht für diese Welt geschaffen, weil die Erde zeitlich ist. Es gibt etwas in uns, was definitiv *nicht* zeitlich ist. Deshalb drehen und wenden wir uns gegen die Begrenzung der Zeit. Die Uhr ist unser Feind. Jeder himmlische Moment – ob wir nun in die sanften Augen und das freundliche Lächeln eines geliebten Menschen schauen oder den Gipfel einer herrlichen Erfahrung genießen – jeden solchen Augenblick ergreifen wir, um die Zeit in Schach zu halten. Aber das können wir nicht. Wir würden diese Momente gern zeitlos nennen, aber das sind sie nicht. Die Zeit entzieht sie unserem Zugriff.

Das ist der Punkt, an dem die Spannung *wirklich* ansetzt. Denn in einem gewissen Sinn ist, wie Sheldon Vanauken schreibt, »die Zeit unsere natürliche Umgebung. Wir leben in der Zeit, wie wir in der Luft leben, die wir atmen. Und wir lieben die Luft ... Wie seltsam, dass wir die Zeit nicht lieben können. Sie verdirbt unsere schönsten Augenblicke ... Wir wollten erfahren, schmecken, eintauchen – in das Herz der Erfahrung –, um sie ganz zu besitzen. Aber nie reichte die Zeit.« [6] Besser kann ich die Spannung nicht erklären. Die Zeit ist unsere natürliche Umgebung, und doch ist die Zeit *nicht* unsere natürliche Umgebung.

Es sind nicht nur die Christen, die gegen die Spuren der Zeit ankämpfen. Menschen, die nicht an Gott glauben, betrachten die Zeit als einen Widersacher. In ihren Ohren klingt das Ticken des Sekundenzeigers wie das Heranschleichen eines Feindes. Jede Minute bringt sie dem Tode näher. Und jeder, ob reich oder arm, versucht den Stundenzeiger zu packen und zurückzudrehen. »Langsamer treten und leben« lautet ein Schlagwort, das man überall vom Autoaufkleber bis zum Gesundheitsratgeber findet. Aber wir können das Tempo der Zeit nicht drosseln. Antifaltencreme schafft es nicht. Sich Gehirn und Muskeln mit Vitamin A und E vollzupumpen auch nicht. Und selbst wenn wir unseren Körper in einer Tiefkühl-Wasserstoffkammer einfrieren, können wir die Zeit nicht aufhalten. Ein ehrlicher Mensch würde C. S. Lewis zustimmen, wenn er sagt: »Die Zeit selbst ist nur ein weiterer Name für den Tod.« [7]

Das empfindet die gesamte Menschheit, denn »er hat ... die Ewigkeit in ihr Herz gelegt; nur dass der Mensch nicht ergründen kann das Werk, das Gott tut, weder Anfang noch Ende« (Prediger 3,11). Ja, generell können Menschen Gott einfach nicht ausloten, geschweige denn diese Sache mit einer zeitlosen Ewigkeit. Sie wissen nicht, was sie damit anfangen sollen, außer sich den neuesten New-Age-Bestseller von Shirley MacLaine zu kaufen oder noch mehr Oil of Olaz aufzutragen. Ihre einzige Zuflucht vor dem Ansturm der Zeit sind ihre Erinnerungen. »Die Erinnerung ist unser einziger Deich gegen die Wellen der Zeit«, sagt Peter Kreeft. [8]

Sehnsucht nach einer anderen Zeit

Ich weiß, wie es ist, nach Erinnerungen zu greifen wie nach Ziegelsteinen und damit einen Deich gegen die Zeit zu bauen. Als ich 1967 gelähmt wurde – und diese Sache mit der Ewigkeit für mich als junger Christ noch ganz neu war –, empfand ich den Himmel überhaupt nicht als meine Heimat. Ich war weniger daran interessiert, einem verherrlichten Körper entgegenzusehen, als daran, die Uhr zu den Tagen zurückzudrehen, als mein Körper noch funktionierte. Die Zeit war also ein Feind, weil sie ständig mehr Distanz zwischen die Vergangenheit auf meinen zwei Beinen und die Gegenwart in meinem Rollstuhl legte. Die einzige Möglichkeit, den Lauf der Wochen und Monate zu drosseln, lag darin, in meine Erinnerungen einzutauchen.

Ich konnte kaum etwas tun außer Radio oder Schallplatten hören. Ich lag in der Intensivstation und lauschte Diana Ross, wie sie über eine verlorene Liebe klagte, oder Glen Campbell, wie er über eine alte Flamme schmachtete, die durch die hintersten Winkel seiner Erinnerungen wanderte. Auch die Beatles waren damals in den Hitlisten. Ich kämpfte mit den Tränen, wenn sie von einem »Yesterday« sangen, als »meine Sorgen so weit weg schienen«.

Dann gab es da Joni Mitchell. Folkmusik hielt sich auch noch in den späten sechziger Jahren, und ich fand Zuflucht in ihren ruhelosen Songs über die Vergangenheit. Ihre Musik weckte eine stärkere und tiefere Nostalgie als das Beklagen einer verlorenen Liebe oder eines sorgenfreien Gestern. Sie können das aus der Hymne auf die sechziger Jahre heraushören, die sie für eine verlorene und suchende Generation verfasste. Es war eine Generation, die scharenweise herbeiströmte und sich auf den heißen, verregneten Hügeln einer Farm im Bundesstaat New York wiederfand. Achten Sie einmal auf den Schmerz und die tiefe Sehnsucht in ihrem Song mit dem Titel »Woodstock«:

Well can I walk beside you?
I've come here to lose the smog
And I feel as if I'm a cog
In something turning 'round and 'round.
Maybe it's the time of year
Or maybe it's the time of man,
But I don't know who I am,
Yet life is for the learning.
We are stardust, we are golden,
Caught up in the devil's bargain,
And we've got to get ourselves
Back to the Garden.
We've got to get ourselves
Back to a semblance of a God.[9]
(Sag, kann ich neben dir gehen?
Ich bin hergekommen, um den Smog zu verlieren,
und fühle mich, als sei ich ein Zahnrädchen
in etwas, das sich dreht und dreht und dreht.
Vielleicht ist es die Jahreszeit,
oder vielleicht ist es des Menschen Zeit,
aber ich weiß nicht, wer ich bin,
doch das Leben ist zum Lernen da.
Wir sind Sternenstaub, wir sind golden,
verstrickt in des Teufels Pakt,
und wir müssen selbst wieder
in den Garten zurückfinden.

Wir müssen uns selbst wieder
zu einem Ebenbild Gottes zurückbilden.)

Joni Mitchell und tausend andere wie sie suchen nach etwas unschätzbar Wertvollem, das sie verloren haben, etwas, zu dem sie zurückfinden müssen. Vielleicht verwechseln sie es mit der Nostalgie der sechziger oder der fünfziger Jahre; vielleicht verwechseln sie es mit einer Kindheitserinnerung, einer verlorenen Liebe oder einem Gestern, als die eigenen Sorgen so weit weg schienen, aber es ist viel mehr als das. Es ist eine Nostalgie, nicht nach der Unschuld der Jugend, sondern nach der Unschuld der Menschheit. »Wir müssen zum Garten zurückfinden«, stöhnt eine verlorene Welt, denn Eden ist der Ort, wo wir nicht nur unsere Jugend, sondern auch unsere Identität verloren.

Vielleicht ist es uns nicht bewusst, aber die gesamte Menschheit lebt im Exil fern vom Segen der vertrauten Gegenwart Gottes, wie er »im Garten wandelte, als der Tag kühl geworden war«. Doch die Menschheit, »tot in ihren Übertretungen«, erkennt nicht, dass es dies ist, wonach sie sich sehnten. Die meisten Menschen verstehen nicht, dass mit Gott zu wandeln bedeutet, sich zu Hause zu fühlen.

Das Seltsame ist – davon bin ich überzeugt –, dass es nicht einmal ausreichen würde, wenn Menschen wieder in den Garten zurückgelangen könnten, wenn Joni Mitchell zum Augenblick der Schöpfung der Welt zurückgehen könnte. Sie würde dort inmitten einer vollkommenen Umgebung stehen und sich vollkommen unbehaglich fühlen, nicht wissend, dass Erfüllung nur zu finden wäre, indem sie einen weiteren Schritt über den Rand der Zeit hinaus und in die Sphäre Gottes hinein täte. Denn unsere Nostalgie nach Eden gilt nicht einer weiteren Zeit, sondern einer anderen *Art* von Zeit. Diejenigen, die nicht glauben, spüren diesen Stachel noch. Selbst Menschen, die nicht auf den Himmel hoffen, kämpfen noch mit diesem quälenden Rätsel der »Ewigkeit«, die in ihr Herz gelegt ist.

Die meisten Menschen sind rückwärts orientiert.

Anders als diejenigen, die nicht an Gott glauben, führt unsere Straße nicht zum Garten Eden zurück, sondern nach vorn. Man sollte auf der Straße der Hoffnung nie einen Blick über die Schulter nach hinten werfen. In der Genesis steht, dass Gott Cherubim mit flammenden Schwertern schickte, um Adam und Eva nach ihrem Sündenfall die Rückkehr in den Garten Eden zu verwehren. »Die Straße zu Gott führt nach vorn ›östlich von Eden‹, durch die Welt der Zeit und der Geschichte, der Mühe und des Leidens und des Todes. Durch das östliche Tor Edens hinausgestoßen durchziehen wir die Welt kreuz und quer von West nach Ost auf der ständigen Suche nach der aufgehenden Sonne (dem auferstandenen Sohn!) und finden ihn, wie er am westlichen Tor steht und sagt: »Ich bin die Tür.« [10]

Unsere wahre Identität

Unsere verlorene Jugend und unsere verlorene Identität lassen sich nicht in der Unschuld Edens wiedergewinnen. Gott erdachte uns noch vor Eden, »vor der Grundlegung der Welt«. Nur im Himmel – dem Geburtsort unserer Identität – werden wir herausfinden, wer wir wirklich sind. Eigentlich werden wir diese Identität weniger herausfinden als sie empfangen. Dies wird in Offenbarung 2,17 wunderbar symbolisch ausgedrückt: »Wer überwindet, dem will ich geben von dem verborgenen Manna und will ihm geben einen weißen Stein; und auf dem Stein ist ein neuer Name geschrieben, den niemand kennt als der, der ihn empfängt.«

George MacDonald erklärt den Zusammenhang zwischen unserem neuen Namen und unserer wahren Identität so: »Gottes Name für einen Menschen muss der Ausdruck seiner eigenen Vorstellung von diesem Menschen sein, von diesem Wesen, das er im Sinn hatte, als er das Kind zu formen begann, und das er während des langen Schöpfungsprozesses im Sinn behielt, der für die Verwirklichung der Idee nötig war. Diesen Namen zu nennen heißt, das Gelingen zu besiegeln.«[11]

Unsere wahre Identität wird sich in dem neuen Namen entfalten, den Gott uns geben wird. Und dieser Name ist ein Geheimnis zwischen Gott und Ihnen. Stellen Sie sich das nur einmal vor, mein Freund! Im Himmel werden Sie nicht nur finden, was unwiederbringlich verloren war, sondern wenn Sie es erhalten – Ihren neuen Namen, Ihre wahre Identität –, werden Sie tausendfach mehr Sie selbst sein als die Gesamtsumme aller Nuancen, Gesten und inneren Feinheiten, die jenes erdgebundene »Sie« ausmachten. Auf der Erde mögen Sie glauben, voll erblüht zu sein, doch der Himmel wird offenbaren, dass Sie kaum bis zur Knospe gelangt sind.

Mehr noch: Im Himmel werden Sie sein wie niemand sonst. Die Tatsache, dass kein anderer Ihren Namen empfängt, zeigt, wie absolut einzigartig Sie für Gott sind. Sie berühren sein Herz in einer Weise, wie niemand sonst es vermag. Sie erfreuen ihn wie kein anderer. Es ist ein königliches Siegel seiner individuellen Liebe zu Ihnen.

Das sollte uns nicht überraschen. Gott hat keinen gigantischen paradiesischen Baseballplatz namens Himmel fabriziert, in den seine ganze Familie hineinpasst. Das Paradies ist keine Großkommune für die Gesamtsumme aller Heiligen. Gott hat beschlossen, gewisse Individuen zu erretten, und Sie werden einen besonderen Platz im Himmel haben – eine Nische in Gottes Herzen –, die auf Sie zugeschnitten ist, auf Sie allein. Im Himmel werden Sie ihn widerspiegeln wie die Facette eines Diamanten, und Menschen werden zu Ihnen sagen: »Ich *liebe* es, diesen Aspekt Gottes in dir zu sehen ... weißt du, du spiegelst diesen Wesenszug Gottes besser wider als irgendjemand sonst hier oben!«

Auch alle anderen werden ihre wahre Identität empfangen. Auch sie werden Gott auf einzigartige und vollständige Art widerspiegeln; also werden Sie diesem Freund wahrscheinlich antworten: »Und ich *liebe* die Art, wie du ihn widerspiegelst!« Und Sie beide werden, wie auch alle anderen Heiligen, Gott preisen, dass er mit solcher Vielfalt und Schönheit »alles in allem« ist.

C. H. Spurgeon vermutete darin den Grund, weshalb die Erlösten zahlreicher sein werden als der Sand am Meer oder die Sterne am Firmament. Eine endlose Zahl von Heiligen wird erforderlich sein, um die unendlichen Facetten der Liebe Gottes vollständig zu reflektieren. Jeder ist im Himmel notwendig. Könnte es sein, dass ohne Sie irgendeine wunderbare Nuance der Liebe Gottes, wage ich zu behaupten, nicht reflektiert werden würde, wenn Sie nicht im Himmel wären?

In vollkommener Anbetung und Liebe vereint werden wir endlich und völlig entdecken, wer wir sind, wohin wir gehören und welche Aufgabe Gott für uns vorgesehen hat – und wir werden die ganze Ewigkeit haben, um genau das zu sein und zu tun. Seit Jahrhunderten versuchen Theologen, diese Szene zu beschreiben; ich denke, Jonathan Edwards hat darin gute Arbeit geleistet, wenn er schreibt: »So werden sie im Überfluss essen und trinken und im Ozean der Liebe schwimmen und ewig eingehüllt sein in die unendlich hellen und unendlich sanften und köstlichen Strahlen der göttlichen Liebe; ewig werden sie dieses Licht empfangen, ewig davon erfüllt und darin eingeschlossen sein und es unaufhörlich zur Quelle zurückspiegeln.« [12]

Sie werden die Menschen *erkennen*, die Sie lieben. Auf der Erde erkennen Sie sie nur teilweise. Doch im Himmel werden Sie reiche, wunderbare Dinge über die Identität Ihres Mannes, Ihrer Frau, Ihrer Tochter, Ihres Sohnes, Ihres Bruders, Ihrer Schwester oder besonderer Freunde entdecken, Dinge, die auf der Erde nur angedeutet wurden. Und mehr noch werden Sie

sie *kennen*, wie Sie sie auf der Erde nie gekannt haben. Schließlich werden wir im Himmel nicht weniger klug, sondern klüger sein. Mein Mann Ken wird tausendmal mehr »Ken« sein, als er es in Fleisch und Blut je war. Sie werden den geliebten Menschen anschauen und ausrufen: »Wow, also *das* ist es, was ich an dir schon immer so geschätzt habe!«, denn Sie werden ihn oder sie so sehen, wie Gott ihn/sie schon immer beabsichtigt hatte. Bis wir dort sein und tun werden, was Gott von Anfang an für uns beabsichtigt hatte, werden wir der Raupe gleichen, die sich windend aus ihrem Kokon befreien möchte, um Himmelsluft zu atmen. Wir werden uns ganz so wie Mose fühlen, eingeschlossen im hintersten Winkel einer Wüste, als er rief: »Ich bin ein Fremdling geworden im fremden Lande« (2. Mose 2,22). Und genauso wie Mose in der Wüste zu dem Leiter wurde, der er schließlich war, so werden wir als Pilger im Hier und Jetzt zu dem, der wir im Jenseits sein werden.

So schreiten wir Pilger voran durch diese Welt der Zeit und des Todes, ständig auf der Suche nach dem Sohn. Wir gehen nicht rückwärts, sondern »vergessen, was dahinten ist, und strecken [uns] aus nach dem, was da vorne ist, und jagen nach dem vorgesteckten Ziel, dem Siegespreis der himmlischen Berufung Gottes in Christus Jesus« (Philipper 3,13–14).

Die Menschheit im Allgemeinen weigert sich, in diese Richtung zu gehen. In dem ängstlichen Bestreben nach Angepasstheit nehmen die Menschen den Sextanten der Welt, um ihre derzeitige Position zu ermitteln, und benutzen sämtliche falschen Koordinaten: Erinnerungen an die Kindheit, eine verflossene Romanze, sorglose Tage, Lieder, Macht, Religion, Wohlstand oder Woodstock. Aber es gelingt der Menschheit nach wie vor nicht zu erkennen, dass sie »im Ebenbild Gottes geschaffen« ist. Nur Gläubige, die verstehen, dass die Koordinaten in der Ewigkeit konvergieren, können singen: »Diese Welt ist nicht meine Heimat.«

Unser Platz in der Zeit

Joni Mitchell wird nicht in den Garten zurückfinden. Sie täte besser daran, in ihrer Suche nicht nur nach Identität, sondern nach einer anderen Zeit den Sohn Gottes zu besingen. Jesus ist der Einzige, der je in seiner Identität ruhte und zugleich in oder außerhalb der Zeit zu Hause war.

In einer Sekunde konnte Jesus auf der Straße nach Emmaus mit Freunden reden, um schon in der nächsten die vielen Stunden, die für die Rückkehr nach Jerusalem nötig gewesen wären, zu überspringen und augenblicklich dort zu erscheinen. Er konnte sich an einem Morgen an einem Ufer materialisieren, ein Feuer anzünden und für seine Freunde ein Frühstück auftischen. Er konnte in einer Minute einen Fisch essen und in der nächsten durch eine Wand hindurchgehen. Steinerne Wände und geschlossene Türen im Obersaal stellten keine Hindernisse dar. Zeit, Raum und damit auch die Distanz waren für ihn ein Kinderspiel. Das ist *höchst* interessant, weil seine Fähigkeit, in verschiedene Dimensionen einzutreten und sie wieder zu verlassen, uns Aufschluss gibt, welchen Platz die Zeit im Himmel haben wird. Ich glaube, dass der Himmel die Zeit nicht vernichten, sondern vielmehr verschlingen wird.

Ich will das durch ein Prinzip erklären, das ich aus der Schulgeometrie gelernt habe. Wenn man einen Punkt durch Zeit und Raum bewegt, zieht er eine Linie – die erste Dimension. Nimmt man diese Linie und bewegt sie lateral durch Zeit und Raum, wird sie zur Ebene – die zweite Dimension. Bewegt man eine Ebene durch Zeit und Raum, erhält man einen Würfel oder irgendein anderes Polyeder – ein Würfel ist die dritte Dimension, und sie besteht aus einem Stapel von Ebenen.

Und Sie und ich, als dreidimensionale Wesen, bewegen uns durch Zeit und Raum – wir könnten das als vierte Dimension betrachten. Jede neue Dimension umschließt die früheren und fügt etwas Weiteres hinzu. Dies bedeutet, dass die Ewigkeit – wir könnten sie als fünfte Dimension betrachten – alle interessanten Elemente der anderen Dimensionen umfassen wird, einschließlich der Zeit.

Tja, also wenn Sie das verstanden haben, bekommen Sie eine Eins in Geometrie. Sie verstehen auch, dass die Zeit im Himmel nicht aufhören wird. Die Zeit wird in die Ewigkeit eingebunden werden und ihre Unterscheidbarkeit verlieren, ganz so wie das Eiweiß in eine Creme eingebunden wird. Oder, um es etwas genauer zu sagen, wie ein geschlagenes Eiweiß, das in einen ganzen Ozean voll Creme eingebunden wird. So allumfassend ist die Ewigkeit.

Warum ist der Faktor Zeit so wichtig? Peter Kreeft erklärt: »Gott verliebte sich in uns Geschöpfe der Zeit, uns flüchtige Windböen, uns unstete Gäste, und lud uns in Ewigkeit in das innere Heiligtum des Meisters über das Haus ein – uns alle, samt Sack und Pack an Zeit. Wie könnten wir es wagen, ihm seinen Herzenswunsch abzuschlagen? Es ist auch unser Herzenswunsch.« [13] Er hat Recht. Es gibt etwas in mir, was die Zeit mir definieren hilft, und ich bin nicht sicher, ob ich darauf verzichten will; eher möchte ich all ihre verborgenen Schätze entdecken.

Jesus, der sowohl göttliche als auch menschliche Natur besaß, gab uns eine Art Formel für unsere Natur und Bestimmung. Die Art und Weise, wie unser auferstandener Herr Zeit und Raum durchschreiten konnte, ist eine Beschreibung unserer zukünftigen Erfahrung im Himmel. In vollkommener Weise schließt Jesus sowohl das in die Zeit eingebundene Physische als auch das außerhalb der Zeit existierende Geistliche in sich ein. Wir Windböen werden uns eines Tages ebenso wie Jesus darin wohl fühlen, mit einer physischen *und* geistlichen Natur zu leben.

Haben Sie Geduld mit mir, wenn ich noch einmal auf Zeit, Geometrie und Dimensionen zu sprechen komme; vielleicht erreichen wir dann beide eine »Eins plus«. All diese Sachen über dritte, vierte und fünfte Dimensionen beweisen ja nur, wie *interessant* der Himmel sein wird.

Lassen Sie es mich durch eine Frage verdeutlichen: Wie lange würde Ihr Interesse währen, wenn Sie einen kleinen Punkt anstarren sollten? Wenn Sie sagen können: fünf Sekunden, bin ich beeindruckt. Aber was wäre, wenn Sie einen Bleistift auf diesen Punkt setzen und eine Linie zeichnen, so dass ein zweidimensionales Strichmännchen entsteht? Das ist schon interessanter, aber gewiss nicht so anregend wie das Betrachten einer dreidimensionalen Skulptur dieser Figur, oder? Wenn es eine gute Skulptur ist, könnte sie Ihr Interesse schon eine ganze Weile fesseln.

Gehen wir nun noch einen Schritt weiter. Denn eine Skulptur ist meilenweit von der Faszination eines wirklichen, lebendigen Menschen entfernt, der sich in der vierten Dimension durch Zeit und Raum bewegt. In der Tat könnte man ein ganzes Leben damit zubringen, diese fesselnde Person kennen zu lernen. Es ist eine Tatsache, dass jede Dimension interessanter ist als die vorherige.

Übertragen wir unsere kleine Formel nun auf die fünfte Dimension, den Himmel. All die wunderbaren Aspekte der früheren Dimensionen werden im Himmel sein, aber darüber hinaus noch eine Menge mehr. Der Himmel wird also *äußerst* interessant sein. Er wird unwiderstehlich sein, bezaubernd, faszinierend und ... man müsste noch mindestens zehn Spalten voller Adjektive hinzufügen. Wir meinen, die Erde mit all ihrer Farbe, Herrlichkeit und Größe sei atemberaubend! Der exotische Pfau, die exakten Hexagone im Innern eines Bienenstocks, das Türkis einer tropischen Lagune, der Orang-Utan, der uns zum Lachen bringt, und die inspirierenden schneebedeckten Gipfel der Alpen sind alle Teil der vierten Dimension. Und ... die fünfte steht kurz davor, enthüllt zu werden! Unsere kleine Lektion über Dimensionen beweist, dass der Himmel alle Schönheit der Erde zusammengenommen bei weitem übertrifft. Können Sie jetzt verstehen, warum Paulus sagt: »Was kein Auge gesehen hat und kein Ohr gehört hat und in keines Menschen Herz gekommen ist, was Gott bereitet hat denen, die ihn lieben« (1. Korinther 2,9)?

Wer weiß, welche Wunder die fünfte Dimension – und wahrscheinlich noch viele andere Dimensionen – in sich birgt. In der Ewigkeit ist alles erst ein Anfang. Keine Grenzen. Keine Beschränkungen. A. W. Tozer sagte: »Wie absolut erfüllend, sich von unserer Begrenztheit einem Gott zuzuwenden, der keine kennt. Ewige Jahre liegen in seinem Herzen. Für ihn vergeht die Zeit nicht, sie bleibt; und diejenigen, die in Christus sind, teilen mit ihm alle Reichtümer der grenzenlosen Zeit und endloser Jahre.« [14]

Unsere Pilgerschaft zum Himmel ist keine Reise zum Ende der Zeit, sondern zu einer anderen Art von Zeit. Und Zeitreisende werden wir bleiben, bis wir ankommen ... am Anfang.

Unsichtbare Realitäten entdecken

Dieser staubige kleine Planet kreist ständig durch Zeit und tiefen, dunklen Raum, ohne zu erkennen, dass er die ganze Zeit im Ozean der Ewigkeit schwimmt und von einer Fülle unsichtbarer göttlicher Realitäten und göttlicher Erfüllungen umgeben ist. Aber wir erkennen es, weil wir als Pilger »im Glauben, nicht im Schauen« leben (2. Korinther 5,7). Im Glauben leben wir auf einem anderen Planeten, in einer anderen Dimension, auf einer höheren Ebene als der irdischen. Im Glauben verliert diese felsenfeste Welt an Substanz und

Wichtigkeit, und wir erkennen hinter *allem* eine geistliche Bedeutung.

Menschen ohne Glauben betrachten die vordere Bergkette der *Rocky Mountains* und nehmen mechanistisch an, dass eine tektonische Platte sich hierhin und dorthin verschob, ein Erdbeben auslöste und die Erdkruste bewegte, dann – voilà – tauchte der *Pikes Peak* auf. Aber Pilger auf dem Weg zum Himmel erkennen, dass »in ihm ... alles geschaffen [ist], was im Himmel und auf Erden ist, das Sichtbare und das Unsichtbare, es seien Throne oder Herrschaften oder Mächte oder Gewalten; es ist alles durch ihn und zu ihm geschaffen« (Kolosser 1,16). Er hat unsichtbare Dinge geschaffen, die genauso real – nein, *realer* – sind als die *Rocky Mountains*. Kein Wunder, dass wir unseren Schöpfer preisen!

Menschen ohne Glauben betrachten einen wunderschönen Kirschbaum, zucken die Achseln und nehmen an, dass ein Kirschkern fiel, Regen tröpfelte, Wurzeln keimten, ein Spross wuchs, und all das bald als jemandes Feuerholz enden wird. Gott, so meinen sie, hat die Natur nur aufgezogen wie eine Uhr, die nun – ticktack – ihren Lauf nimmt. Menschen mit einem himmlisch inspirierten Glauben betrachten denselben Baum und staunen, dass buchstäblich »alles in ihm besteht« (Kolosser 1,17). Das heißt, *alles*. Gerade jetzt. In diesem Augenblick. Sogar Knospen, Rinde und Zweige. Elizabeth Barrett Browning schrieb einmal:

Earth's crammed with heaven,
And every common bush afire with God;
But only he who sees takes off his shoes,
The rest sit 'round it and pluck blackberries.
(Die Erde ist vom Himmel angefüllt,
und jeder gewöhnliche Busch brennt vor Gott;
doch nur der, der sieht, zieht seine Schuhe aus,
die Übrigen sitzen um ihn her und pflücken Beeren.)

Menschen mit irdisch gesinnter Perspektive nehmen an, dass die Wellen des Meeres aus gewöhnlichem altem H_2O bestehen, doch diejenigen mit himmlischem Blickwinkel glauben, dass jedes Proton im Periodensystem der Elemente von Gott zusammengehalten wird, denn er »trägt alle Dinge mit seinem kräftigen Wort« (Hebräer 1,3). Lassen Sie diese Tatsache auf Sie wirken. Würde Gott sein gebietendes Wort zurückziehen, würden die Berge, Ozeane und Bäume nicht etwa ins Chaos stürzen, sondern augenblicklich verpuffen und verschwinden! Gottes Schöpfung ist nicht statisch und reglos, sondern dynamisch und wird tatsächlich in diesem Augenblick durch sein mächtiges Wort aufrechterhalten.

Und was das Wunder des menschlichen Körpers betrifft, so würden Menschen ohne Glauben behaupten, wir wären aus dem Urschlamm zum Status des *homo erectus* aufgestiegen, und sie würden annehmen, dass Menschen aus eigener Kraft Atem holen. Pilger mit einem Herzen für den Himmel wissen es besser, »denn in ihm leben, weben und sind wir« (Apostelgeschichte 17,28). Im Himmel werden wir mehr Mensch sein, als unsere Spezies es hier nur andeuten konnte. Wir werden mehr der Mann oder die Frau sein, als unser Geschlecht es ahnen ließ.

Der Glaube, von dem ich hier spreche, verleiht allem – absolut allem – in unserer Umgebung eine himmlische Absicht. So geschieht es bei mir jeden Dienstag-, Mittwoch- und Donnerstagmorgen, wenn meine künstlerische Freundin Patti mir hilft, aus dem Bett aufzustehen. Bevor ich in den Wagen steige und sie mich zur Arbeit fahren lässt, halten wir am offenen Garagentor inne und nehmen uns einige Augenblicke Zeit, den Tag zu beobachten. Wir schauen zu Mr. Aquilevechs Pinien hinüber – meist hockt eine zeternde Krähe in den Zweigen. Wir erfreuen uns an den zarten Spitzen der Zedern, die unsere seitliche Mauer säumen, diesen scharfen Spitzen, die alle im Gleichklang vertikal nach oben deuten. Wir bewundern das Farbenspiel der Büsche von Mrs. Hollander, die von Silbergrün in Gold übergehen.

Neulich machte Patti auf eine Hibiskusblüte aufmerksam und erinnerte uns: »Gott hat sich diese Farbe ausgedacht! Vielleicht aus purer Freude.« Pilger erkennen, mit welcher Freude Gott uns Vergnügen schenkt. Bürger des Himmels nehmen Gott in allen Dingen wahr; sie sehen, dass jeder Busch, an dem sie in der Wüste der Erde vorüberkommen, ein brennender Busch ist, mit dem Feuer Gottes. Und mit solchem Glauben ist es wahrhaftig möglich, ihm zu gefallen (Hebräer 11,6).

Heav'n above is softer blue,
Earth around is sweeter green!
Something lives in every hue,
Christless eyes have never seen:
Birds with gladder songs o'er-flow,
Flow'rs with deeper beauties shine,
Since I know, as now I know,
I am His, and He is mine. [15]

(Der Himmel droben ist von sanfterem Blau,
die Erde ringsum von lieblicherem Grün!
Etwas lebt in jedem Hauch Farbe,
das christlose Augen nie gesehen haben:
Vögel sprudeln über mit froherem Gezwitscher,
Blumen erstrahlen in tieferer Schönheit,
seit ich weiß, was ich nun weiß:
ich bin sein, und er ist mein.)

Madame Jeanne Guyon, eine adlige Christin aus dem 17. Jahrhundert, schrieb folgende Worte aus einem französischen Verlies, in dem es keinen Hibiskus, keine Zedern, keine köstlich grüne Erde und keinen sanft-blauen Himmel gab, um sie anzuspornen: »[Ein auf den Himmel ausgerichteter] Christ wandelt in einem schlichten und reinen Glauben ... und wenn dieser Erdengast aus seinen eigenen Augen blickt, sieht er die Dinge, als würde er sie durch die Augen Gottes betrachten. Er sieht sein eigenes Leben, er sieht die ihn umgebenden Umstände, er sieht andere Gläubige, er sieht Freunde und Feinde, er sieht Herrscher und Gewalten, er sieht den ganzen Prunk der Geschichte selbst durch die Augen Gottes ... und ist zufrieden.« [16]

Allzu himmlisch gesinnt?

Glauben Sie aber nicht, wir wären durch eine allzu himmlische Gesinnung für die Erde nicht mehr zu gebrauchen. Rümpfen Sie nicht die Nase darüber, als würden wir die Welt durch eine verträumte rosarote Brille betrachten. Erdenbürger, die am meisten an die nächste Welt denken, sind gewöhnlich auch diejenigen, die in dieser Welt besonders gute Dinge tun. Der Mensch dagegen, dessen Denken nur um irdische Dinge kreist, tut, wenn es um die Erde geht, wenig Gutes. C. S. Lewis äußert sich dazu und schreibt: »Strebe nach dem Himmel und du bekommst die Erde noch dazu. Strebe nach der Erde, und du verlierst beides.« [17]

Wenn ein Christ sein Bürgerrecht im Himmel erkennt, beginnt er, auf der Erde als verantwortungsbewusster Bürger zu handeln. Er investiert weise in Beziehungen, weil er weiß, dass sie ewig sind. Seine Gespräche, Ziele und Motive werden rein und ehrlich, weil er erkennt, dass sie sich auf eine ewige Belohnung auswirken werden. Er gibt großzügig von seiner Zeit, seinem Geld und seinen Talenten ab, weil er Schätze für die Ewigkeit sammelt. Er verbreitet die Gute Nachricht von Christus, weil er sich danach sehnt, den Himmel mit seinen Freunden und Nachbarn zu füllen. All das ist dem Pilger nicht nur im Himmel, sondern auch auf der Erde nützlich; denn es dient jedem in seiner Umgebung.

Vor einigen Wochen ging ich zum Friseur, um mir die Haare schneiden zu lassen. Meine Sekretärin Francie traf mich vor dem Salon, um mir aus dem Wagen zu helfen und mich auf meinen Platz vor dem Spiegel zu bringen. Während die Friseurin den Umhang über mich warf, schaute ich mich nach den anderen Frauen um. Einige saßen unter Haartrocknern in Modezeitschriften vertieft. Andere plauderten mit ihrer Kosmetikerin über die neuesten Rotschattierungen für Nagellack. Föne übertönten Neil Diamond im Radio. Dann schaute ich zur Seite: Rechts schnitt eine Rothaarige in Jeans, die Kaugummi kaute, einer Dame die Haare; links arbeitete eine kleine Asiatin mit langem schwarzem Haar.

Was tut ein Pilger an einem alltäglichen, gewöhnlichen Ort wie diesem? (Alltäglich und gewöhnlich jedenfalls für Leute aus Südkalifornien.) Sie halten Ausschau nach den unsichtbaren göttlichen Realitäten um sie her. Ich versuchte, mich in die Lage dieser Frauen zu versetzen und ihre »Realitäten« zu erfassen – Scheidung, abnehmen, Kinder erziehen, für den Elternrat kandidieren, Alkoholsucht bekämpfen und die nächste Party planen. Eine Handvoll Karrierefrauen in ihrem professionellen Outfit, die sich auf die Schnelle ihre Fingernägel zurechtmachen ließen, hatten mit ganz anderen »Realitäten« zu tun: Beförderungen, Abfindungen und Management-Stress.

Weil der Glaube mir half zu sehen, wie kostbar jede Frau in seinen Augen ist, wusste ich, dass Gott seine eigenen göttlichen Realitäten für jede Frau vorgesehen hat. Ich konnte beten: »Dein Reich komme, dein Wille geschehe im Friseur- und Maniküresalon wie im Himmel.«

Während ich also mit nassen Haaren dasaß, tat ich nach und nach Fürbitte für jede einzelne Person und erbat Gottes mächtiges Wirken in ihrem Leben. Alles durch den Glauben. Das ist die Art, wie sich gewöhnliche Pilger irdisch etwas nützlich machen.

Und das nicht nur durch Gebet. Als ich wieder an den Frisiertisch rollte und auf das Legen wartete, bemerkte ich zwei Stühle weiter ein kleines Mädchen mit baumelnden Beinen, das in einer zerfledderten Illustrierten blätterte. Ich erkundigte mich, was sie da las, und erfuhr, dass sie die Tochter der Asiatin war. Wenige Minuten später waren wir in ein Gespräch vertieft: Ich erzählte ihr eine Bibelgeschichte und sie berichtete, was sie mit ihrer besten Freundin am liebsten spielte. Ich sagte ihr, dass mir ihr Lächeln gefiel, ihr freundliches Wesen und die Art, wie sie über meinen Rollstuhl hinwegsah und mir in die Augen blickte. Und ich erzählte ihr von Jesus. In diesen zwanzig Minuten wusste ich, dass ich eine himmlisch gesinnte Person war, die diesem Kind etwas irdisch Gutes tat, das real und von Dauer war.

So etwas liebt mein Mann Ken. Seit einer Weile pflegt er eine Beziehung zu zwei jungen Tankstellenwärtern aus dem Iran, die unten an der Shell-Tankstelle arbeiten. Die meisten Leute schauen nur kurz vorbei, um schnell zu tanken, aber Ken hält mit offenen Augen Ausschau nach den unsichtbaren göttlichen Realitäten im Leben dieser beiden Männer. Wir sind überzeugt, dass Zeit, Gebet, Freundschaft und eine Bibel in Farsi einen Unterschied machen werden. Er ist ein himmlisch gesinnter Mensch auf der Suche nach Möglichkeiten, der Erde etwas Gutes zu tun.

Darüber hinaus kämpfen Pilger. Zu Beginn dieses Jahres tobte der geistliche Krieg heftig und schwer, als Ken und ich bei der Schirmherrschaft über den Abschlussball der öffentlichen *High School* halfen, an der mein Mann unterrichtet. Die ersten Stunden des Festes waren eine großartige Gelegenheit, mit Studenten Kontakt aufzunehmen, ihre Smokings zu bewundern und ihnen alles Gute für das College zu wünschen. Doch nach dem Dinner gingen die Lichter aus, die Musik wurde laut und der Ballsaal verwandelte sich in eine wilde Disco. Ken musste die Toiletten überprüfen gehen; ich versuchte mich mit meinem Tischnachbarn zu unterhalten, aber wir wurden bald müde, einander anzuschreien. In der Dunkelheit und inmitten des ohrenbetäubenden Lärms fielen meine Augen auf ein Mädchen aus der Abschlussklasse in einem knappen, weißbestickten Kleid auf dem Schoß ihres Freundes. Ich beschloss, für sie zu beten. Als ich sie still betend anstarrte, verblüffte es mich, dass mein Gebet mächtiger war als die 600-Ampere-Lautsprecherboxen, die über dem Tanzboden hingen und den ganzen Saal erbeben ließen. Eine einfache Fürbitte löste Wellen aus, deren Echo durch den Himmel hallte und die zugleich einige Dämonen in die Flucht schlugen.

So leben die Bürger des Himmels, solange sie vorübergehend auf der Erde wohnen. Der Himmel sagt uns, dass jeder Mensch, jeder Ort und jede Sache eine Bestimmung hat. Deshalb »werden wir nicht müde ... die wir nicht sehen auf das Sichtbare, sondern auf das Unsichtbare. Denn was sichtbar ist, das ist zeitlich; was aber unsichtbar ist, das ist ewig« (2. Korinther 4,16.18).

Heimweh nach dem Himmel

Für uns Pilger ist es ein Drahtseilakt zwischen Himmel und Erde, gefangen in der Zeit, doch mit dem Pulsschlag der Ewigkeit in unseren Herzen. Dieses unbefriedigende Gefühl, im Exil zu leben, ist hier auf der Erde nicht zu lösen oder zu beheben. Unser Schmerz und unsere Sehnsucht sorgen dafür, dass wir nie zufrieden sein werden, aber das ist gut: Es dient zu unserem Nutzen, dass wir nicht in einer Welt heimisch werden, die zum Untergang bestimmt ist.

Und so drehen und wenden wir uns in dem Bewusstsein, dass wir hier nicht hinpassen; »darum seufzen wir auch und sehnen uns danach, dass wir mit unserer Behausung, die vom Himmel ist, überkleidet werden«. Doch, oh, welch ein Segen ist dieses Seufzen! Wie köstlich, Heimweh nach dem Himmel zu verspüren! Welch herrliche Sehnsucht mein Herz doch erfüllt!

Augenblick mal, Joni, denken Sie jetzt vielleicht. *Ich verspüre kein Heimweh nach dem Himmel. Ich seufze selten aus Sehnsucht, dort zu sein ... das möchte ich zwar, aber ich weiß nicht, wie ich es anfangen soll. Es ist nicht so, als würden mich irdische Dinge völlig ausfüllen; es ist nur, dass der Himmel sich noch nicht wie meine Heimat anfühlt. Außerdem empfinde ich keine Bürde, für Frauen in Friseursalons, junge Studentinnen auf Abschlussbällen oder Männer an der Tankstelle zu beten.*

Falls Sie so empfinden, nur keine Panik. Wenn der Himmel für Sie immer noch einem Glashaus auf irgendeiner goldenen Straße und nicht einem warmen, liebevollen Zuhause gleicht, haben Sie Geduld. Wenn Sie Mühe haben, Sehnsucht nach einer himmlischen Behausung aufzubringen, wenn Sie mit dieser Pilgergeschichte nichts anfangen können, dann sollten wir vielleicht unser Augenmerk vom Himmel als einem Ort abwenden.

Er ist mehr als das ... viel, viel mehr.

6 Der Himmel erfüllt unseren Herzenswunsch

Lassen Sie einen Augenblick Ihre Phantasie spielen. Jesus ist vorausgegangen, um einen Platz für uns vorzubereiten, und jeder von uns wird ein großes Haus – ohne Sorge um Zahlungsraten oder Hypotheken – auf einer goldenen Allee umgeben von Feldern und Blumenwiesen haben. Wow!

Beziehungsweise, für Sie nicht »Wow!«

Vielleicht eher: »Na ja, ... ganz nett.«

Wenn wir von einem Glashaus auf einer goldenen Straße sprechen, dann sind Sie vielleicht versucht, einen Stein durch das Glas zu werfen – aus schierem Forschungsdrang, um zu sehen, ob himmlisches Spiegelglas zersplittert. Oder Sie fühlen sich einfach unbeholfen und unbehaglich in Gottes glitzerndem goldenen Thronsaal. In dieser Hinsicht stecken Sie noch ganz in diesem Netz irdischer Bilder, wenn Sie sich den Himmel ausmalen. Sie sehen sich beim Hochzeitsmahl des Lammes im Festsaal sitzen, wo es vermutlich keinen Bedarf für Klimaanlagen oder Zentralheizungen gibt. Aber wo ziehen Sie eine Grenze zu all den irdischen Kleinigkeiten, wenn Sie sich den Himmel vorstellen? Wenn das Festmahl feierlich eingenommen werden soll, brauchen wir gewiss Messer und Gabeln. Töpfe und Pfannen, um etwas darin zu kochen. Mixgeräte müssen irgendwo im Hintergrund bleiben. Und wer spült das Geschirr? Etwa die Leute in der Hölle? [1]

Ich kann verstehen, dass solche Vorstellungen in Ihnen nicht gerade Sehnsucht nach Ihrer himmlischen Behausung wecken. Nicht, dass Sie zu sehr in irdische Dinge verstrickt wären; nur fühlt sich der Himmel nicht nach einer *Heimat* an. Und doch sind die Bilder, die die Bibel uns vor Augen malt, dazu gedacht, unser Herz zu packen, unsere Seele zu fesseln und eine unbändige Sehnsucht in uns zu wecken, so dass wir am liebsten eilen würden, die Haustür zu unserer himmlischen Villa aufzuschließen.

Wäre es nicht nett, eine solche Nostalgie nach dem Himmel zu empfinden?

Denken Sie einen Augenblick an eine Zeit zurück, als Sie wirklich Heimweh hatten. Nicht nach dem Himmel, sondern nach Ihrem irdischen Zuhause. Erinnern Sie sich an den Schmerz? Das Gefühl, ein Fremder in Ihrer Umgebung zu sein?

Junge, ich kann mich gut erinnern. Ich hatte das Gefühl, als würde es mein Innerstes nach außen kehren. Als kleines Mädchen weinte ich, als ich bei Tante Dorothy bleiben musste, während meine Mutter sich einer Gallenblasenoperation unterzog. Dann gab es da die Gemeindefreizeit. Mir war elend zumute. Und jenes Erntedankfest, als ich nach Kalifornien zog (in Kalifornien fühlt sich natürlich jeder zuerst fehl am Platz).

Den jüngsten Anfall von Heimweh hatte ich in Bukarest in Rumänien. Es war mitten in der Nacht, und mir wurde bewusst, dass ich fremd war, sobald ich in die muffige Empfangshalle des Hotels rollte. Eine einzelne Birne baumelte von der Decke und warf lange Schatten über staubige Sofas und übrig gebliebene Stehlampen aus den fünfziger Jahren. Prostituierte drückten sich in eine dunkle Ecke und pafften Zigaretten. Irgendwo hinter der Theke ertönte Elvis Presley klagend aus einem Radio: »I Wanna Be Your Teddy Bear.« Einschusslöcher zierten die Betonwände. Motten und Abgase wirbelten durch die offene Tür herein, und irgendjemand schrie unten an der Straße einen Nachbarn an.

Ich war müde, hungrig und schmutzig. Es gab keine Rampen für meinen Rollstuhl. Ich passte nicht ins Badezimmer. Ich fühlte mich nicht wohl im Restaurant, wo zähes, in Öl und

Knoblauch schwimmendes Fleisch serviert wurde. Alles an diesem Ort – die Sprache, die Kultur und besonders das Kissen auf meiner Matratze – weckten in mir die Sehnsucht nach dem kalifornischen Calabasas. Es war schrecklich. Ich bin sicher, Sie haben so etwas auch schon empfunden.

Warum Calabasas mein Herz packte? Waren es die Bürgersteigrampen und abgesenkten Bordsteinkanten? Die Radiosender mit anspruchsvollerer Musik als Elvis-Hits? Die guten Restaurants? Warum habe ich in Kalifornien das Gefühl, hinzupassen, aber nicht in Rumänien?

Weil Ihr Zuhause da ist, wo Ihr Herz ist.

Diese tiefe Wahrheit muss einen Augenblick von den Kreuzstich-Stickereien abgehoben werden, auf denen wir sie gewöhnlich lesen. Denn wenn unser Zuhause da ist, wo unser Herz ist, dann muss es mehr sein als die Hausnummer, hinter der Sie leben. Wenn Sie Heimweh bekommen, mag Ihr Herz sich vielleicht nach Ihren eigenen Matratzen und Kissen sehnen, aber das erklärt diesen Schmerz nicht, der Ihnen den Magen umdreht. Was unser Zuhause ausmacht, ist nicht der Ort, sondern wer dort lebt. Sie fühlen sich zu Hause, wenn Ihr Herz sich an den Menschen schmiegt, den Sie lieben.

Aber manchmal, gerade wenn man es am wenigsten erwartet, genügen nicht einmal die Menschen, die unser Zuhause ausmachen. Manchmal, wenn Sie tief in Ihre eigenen Kissen und Federbetten gekuschelt sind und neben sich die Stimme des geliebten Menschen hören, schleicht sich eine ganz andere – tiefere – Art von Heimweh ein.

Immer noch nicht zufrieden

Duftende Pinienzweige und leise rieselnder Schnee. Zimttee und Vanillekerzen. Es war der Gipfel an Zuhause im

Jahre 1957. Besonders durch den Besuch von Onkel George und Tante Kitty am Heiligabend, die sich herunterbeugte und mich liebevoll umarmte, wobei meine Nase in ihrer Fuchsstola versank, die von *Evening-of-Paris*-Parfüm duftete. Gemeinsam saßen wir mit dem Rest der Familie im Kerzenschein auf der Couch und hörten christliche Radiomusik von Bing Crosby. Es war eine ruhige Zeit. Es war Heimat.

Plötzlich, aus dem Nichts, traf mich eine geballte Ladung Heimweh. Liebe Güte, da saß ich nun im gemütlichsten aller Häuser, auf der Couch eingekuschelt zwischen Menschen, die ich liebte, und doch von Heimweh umhüllt – einer Nostalgie nach einer größeren Art von Heimat. Zuerst war es mir nicht bewusst, aber ich steckte wieder inmitten einer dieser Sehnsuchtsanfälle nach dem Himmel. Es war zwar im Winter und weit von jenem Weizenfeld in Kansas entfernt, das wir im Sommer zuvor gesehen hatten, aber es war dasselbe.

Am nächsten Morgen verebbte diese empfindsame Sehnsucht unter all den weltlichen Dingen, und mein gewohntes Ich stellte sich wieder ein. Es war der erste Weihnachtstag. Die Faszination der seltsamen Sehnsucht landete im Regal meiner Erinnerungen, und ich stürzte mich auf den Stapel meiner Geschenke. Ich riss ein Paket auf und fragte: »Gibt es noch mehr?« Dann ein anderes und fragte: »Wie viele sind noch da?« Und beim letzten jammerte ich: »War das alles?« Wonach suchte ich? Warum war ich nicht zufrieden?

Den ganzen Tag über wusste ich, dass ich mit meinen Spielsachen spielen durfte, aber von Zeit zu Zeit ließ ich meine Geschenke liegen, ging in mein Zimmer hinauf und lehnte mich auf die Fensterbank, um hinauszustarren. Wonach sehnte ich mich so schmerzlich? Was wollte ich?

Was wollen wir?

Was den Himmel betrifft, so sind wir alle wie Kinder, die tausend wunderschöne Weihnachtsgeschenke auspacken und jedes Mal fragen: »War das alles?«

Ja, warum machen Sie eigentlich in Bezug auf den Himmel nicht eine Geschenkliste – mit all den besten Freuden, Gaben und Geschenken, die der Himmel in Ihrer Phantasie nur zu bieten haben kann. Stellen Sie Ihrem Herzen diese Frage: Was willst du? Setzen Sie Ihrer Liste keine Beschränkungen. Nicht im Mindesten. Wäre es Schönheit oder Wohlstand? Ruhm? Ein Ferrari?

Nun stellen Sie sich vor, dass Sie das alles bekommen. Wie lange würde es wohl dauern, bis Sie wieder ruhelos werden würden? Wie bald schon würden Sie fragen: »War das alles?«

Versuchen Sie es mit einer anderen Liste, einer tieferen. Endlose Gespräche mit Beethoven über Orchester-Partituren oder ausgiebige Plaudereien mit Mary Cassatt über französische Impressionisten. Strategische Überlegungen mit Tom Landry für das nächste Football-Match. Wie wäre es mit einem fitten, gesunden Körper für alle, die eine Behinderung haben? Laufen? Tanzen? Mit Julia Child kochen? Mit Eric Clapton Gitarre spielen? Ein gutes Gewissen, Frieden, innere Ruhe? Vielleicht würde es ein paar tausend Jahre dauern, bis solche Sachen Sie langweilen würden, aber irgendwann hätten Sie auch davon genug.

Peggy Lee hatte so etwas im Sinn, als sie uns in den siebziger Jahren singend fragte: »Ist das alles, mein Freund? Dann lass uns tanzen, lass uns einen draufmachen und das Tanzbein schwingen, wenn das ... alles ist.« [2] Dieser Schlager machte mir damals Angst, und macht mir auch heute Angst. Gibt es denn *nichts*, was unsere Herzen endgültig befriedigen wird? Peter Kreeft meint:

»Können Sie sich einen Himmel vorstellen, der nicht irgendwann langweilig würde? Wenn nicht, bedeutet das dann, dass alles Gute einmal zu Ende gehen muss, selbst der Himmel? Nach achtzig oder neunzig Jahren sind die meisten Menschen bereit zu sterben; werden wir uns nach achtzig oder neunzig Jahrhunderten im Himmel genauso fühlen? ... Wenn wir keine Langeweile im Himmel wollen, was wollen wir dann wirklich? Wenn der Himmel real ist, welches reale Bedürfnis stillt er dann eigentlich? Wir wollen einen Himmel ohne Tod und ohne Langeweile. Aber einen solchen Himmel können wir uns nicht vorstellen. Wie können wir uns etwas wünschen, was wir uns nicht vorstellen können?« [3]

Wir können den Himmel nicht gedanklich heraufbeschwören, weil unsere Wünsche tiefer reichen als die Vorstellungskraft unseres Denkens.

Glücklicherweise sind unsere Herzen unserem Denken und unseren Körpern immer einen Herzschlag voraus. Vers 4,23 in den Sprüchen kommt der Sache recht nahe, wenn dort hervorgehoben wird, dass das Herz tiefer reicht als der Verstand: »Behüte dein Herz mit allem Fleiß, denn daraus quillt das Leben.« Ja, dort steht auch, dass das Herz hoffnungslos böse ist, aber das zeigt immer noch, dass es der Sitz tiefer Leidenschaften ist. Wichtige Dinge geschehen im Herzen. Aus ihm »quillt das Leben«. Wir mögen mit einem Fuß hier und mit dem anderen im Jenseits stehen, doch oft ist das Herz derjenige Teil in uns, der an dem anderen Fuß zieht und zerrt, der noch im Schlamm der Erde feststeckt, und sagt: »Reiß dich doch von den irdischen Bildern los, ja? Schau, dein anderer Fuß ist sowieso hier. Hier oben ist das, wonach du dich sehnst.«

Wirklich? Weiß unser Herz tatsächlich die Antwort?

Hat unser Herz etwas auf dieses unverkennbare Echo zu erwidern?

Können wir vertrauen, dass unser Herz *wirklich* weiß, was es will?

Wenn Menschen mit einer Not zu Jesus kamen, reagierte er seltsamerweise oft mit der Frage: »Was willst du?« Ich habe immer schon gefunden, dass es eine komische Reaktion ist, denn erstens konnte er ihre Gedanken lesen, und zweitens war ihr Bedürfnis oft deutlich genug – wie etwa bei Bartimäus, dem blinden Bettler. Aber Jesus hat seine Gründe für diese Frage. Er drängt uns, die Wunschliste unseres Herzens zu durchforsten, weil er weiß, dass wir etwas Tieferes wünschen als die Erfüllung einiger oberflächlicher Bedürfnisse.

Und was den Himmel betrifft, weiß er, dass wir etwas Fundamentaleres wünschen als Vergnügen, Wohlergehen oder Kraft. Unser Herz meint, dass es verzweifelt in den Garten zurückgelangen möchte oder, wenn nicht dorthin, an irgendeinen Ort, wo unsere Unschuld und Identität uns gehören. C. S. Lewis schreibt: »*Von daher ist unser lebenslanges Heimweh, unsere Sehnsucht nach Wiedervereinigung mit Etwas im Universum, von dem wir uns jetzt abgeschnitten fühlen, der Wunsch danach, hinter einer Tür zu sein, die wir bis jetzt nur von außen sehen, keine neurotische Wahnvorstellung, sondern der echteste Indikator unserer tatsächlichen Situation. Wenn wir schließlich hineingerufen werden, ist das Herrlichkeit und Ehre ... und gleichzeitig die Heilung dieses alten Schmerzes.*« [4]

Die Heilung dieses alten Schmerzes

Mit Versuchen, diesen alten Schmerz zu heilen, hat das menschliche Herz eine Menge Erfahrungen. Es ist ruhelos, tobt, versucht dies und probiert jenes in der Hoffnung, Erfüllung zu finden, etwas zu besitzen, was uns Unschuld, Identität und ... den Himmel geben kann. Allerdings möchte unser armes, verwundetes Herz eigentlich gar nicht so sehr den Himmel besitzen, als vielmehr von ihm in Besitz genommen werden. Es sehnt sich weniger nach Vergnügen, denn Vergnügen kann sich erschöpfen; nachdem wir es erlebt haben, ist es vorbei. Unser Herz will etwas Herrliches, was von Dauer sein wird. Ja, wenn das möglich wäre.

Was das Herz wünscht, ist Ekstase.

Ekstase ist jene erstaunliche Euphorie, bei der wir uns selbst völlig vergessen und uns doch selbst finden. Im Duden wird sie als ein Zustand der Verzückung beschrieben, als eine Art Freudenrausch, und in der Herleitung des Begriffs wird erklärt, dass das griechische Wort *ékstasis* ein »Aus-sich-heraustreten« bedeutet. Doch eine derart überwältigende Erfahrung lässt sich nicht in einem Wörterbuch definieren. Um ihre wahre Bedeutung zu erfassen, muss man die Ekstase selbst erfahren.

Es ist eine beglückende Verzückung. Eine intensive Freude. Eine reine Leidenschaft. Wenn es um den Himmel geht, wollen wir ergriffen und in etwas Großes und Wunderbares außerhalb unserer selbst hineingenommen werden. Wir wollen in eine Freude mitgerissen und eingeschlossen werden, die jede Faser unseres Seins durchtränkt. Eine Freude, die die Zeit stillstehen lässt. Wir möchten jedes Gefühl für Zeit – und damit auch Enttäuschung – verlieren. Wie Elia in seinem Wagen möchten wir ergriffen und fortgetragen werden.

Das ist es, was unser Herz will. Das würde Himmel ohne Langeweile sein.

Ich bin überzeugt, dass die Ekstase des Himmels nicht in den Sälen einer geweihten Wohnstätte hinter einer Galaxie zu finden ist, in der Vögel zwitschern und Orgeln mit schwerem Tremolo ertönen und Engel von Wolke zu Wolke hüpfen. Ein derartiger irdischer Vergleich zielt ins Leere. Es ist nicht einmal ein biblischer Vergleich, sondern ein überzuckertes, oberflächliches Bild.

Nein, wenn ich meinem vom Geist inspirierten Herzen die Zügel schießen lasse, erhalte ich ein ganz anderes Bild. Gestern

Abend erlebte ich einen Vorgeschmack auf den Himmel, als ich in den Hintergarten hinausrollte, um den Vollmond zu betrachten. Vollkommen rund und blassweiß schimmerte er durch einen transparenten Schleier hoher, dünner Wolken. Hier und dort blinzelten versprengte Sterne, und weiter unten an der Straße spielte jemand eine Chopin-Melodie auf einem Klavier. Eine warme Brise streifte mich. Ein halb vergessenes Gedicht kam mir in den Sinn, während ich angestrengt versuchte, die Sterne zu sehen: »Winzige Gucklöcher in einer großen schwarzen Wand waren sie, durch die die Festlichter des Himmels hindurchstrahlten.«

Für den Bruchteil einer Sekunde war ich in Ekstase. Mein Herz zersprang vor Freude, und dann ... war alles verflogen. Wann immer wir in eine Ekstase stolpern, weiß unser Herz ohne jeden Zweifel: *Das* ist es. Es ist eine herrliche Heilung jenes alten Schmerzes, und sei es auch nur für einen kurzen Augenblick. Verliebte empfinden es besonders häufig. Sie stolpern in die Liebe hinein, verlieren sich selbst, und sehen sich dann von etwas überwältigt, was von ihnen Besitz ergreift. Und das ist ekstatisch.

Sie wissen, wie das ist. Sie wissen, wie es sich anfühlt. Allein der Gedanke an die sanften Augen und das zärtliche Lächeln des angebeteten Menschen genügt, um Ihr Herz schwach werden und Ihren Atem stocken zu lassen. Es prickelt schon, wenn Sie nur in demselben Raum zusammen sind. Sie bestürmen ihn mit Fragen, nur um den Klang seiner Stimme zu hören. Und der Gedanke an einen Kuss? Eine Umarmung? Sie schmelzen fast dahin.

So wie diese Art von Liebe, die romantische Liebe, so nahe kommen viele Menschen der Heilung jenes alten Schmerzes. Das Problem ist nur, dass die meisten Leute vergessen, dass diese romantische Liebe, so wie auch die anderen Formen der Liebe – *agape, phileo* oder *eros* –, dazu bestimmt sind, uns zu einer größeren, erfüllenderen Freude zu weisen, die uns verzückt. Menschen sind entzückt über die Herrlichkeit, die sie in dem oder der Geliebten sehen, und sie vergessen, dass diese Herrlichkeit nicht so sehr *in* diesem Menschen ist, als vielmehr *durch* ihn oder sie hindurchscheint. In dieser Hinsicht sind die meisten Menschen blind. Sie erkennen nicht, dass alle Herrlichkeit aus einer Quelle jenseits des geliebten Menschen entspringt, wie Licht, das sich in einem Spiegel bricht. Sie begehen den Fehler, den Menschen, von dem sie so hingerissen sind, zum Idol zu erheben, statt die feinen Winke zu lesen, die ihnen zuflüstern: »Nicht ich bin es ... nicht in meinen Augen liegt es ... ich bin nur die Erinnerung an etwas, an einen anderen. Sag schnell, an wen erinnere ich dich? Hier ist ein Hinweis: Ich bin im Ebenbild Gottes geschaffen.«

Die meisten Menschen erfassen diesen weitreichenden und herrlichen Hinweis nicht. Sie vergessen, dass die menschliche Seele dazu geschaffen wurde, etwas zu genießen, was nie gegeben, sondern nur angedeutet wurde. Sie vergessen, und so legen sie dem geliebten Menschen die unglaubliche Bürde in die Hände, den Freudenkelch ständig überfließen zu lassen; den Schultern des geliebten Menschen bürden sie die Last einer beständigen Ekstase auf, die nur Gott tragen kann. Die Folge? Sie sind bitter enttäuscht, wenn die Romanze verebbt und der Mensch, den sie verehren, sich nicht als Gott erweist und es nicht schafft, sie unaufhörlich zu verzaubern. Und dann auf zum nächsten Liebhaber. Und zum nächsten Gott. Und zum nächsten.[5]

Bei Christen ist es anders. Wir werden in 1. Petrus 1,22 und 4,8 sowie an anderer Stelle zu Recht angespornt, uns »untereinander beständig ... aus reinem Herzen« zu lieben. Und das aus gutem Grund. Erstens erfassen Christen den Wink, erkennen die Hinweise und verstehen, dass der Mensch, den wir lieben, das Ebenbild Gottes trägt. Wir haben die »Heimatantenne«, die

Fluginstrumente, die uns erkennen helfen, dass die in der Ewigkeit konvergierenden Linien *nicht* im Gesicht des Menschen zusammentreffen, den wir lieben, sondern hindurchlaufen und sich im Antlitz Gottes treffen. Einander innig zu lieben heißt anzuerkennen, dass die göttliche Herrlichkeit, die sich in den Augen des anderen spiegelt, *in der Tat* aus einer jenseits liegenden Quelle entspringt. Dies macht christliche Liebe um so köstlicher und jeder Freund ist eine offene Einladung, in ihm oder ihr Jesus zu sehen. So wie es in dem Lied heißt:

I see Jesus in your eyes and it makes me love Him,
I feel Jesus in your touch and I know He cares,
I hear Jesus in your voice and it makes me listen. [6]
(Ich sehe Jesus in deinen Augen und möchte ihn lieben;
ich spüre Jesus in deiner Berührung und weiß, er sorgt für mich;
ich höre Jesus in deiner Stimme und möchte zuhören.)

Und was noch wichtiger ist: Die Liebe, die Christen miteinander teilen, währt viel länger als jede alte Romanze. Sie währt länger als ein Menschenleben.

Zweitens verfügen wir über ein eingebautes Warnsystem, das Alarm schlägt, wenn wir anfangen, den geliebten Menschen zum Idol zu erheben. Es plärrt: »Falsche Koordinaten! Die Linien konvergieren nicht in diesem Gesicht, sondern im Antlitz Gottes! Rückkehr zur richtigen Spur erforderlich!« Gott möchte, dass wir in der menschlichen Liebe einen Wegweiser zur göttlichen Liebe erkennen lernen. Wir sollen lernen, wo der Zielpunkt der Liebe liegen sollte, und nicht wie ein junger Hund mit dem Schwanz wedeln und an Herrchens Finger schnüffeln, während er versucht, ihm zu zeigen, wo sein Futter steht. Christen können und sollten die Zeichen richtig zu deuten wissen. Der Mensch, den wir lieben, ist ein Geschenk Gottes, und als Geschenk sollte er uns auf den Geber hinweisen, auf den Einzigen, der uns einen überfließenden Freudenkelch, wenn nicht gelegentlich sogar ekstatische Verzückung geben kann. Dieses Warnsystem hält die Liebe, ob zu Ehemann, Frau oder Freund, in der rechten Spur und ständig frisch.

Der dritte Punkt ist der Wichtigste: Wenn wir Christen einander innig lieben, erhaschen wir einen Blick auf jene besondere Facette der Liebe Gottes, die im Leben des geliebten Menschen geschliffen, poliert und geformt wird. Wir kosten einen Vorgeschmack auf seine wahre Identität im Himmel, wir atmen den Duft der himmlischen Person, die sie werden. Wir sehen in ihnen einen spezifischen Aspekt des Himmels; wir freuen uns und Gott empfängt die Ehre – der Spiegel reflektiert sein Ebenbild zu ihm zurück und erneut werden wir erinnert, dass er eines Tages in Ewigkeit »alles in allem« sein wird.

C. S. Lewis war mit der Art vertraut, wie ein menschlicher Spiegel eine höhere, himmlischere Herrlichkeit widerspiegelt, als er dazu aufforderte, uns: »ständig vor Augen zu halten, dass auch der langweiligste und uninteressanteste Mensch, mit dem wir hier zu tun haben, eines Tages ein Geschöpf sein kann, das wir, wenn wir es jetzt schon wüssten, ernsthaft versucht wären zu verehren«. [7]

Für mich ist das eine der ungesehenen göttlichen Realitäten. Wenn ich in die Augen eines Bruders in Christus blicke, den ich liebe, oder einer Schwester, die mir lieb ist, kann ich die geistliche Person, die sie ist, beinahe direkt hinter ihren Pupillen wahrnehmen. Außerdem kann ich nicht anders, als ihre zukünftige göttliche Erfüllung zu sehen: »Christus in euch, die Hoffnung der Herrlichkeit.« Wissen Sie also, was ich tue? In Gedanken hole ich meine Pinsel heraus, mische einige Hauttöne und male ihr Gesicht. Ich wähle eine bestimmte Farbe für die Augen oder ich neige den Pinsel für die Wangenlinie. Oft bin ich so in das Gesicht vertieft, dass ich das Gespräch nicht mehr mitbekomme. Interessant ist, dass ich mir nicht die Hände oder den Körper vornehme. Es ist das Gesicht eines Menschen, in dem die Materie hinter den Geist zurücktritt, in dem die Augen die Lampe enthüllen, die in der Seele aufleuchtet. Und, ach, wie schön diese Person ist! Ich muss sie einfach malen! Ich höre das himmlische Echo in ihrer Stimme, das unverkennbare Etwas in ihren Augen, und ich muss es einfach porträtieren. Wie ich im ersten Kapitel sagte, sind es die Maler, die besonders oft versuchen, das Echo der himmlischen Musik einzufangen. Und wenn ich diesen zeitlosen Blick in den Augen eines Menschen entdecke, eile ich in Gedanken an jene Staffelei.

In unseren Herzen finden wir einen Schatten des Himmels, besonders wenn wir einander innig lieben, denn Liebe ist eine unbewusste Sehnsucht nach dem Himmel. Wir wissen jetzt, was wir wollen. Wir kennen die Antwort auf das Sehnen unseres Herzens.

Im Herzen Gottes

Was Sie in Ihrem Herzen finden und was sich in den Menschen widerspiegelt, die Sie lieben, ist Gott. Er und nur er bewirkt die Heilung dieses alten Schmerzes. Das ist der Grund, warum der Himmel mehr sein muss als ein Ort.

Viel, viel mehr.

Es muss eine Person sein.

Wenn Sie noch nicht ganz überzeugt sind, dann stellen Sie sich einmal die Testfrage, die der heilige Augustinus vor Jahrhunderten seinen Studenten gab. Stellen Sie sich vor, dass Gott Ihnen erscheint und sagt: »Du willst den Himmel? Ich mache dir einen Vorschlag. Ich werde dir alles und jedes geben, was du dir wünschst. Nichts wird eine Sünde sein; nichts wird verboten sein; und nichts wird dir unmöglich sein. Du wirst dich nie langweilen und du wirst nie sterben. Nur ... mein Angesicht wirst du nie schauen.« [8]

Brrr! Spüren Sie diesen eiskalten Schauer in Ihrer Seele? Ihr

Herz und Ihr Verstand schrecken einmütig davor zurück. Ihre ureigenste Sehnsucht ist es, Gott mehr zu wünschen als irgendetwas sonst auf der Erde. Wie Augustinus sagte: »Für dich selbst hast du uns erschaffen; ruhelos sind daher unsere Herzen, bis sie ruhen in dir.« [9]

Ja, die Heimat unseres Herzens ist im Herzen Gottes. Er hat eine Sehnsucht nach ihm selbst in Sie hineingelegt, ein Verlangen, ihn zu erkennen und zu verstehen, wie er ist. Jede Seele verspürt die Leere, bis sie mit ihrem Schöpfer in Kontakt tritt.

Like tides on a crescent sea-beach,
When the moon is new and thin,
Into our hearts high yearnings
Come welling and surging in –
Come from the mystic ocean,
Whose rim no foot has trod –
Some of us call it Longing,
And other call it God. [10]

(Wie Gezeiten am Meeresufer bei Neumond
wenn die Mondsichel dünn erscheint,
so steigen Sehnsüchte auf
und fluten in unsere Herzen –
brechen herein vom mystischen Ozean,
dessen Ränder kein Fuß je betrat –
Einige von uns nennen es Sehnsucht,
andere nennen es Gott.)

Vergnügen und Schätze auf der Erde mag man suchen und doch nicht finden, aber nur Gott bietet die Gewähr, dass er sich finden lassen *wird.* »Ihr werdet mich suchen und finden; denn wenn ihr mich von ganzem Herzen suchen werdet, so will ich mich von euch finden lassen, spricht der Herr, und will eure Gefangenschaft wenden« (Jeremia 29,13–14). Hurra, kein Exil mehr! Keine Fremden mehr in einem fremden Land! Gott sichert uns zu: »Ich werde mich von euch finden lassen.«

Genauer gesagt, werden wir ihn in Jesus Christus finden. Gott erleuchtet unser Herz und unseren Verstand, wenn wir aufrichtig nach der Wahrheit suchen, und offenbart uns Jesus, das fotografische Bild des Vaters, der in unzugänglichem Licht wohnt. Jesus ist die Quelle jenes unverkennbaren Echos und des himmlischen Liedes. Jesus ist Gott in menschlichem Antlitz. Er ist real und nicht abstrakt. Er lädt uns ein zu tun, was wir mit dem Unbegreiflichen nicht tun können – Er lädt uns ein, von ihm zu trinken und zu essen, zu schmecken und zu sehen, wie gut der Herr ist.

All my life I had panted
For a drink, from some clear spring,
That I hoped would quench the burning
Of the thirst I felt within.
Hallelujah! I have found Him
Whom my soul so long has craved!
Jesus satisfies my longings –
Through His blood now I am saved. [11]
(Mein ganzes Leben dürstete ich danach,
aus einer klaren Quelle zu trinken,
die, hoffte ich, den brennenden Durst stillen würde,
den ich in meinem Innern verspürte.
Halleluja! Ich habe ihn gefunden,
nach dem meine Seele sich so lange sehnte!
Jesus stillt all mein Verlangen –
durch sein Blut bin ich nun gerettet.)

»Dass Gott sich von der Seele in inniger persönlicher Erfahrung erkennen lässt, während er den neugierigen Augen der Vernunft unerreichbar fern bleibt, stellt ein Paradox dar, das sich am besten als ›Finsternis für den Intellekt, doch Sonnenschein für das Herz‹ beschreiben lässt.« [12] Jesus ist Sonnenschein für unser Herz. Nicht einfach für unsere Logik, sondern für unser

Herz. Preis sei Gott, dass wir die Anwort auf das Sehnen unseres Herzens *kennen*. Es ist Jesus!

Die Jünger Jesu waren zunächst nicht so sicher, dass dieser Mann in ihrer Mitte ihre tiefsten Sehnsüchte erfüllen würde; deshalb sagte Philippus: »Herr, zeige uns den Vater, und es genügt uns. Jesus spricht zu ihm: So lange bin ich bei euch, und du kennst mich nicht, Philippus? Wer mich sieht, der sieht den Vater!« (Johannes 14,8–9).

Unsere Sehnsüchte werden in dem Sohn Gottes gestillt, denn er »ist der Abglanz seiner Herrlichkeit und das Ebenbild seines Wesens« (Hebräer 1,3). Wir können Gott erkennen – unseren Vater, der da ist im Himmel –, wenn wir Jesus erkennen. Und ihn zu kennen, wie wir einen Menschen zu kennen wünschen, den wir lieben, ist Ekstase. Seine Einladung, in die Freude des Herrn einzugehen, ist, als würden wir auf ein Floß steigen, uns von einer quirlenden Strömung hilflos mitreißen lassen und vor sprühender Freude übersprudeln. Beachten Sie bitte, dass die Freude des Herrn nicht uns erfüllt, sondern dass wir in sie eintauchen. Wir werden von etwas Weiterem, Größerem umhüllt, von einer himmlischen »Verliebtheit«, in der wir nichts tun können, als zu lachen und die Fahrt zu genießen. Jesus lächelt, streckt seine Hand aus und heißt uns mit der Einladung auf seinem Floß willkommen: »Wer sein Leben findet, der wird's verlieren; und wer sein Leben verliert um meinetwillen, der wird's finden« (Matthäus 10,39).

Wenn Sie in die Freude des Herrn eintreten, sprudelt die Ekstase nicht nur in Freude über, sondern in Gesang. Ein Lied entspricht, wie ein Gedicht, der Sprache des Herzens mehr als reine Prosa. Das ist der Grund, weshalb die Verfasser alter Hymnen, die über Gott in Ekstase gerieten, *immer* über den Himmel sangen. Ich wette, Charles Wesley war in einer Verzückung, als er die vierte Strophe zu »Love Divine, All Loves Excelling« verfasste:

Finish then Thy new creation,
Pure and spotless let us be;
Let us see Thy great salvation
Perfectly restored in Thee:
Changed from glory into glory,
Till in heav'n we take our place,
Till we cast our crowns before Thee,
Lost in wonder, love and praise!
(Vollende deine neue Schöpfung,
rein und makellos lass uns sein;
Lass uns deine große Erlösung
vollkommen in dir wiederhergestellt sehen:
Von Herrlichkeit zu Herrlichkeit verwandelt,
bis wir im Himmel unseren Platz einnehmen,
bis wir unsere Kronen vor dir niederwerfen,
verloren in Staunen, Liebe und Lobpreis!)

Tränen strömten mir über die Wangen, als ich in der Kirche diesen letzten Vers sang: Der Himmel ist ein Ort, und auch eine Person, in der ich mich in Staunen, Liebe und Lobpreis verliere. Mein Herz verlangt, dass ich singe, wenn der Himmel durch meine Adern pulsiert.

Von Angesicht zu Angesicht

Erinnern Sie sich an meine Bemerkung darüber, wie Liebende sich immer auf das Gesicht des Menschen konzentrieren, den sie verehren? Und wie sie in diesem Gesicht eine wenn auch nur flüchtige Ekstase finden? Hier ist eine spontane Quizfrage für alle Romantiker unter Ihnen: In wessen Angesicht finden wir eine andauernde Ekstase? Gehen Sie von diesem aufschlussreichen und herrlichen Hinweis in Psalm 27,4.8 aus: »Eines bitte ich vom Herrn, das hätte ich gerne: dass ich im

Hause des Herrn bleiben könne mein Leben lang, zu schauen die schönen Gottesdienste des Herrn und seinen Tempel zu betrachten ... Mein Herz hält dir vor dein Wort: ›Ihr sollt mein Antlitz suchen.‹ Darum suche ich auch, Herr, dein Antlitz.« Und wenn Sie noch eine Erinnerung brauchen, beachten Sie Psalm 105,4: »Fraget nach dem Herrn und nach seiner Macht, suchet sein Antlitz allezeit!« Die Linien der Ewigkeit konvergieren im Angesicht unseres Erlösers. Da ist es kaum verwunderlich, dass ich nicht nur die Gesichter von Freunden, die ich liebe, in Gedanken malen möchte, sondern auch das Antlitz Jesu.

Da Sie die Antwort auf diese Frage wissen, ist die nächste einfach: Was sind die richtigen Koordinaten für die Ausrichtung Ihres Glaubens? Der Glaube, von dem ich bisher gesprochen habe, ist nur die Linse, die Brille für »erleuchtete Augen des Herzens« (Epheser 1,18). Der Glaube, den ich beschrieben habe, ist nur eine Art, etwas zu sehen, also zu glauben. Aber das ist nicht die ganze Geschichte.

Die richtigen Koordinaten, auf die wir die Augen des Herzens konzentrieren sollten, stehen in Hebräer 12,2: Lasst uns »aufsehen zu Jesus, dem Anfänger und Vollender des Glaubens«. Jesus ist die Unsichtbare Göttliche Realität. Alles wird seine zukünftige göttliche Erfüllung in ihm finden. »Denn auf alle Gottesverheißungen ist in ihm das Ja«, steht in 2. Korinther 1,20. Also *alle* Verheißungen. Der Anfänger und Vollender hat jede unsichtbare göttliche Absicht erdacht und den Plan gefasst, sie als Teil des Wunders des Himmels zu erfüllen, »damit er in allem der Erste sei« (Kolosser 1,18).

Alles, vom *Pikes Peak* bis zu unserem in Vollmondlicht getauchten Garten, jeder Hauch von Schönheit hier ist nur der Schatten von etwas weitaus Schönerem dort, und »wir wissen, dass die ganze Schöpfung bis zu diesem Augenblick mit uns seufzt und sich ängstet« (Römer 8,22). Die Schöpfung seufzt vor Sehnsucht, mit der Schönheit bekleidet zu werden, die ihr Designer ursprünglich beabsichtigte.

Nicht nur dieser staubige kleine Planet wird Erfüllung finden, sondern auch, so Gott will, die Teenagerin in dem weißbestickten Kleid. Die zwei Iraner an der Tankstelle. Und das kleine asiatische Mädchen im Friseursalon, denn »auch wir selbst, die wir den Geist als Erstlingsgabe haben, seufzen in uns selbst und sehnen uns nach der Kindschaft«. Er wird uns viel mehr geben als die Unschuld, nach der wir im Garten Eden suchten; er hat uns seine Gerechtigkeit zugesprochen. Unsere zukünftige göttliche Erfüllung wird im ersten Johannesbrief angedeutet, denn eines Tages werden wir »ihn sehen, wie er ist«, und wir werden »ihm gleich sein«. Vollständig.

Nach dem Himmel zu streben heißt, nach ihm zu streben. Nach ihm zu streben heißt, den Himmel zu finden.

So einfach ist das. Wenn Sie von ganzem Herzen nach Jesus streben, können Sie gar nicht anders, als himmlisch gesinnt zu sein und mit Psalm 73,25 zu seufzen: »Wenn ich nur dich habe, so frage ich nichts nach Himmel und Erde.«

Einige werden jedoch sagen: »Augenblick mal, es gibt eine Menge anderer Dinge, die ich mir auf der Erde wünsche. Außerdem kenne ich Jesus schon; ich bin errettet – schon seit fünfzehn Jahren –, aber noch immer nicht von der Herrlichkeit des Himmels ergriffen. Ich verspüre noch immer kein Heimweh nach dem Himmel.«

Richten Sie Ihr Herz auf das, was droben ist.

Es gibt eine Lösung. Vielleicht erfordert es Mühe und setzt Entschlossenheit voraus, aber es lässt sich lösen: »Seid ihr nun mit Christus auferstanden, so sucht, was droben ist, wo Christus ist, sitzend zur Rechten Gottes« (Kolosser 3,1).

Dieser Vers ist ein Gebot. Wir mögen denken, dieses Gebot sei nicht so notwendig wie andere Aufforderungen in der Bibel, aber das ist es. Wenn Sie bedenken, dass das erste und größte Gebot darin besteht, den Herrn von ganzem *Herzen und Verstand* zu lieben, dann folgt, dass wir unser *ganzes Sein* (das ist gemeint, wenn von »Herz und Verstand« die Rede ist) auf das Himmlische richten sollen.

Mein Herz ist der Sitz aller möglichen Neigungen und Begierden. Ist Ihres das nicht auch? Unser Herz hat Hunger, nicht nach Nahrung, sondern nach einer ganzen Reihe falscher Koordinaten. Manchmal bringt uns dieser Herzenshunger in Schwierigkeiten, und wir wünschten, wir könnten unsere Begierden zügeln. Aber Sie werden überrascht sein zu erfahren, wer uns diese Wünsche gibt: »Und gedenke des ganzen Weges, den dich der Herr, dein Gott, geleitet hat diese vierzig Jahre in der Wüste, auf dass er dich demütigte und versuchte, damit kundwürde, was in deinem Herzen wäre, ob du seine Gebote halten würdest oder nicht. Er demütigte dich und *ließ dich hungern* und speiste dich mit Manna, das du und deine Väter nie gekannt hatten, auf dass er dir kundtäte, dass der Mensch nicht lebt vom Brot allein, sondern von allem, was aus dem Mund des Herrn geht« (5. Mose 8,2–3).

Es ist der Herr, der in uns Hunger weckt. Er ist derjenige, der diese Sehnsüchte in unser Herz gelegt hat. Zuerst erscheint uns das seltsam. Weiß Gott denn nicht, dass unser Herzenshunger uns oft in Schwierigkeiten bringt?

Gott hat gute Gründe, uns ein Herz zu geben, in dem solche Begierden wuchern. Er tut dies, um uns zu prüfen und uns zu demütigen, damit offenbar wird, was in unserem Innersten ist, und damit er sieht, ob wir ihm nachfolgen werden oder nicht. Nach dieser Aussage im 5. Buch Mose führt er uns eine ganze Reihe von Dingen vor Augen, die uns von der Spur abbringen *könnten*, aber nie liegt es in seiner Absicht, uns zu versuchen; er will uns nur prüfen und sehen, ob wir uns auf die richtigen Koordinaten einschwenken. Werden Sie dem attraktiven Gesicht des Ehemanns Ihrer besten Freundin erliegen, oder werden Sie den Himmel wählen? Werden Sie die dritte *Penn International 50W*-Angelwinde begehren oder werden Sie den Himmel ersehnen? Werden Sie vier Kreditkarten für neue Tapeten, Teppiche und Möbel verpulvern oder werden Sie in den Himmel investieren?

Hungrig zu sein ist menschlich, aber sich an Gott zu sättigen, das heißt, Ihr Herz zum Himmel vorauszuschicken. Nähren Sie Ihr Herz mit ihm, und Sie werden diese Nahrung aus dem Schlamm der Erde herausreißen und der Ewigkeit näherkommen.

Ich gebe zu, dass es ein ständiges Ringen bedeutet, unser Herz auf die Dinge von oben auszurichten. Wir wollen immer und immer nur mehr. Und wo wir unser Bürgerrecht ansiedeln – ob im Himmel oder auf der Erde –, das zeigt sich an den Dingen, nach denen wir uns leidenschaftlich sehnen. Wenn wir die faden Dinge der Erde begehren, spiegelt sich diese Fadheit in unserer Seele; wenn unsere Begierden sich nach Erfüllung in den hohen, edlen, reinen und lobenswerten Dingen ausstrecken, dann und nur dann werden wir Befriedigung finden, eine reiche Erfüllung genießen.

Die Großen im Königreich des Himmels werden einfach diejenigen sein, die ihr Herz auf Christus ausgerichtet und ihn mehr geliebt haben. Die Großen werden diejenigen sein, die einfach wieder auf die richtige Spur zurückgekehrt sind, nachdem die »Heimatantenne« ihres Herzens ihnen eine Warnung signalisierte: »Du bist nicht mehr auf der richtigen Fährte!«

Das ist die Art, wie ich leben möchte. Wenn ich lese: »Habe deine Lust am Herrn; der wird dir geben, was dein Herz wünscht« (Psalm 37,4), dann möchte ich mich auf Jesus konzentrieren und nicht auf die Wunschliste meines Herzens. Ja, mir ist bewusst, dass das Zügeln der Begierden meines Herzens meine Einsamkeit auf der Erde erhöhen wird, aber ich bin überzeugt, dass ich dazu bestimmt bin, im Himmel unbegrenzte Freuden auf der tiefsten Ebene zu genießen. Ich weiß auch, dass jetzt nichts an die Erwartungen meines sehnsüchtigen Herzens heranreicht, und dieser stille, aber hartnäckig pochende Schmerz spornt mich an, die himmlische Herrlichkeit zu erwarten.

Für mich bedeutet wahre Zufriedenheit auf der Erde, weniger von diesem Leben zu erwarten, weil im nächsten mehr kommen wird.

Zufriedenheit in Gott ist ein großer Gewinn. Ein himmlischer Gewinn. Weil Gott den Hunger in Ihrem Herzen geschaffen hat, ist es nur folgerichtig anzunehmen, dass er die Stillung dieses Hungers sein muss. Ja, der Himmel wird Ihr Herz aufleben lassen, wenn Sie Ihren Glauben nicht auf einen Ort voll glitzernder Villen ausgerichtet haben, sondern auf eine Person, auf Jesus, der den Himmel zur Heimat macht.

Richten Sie Ihr Denken auf das, was droben ist

Kolosser 3,1 beinhaltet eigentlich ein doppeltes Gebot. Wir sollen nicht nur unsere Herzen nach oben richten, wo Christus zur Rechten Gottes sitzt, sondern auch mit unserem Denken danach streben: »*Trachtet* nach dem, was droben ist.« Das ist schwer. Unsere Herzen bergen einen Schatten des Himmels, aber nicht unser Verstand. Ich kann ihn nicht beweisen.

Nehmen wir die vergangene Woche. Nach der Bibelstunde saßen einige Mädchen noch herum und fingen an, sich bei einer Tasse Kaffee zu unterhalten. Bestimmt nehmen Sie an, wir hätten über die Ermutigung des Apostels gesprochen, unser Herz und unseren Verstand auf das zu richten, was droben ist, nicht wahr? Falsch. Stattdessen diskutierten wir über die Vor- und Nachteile des neuen kleckerfreien, leicht zu bedienenden Zahnpastaspenders mit dem bequemen Verschluss, der sich mit einem Griff aufklappen oder aufdrehen lässt. Wir diskutierten über die Verkaufsaktion der *May Company* und überlegten, ob *Excedrin PM* nur ein Marketing-Gag ist oder den Versuch darstellt, mehr Menschen von Schlaftabletten abhängig zu machen. Und wir tauschten die neuesten Berichte über die Aktivitäten der *First Lady* aus.

Solche Gespräche sind nicht falsch oder unmoralisch, aber es überrascht nicht, dass Gott zu Jesaja sagte: »Denn meine Gedanken sind nicht eure Gedanken, und eure Wege sind nicht meine Wege ... sondern so viel der Himmel höher ist als die Erde, so sind auch meine Wege höher als eure Wege und meine Gedanken als eure Gedanken« (Jesaja 55,8–9). Irgendwie glaube ich kaum, dass Gott die ganze Nacht hindurch grübelt, warum wir Menschen eigentlich nicht in der ganzen Welt die Steckdosen standardisieren.

Gottes Gedanken sind höher als unsere. Und diese Kluft muss überbrückt werden. Meine Gedanken müssen sich zum Himmel aufschwingen, wo Christus zur Rechten Gottes sitzt. Das bedeutet mehr, als nette Pfadfindergedanken zu denken, die sauber und ehrfürchtig sind. »Trachtet nach dem, was droben ist« bedeutet genau das: über die Dinge nachzudenken, die droben sind.

Dies wurde mir auf einmal klar, als wir vor kurzem bei einer Italienreise die Basilika in Rom besichtigten. An der Vorderseite der bauchigen Kathedrale, die mit ihrem italienischen Marmor, den Mosaiken und Statuen beeindruckte, befand sich nicht der Altar, den ich erwartet hatte. Stattdessen stand dort ein großer Thron. Er war aus dunklem goldbraunem Holz gefertigt und von vergoldeten Wolken und Blitzen umgeben. Sonnenstrahlen fluteten durch die hohen Fenster herein und tauchten das ganze Areal in warme, leuchtende Farben. Das mag protzig klingen, aber eigentlich war es eher inspirierend. Es war eine angenehme Überraschung, wenn auch eine schwache Darstellung des wahren Thrones der Herrlichkeit im Himmel.

Nachdem ich wieder zu Hause war, dachte ich eines Abends über den Thron in der Basilika nach, als ich im Bett lag. Er war überhaupt nicht mit dem Thron zu vergleichen, der in Daniel 7,9–10 beschrieben wird: »Einer, der uralt war, setzte sich ... Feuerflammen waren sein Thron und ... Tausendmal Tausende dienten ihm.« Ich versuchte, mir den wahren Thron vorzustellen, und es wurde eine wunderbare Übung, meine Gedanken auf das auszurichten, was droben ist. Diese irdische Bildersprache eines von Flammen umschlossenen Throns klangen in meinen Ohren ein wenig wie *Der Krieg der Sterne*, also konzentrierte ich mich auf den Vers, in dem steht, dass er im Lobpreis seines Volkes thront.

Ich beschloss, genau darüber nachzudenken: Ein Thron, der aus dem Lobpreis von Menschen besteht. Jede Fuge und jeder Fuß bedeutete: »Du bist würdig!« oder: »Du bist heilig!« oder »Dein Name ist wunderbar!« und vieles mehr. Ich stellte mir Gottes Freude vor, wie er sich an solche Loblieder lehnte. Nicht unsere Art von Gartenstuhl-Vergnügen, sondern ein Lachen voller Freude, denn »der im Himmel wohnt, *lachet*« (Psalm 2,4). Es dauerte gar nicht lange, da musste ich selbst lachen und fühlte mich leichten Herzens mit Christus an himmlische Orte versetzt; dann fiel ich anbetend nieder und pries ihn aus Dankbarkeit, dass er mir Zugang in das innere Heiligtum gewährte und mir die Ehre schenkte, ihm einen Thron aus Lobpreis zu bauen.

Ist so etwas allzu himmlisch gesinnt? Auf keinen Fall. Wenn meine Gedanken über die Bibel und ihre Symbole für den Himmel brüten, dann hat mein Glaube Nahrung, um zu wachsen. Diese Zeit der Meditation half mir, meinen Fuß weiter aus dem

Schlamm der Erde herauszuziehen; sie machte mir das Herz leichter und mein Denken reiner.

Unsere Gedanken auf Christus zu konzentrieren bedeutet nicht nur, das Göttliche im Himmel zu betrachten, sondern auch das Göttliche auf der Erde. Denken Sie an Jesus und nur an ihn. Denken Sie über Philipper 4,8 nach und seien Sie auf alles bedacht, »was wahrhaftig ist, was ehrbar, was gerecht, was rein, was liebenswert, was einen guten Ruf hat, sei es eine Tugend, sei es ein Lob« in Bezug auf Christus. Stellen Sie sich Jesus vor, wie er die kleinen Kinder segnet, und erwähnen Sie ihm gegenüber im Gebet, wie gnädig und freundlich er Ihnen erscheint, wie liebevoll es von ihm ist, ein Baby aus den Armen seiner Mutter zu nehmen, es sanft zu wiegen und seine Wange zu küssen. Stellen Sie sich vor, wie Jesus einem kleinen Jungen mit der Hand durchs Haar fährt oder wie er das Gesicht eines Mädchens in seine Hände schließt und es segnet. Wie gütig, wie liebevoll von Jesus. Stellen Sie sich vor, wie er die Wunde der Frau heilt, die seit Jahren an Blutungen litt. Wie sanft und mitfühlend von Jesus. Stellen Sie sich vor, wie er den religiösen Heuchlern eine stählerne Miene zeigt und gegen die Sünde Stellung bezieht. Wie heilig und ehrfurchtgebietend von Jesus. Und wie verändert Sie aus einer solchen Zeit des Nachdenkens hervorgehen!

Das ist die Art, wie Liebe zwischen Ihnen und Gott wirklich wächst. Denn vergessen Sie nicht, dass auch er über Sie nachdenkt. In Psalm 139,17–18 steht: »Aber wie schwer [oder kostbar] sind für mich, Gott, deine Gedanken! Wie ist ihre Summe so groß! Wollte ich sie zählen, so wären sie mehr als der Sand.« Der Sohn macht uns die Gedanken des Vaters zugänglich, indem er sich herabbeugt, um sich unseren erbsengroßen Gehirnen begreiflich zu machen. In der Bibel hat Jesus uns seine Gedanken gegeben, und wir haben den »Sinn Christi«, wenn wir ihn und seine Ideen ergreifen. Dann und nur dann können wir zum Himmel hinaufgezogen werden.

Der Himmel und Gott ... Gott und der Himmel

Über den Himmel nachzudenken heißt, über Jesus nachzudenken. Von ganzem Herzen nach dem Himmel zu streben heißt, nach ihm zu streben.

Ich nehme mir hier keine literarische Freiheit heraus. Ich mache es mir mit der Bibelauslegung nicht bequem. Der Himmel und Gott sind innig miteinander verknüpft, und das Trachten nach dem einen ist auch das Trachten nach dem anderen. In Matthäus 23,22 steht: »Wer schwört bei dem Himmel, der schwört bei dem Thron Gottes und bei dem, der darauf sitzt.« Wenn Sie beim Himmel schwören, schwören Sie bei Gott. Der Himmel ist der Ort, wo Gott so sehr *ist*, dass Sie sich auf den einen oder den anderen beziehen und buchstäblich beide meinen können.

Wann immer die Bibel vom Königreich des Himmels spricht, meint sie das Königreich Gottes. John MacArthur erklärt:

»Es ist einfach eine andere Art, Gott auszudrücken. In der Zeit zwischen dem Alten und dem Neuen Testament gebrauchten die Juden nie den Namen Gottes ... weil er in ihren Augen zu heilig war, um von ihren Lippen zu kommen. Eines der Dinge, durch die sie den Namen Gottes ersetzten, war der Himmel. Statt zu sagen: ›Ich bete Gott an‹, sagten sie: ›Ich bete den Himmel an‹. Statt zu sagen: ›Rufe den Namen Gottes an‹, sagten sie: ›Rufe den Namen des Himmels an‹. In das Königreich des Himmels einzutreten heißt, in das Königreich Gottes einzutreten.« [13]

Der König des Himmels möchte, dass wir diese enge Verbindung zwischen dem Ort und der Person sehen. Wenn unser Herz in Gottes eintaucht und wenn unser Verstand an ihn denkt, erscheinen Ort und Person nicht länger getrennt. Gott »hat uns mit auferweckt und mit eingesetzt im Himmel in

Christus Jesus« (Epheser 2,6). Erstaunlich! Wenn wir unsere Stellung in Christus verstehen, beginnen wir zu begreifen, welche Stellung wir in den himmlischen Sphären haben. In Christus sind wir *bereits eingesetzt* im Himmel. Ich spreche nicht von Astralprojektion oder irgendeinem anderen Spuk. Wir sind tatsächlich noch nicht im Himmel als einem Ort. Aber wir *sind* insofern im Himmel, als es sich um die Sphäre handelt, in der wir unter der Herrschaft Gottes und dem Segen seines Geistes leben. Wir sind dem König des Himmels unterstellt, und das versetzt uns in seinen Herrschaftsbereich. Der König ist ebenso gekommen wie sein Königreich. Der König ist in unserer Mitte, und sein Königreich ist in uns. Alle Zeichen deuten auf dort *und* auf hier. Alle Zeichen führen zu ihm, weil alle Zeichen von ihm kommen.

Machen Sie hier von Ihren Augen des Glaubens Gebrauch. Dies ist noch eine jener unsichtbaren göttlichen Realitäten. »Ihr seid gekommen zu dem Berg Zion und zu der Stadt des lebendigen Gottes, dem himmlischen Jerusalem, und zu den vielen tausend Engeln, und zu der Versammlung und Gemeinde der Erstgeborenen, die im Himmel aufgeschrieben sind« (Hebräer 12,22–23). Warum stehen alle Verben in der Gegenwart? Nun, wie ich in einem früheren Kapitel schon sagte, *könnte* es etwas mit der anderen Art von Zeit zu tun haben, die im Himmel existiert, oder mit der nächsten und neuen Dimension von Häusern und goldenen Straßen. Noch wahrscheinlicher will Gott aber einfach unsere Vorstellungskraft sprengen und unsere Herzen höher schlagen lassen mit einer gegenwärtigen Begeisterung, einer sozusagen direkt vor der Tür liegenden Vorfreude auf den Himmel. Ist das nicht die Art und Weise, wie Fremde auf ausländischem Boden normalerweise über ihre Heimat empfinden?

Leben Sie in der Gegenwart des Himmels und Sie werden den himmlischen Duft der Person riechen, zu der Sie dort werden. Ihr Leben wird an Intensität und Tiefe gewinnen. Sie werden hart an der Selbstprüfung bleiben, weil Sie verstehen, dass Sie der Erde durch Ihre Worte und Taten ungeheuer viel Gutes tun können. Ihr himmlisch inspirierter Glaube wird Ihnen Freude und Frieden geben, ohne jede Schau und ohne viel Gerede.

Vor allem werden Sie anfangen, sich zu Hause zu fühlen. Sie werden anfangen, unseren Vater im Himmel nicht als den Unbegreiflichen zu sehen, sondern so, wie Jesus ihn sieht: als Abba-Vater. Als Papa. Heimat ist da, wo Papa ist.

Gehen wir heim

Ich mag die Erde. Aber mein Herz schlägt für den Himmel. Calabasas in Kalifornien ist ganz nett, aber es verblasst im Licht himmlischer Sphären. Die Heimat hier ist ziemlich schön, aber meine Heimatantenne lässt mich oft auf die Veranda vor unserem Haus hinausgehen, meine Augen beschatten und Ausschau halten nach »einem Land weit in der Ferne«. Ich habe ein herrliches Heimweh nach dem Himmel, einen tiefen und durchdringenden Schmerz. Ich bin ein Fremdling in einem fremden Land, ein Deportierter mit einem glühenden und leidenschaftlichen Schmerz, der – ach – so befriedigend ist. Das Seufzen ist ein Segen. Wie köstlich, Heimweh nach dem Himmel zu verspüren, denn »wenn kommt, was man begehrt, tut es dem Herzen wohl« (Sprüche 13,19).

Besonders klar wurde dies bei einer unserer kürzlichen *Joni-and-Friends*-Freizeiten symbolisiert, die wir für die Familien behinderter Kinder anbieten. Nach einer Woche mit Rollstuhl-Wanderungen, Bibelstudien, Kunst- und Bastelarbeiten hörte ich zu, während das Mikrofon von Familie zu Familie weitergereicht wurde und alle unter Tränen berichteten, wie wunderbar die Zeit für sie gewesen war. Einige sprachen von neuen Freundschaften, die sie geschlossen hatten. Andere von den Spielen, der Musik und den Wanderungen. Einige wünschten, die Woche würde nie zu Ende gehen.

Dann hob der kleine rothaarige, sommersprossige Jeff die Hand. Dieser Junge mit Downsyndrom hatte während der Freizeit die Herzen vieler Erwachsener gewonnen. Sein einnehmendes Lächeln und seine fröhliche Art bezauberte die Leute. Alle lehnten sich unwillkürlich nach vorn, um seine Worte zu hören. Jeff nahm das Mikrofon, fasste sich kurz und brüllte freundlich: »Geh'n wir nach Hause!« Er lächelte, verbeugte sich und gab das Mikrofon zurück. Alle Familien brachen in lautes Gelächter aus.

Seine Mutter erzählte mir später, dass Jeff sich zwar ganz und gar in die Aktivitäten dieser Woche gestürzt hatte, aber dennoch seinen Daddy zu Hause vermisste.

Ich kann mich mit Jeff identifizieren. Die guten Dinge dieser Welt sind schon sehr angenehm, aber würden wir uns *wirklich* wünschen, es würde immer so weitergehen? Ich glaube kaum. Die schönen Dinge dieses Lebens sind nur Vorahnungen größerer, herrlicherer Dinge, die noch kommen sollen. Gott will nicht, dass wir diese Welt als bleibende Heimat missverstehen. Es war C. S. Lewis, der davon sprach, gemütliche Wirtshäuser auf unserer Reise zum Himmel nicht mit der Heimat zu verwechseln. Ich halte es mit ihm und mit Jeff. Es ist ein gutes Leben, aber ich freue mich darauf, nach Hause zu kommen.

Ich vermisse meine Heimat.

Ich vermisse Gott.

7 Der Himmel: Die Heimat der Liebe

Wenn man verliebt ist, fällt das Warten schwer. Das gilt heute genauso wie vor zweitausend Jahren. Fragen Sie nur Judith, eine junge jüdische Frau, die auf den Hügeln in der Nähe Jerusalems wohnte, und Nathaniel, der in der Stadt aufwuchs.

Für Judith begann die Romanze lange vor ihrer Verlobung mit Nathaniel. Sie war noch ein kleines Mädchen und schöpfte Wasser aus einem Brunnen vor den Toren Jerusalems, als sie einander begegneten, und die Art, wie sie einander anlächelten, war ihren Eltern nicht entgangen. Die Jahre vergingen, ihre Freundschaft vertiefte sich, und es dauerte nicht lange, da dachten die beiden Familien von Judith und Nathaniel über eine Hochzeit nach. Die Eltern trafen die Entscheidung, in die Judith und Nathaniel gern einwilligten. So war es Brauch. So war es bei den Juden üblich.

Die Hochzeitsglocken begannen den beiden zu läuten, als Nathaniel den ersten Schritt tat. Er verließ eines Morgens sein Zuhause in Jerusalem und machte sich auf den Weg in Judiths Dorf, um mit ihrem Vater über eine Verlobung zu sprechen. Als er sich ihrem Haus näherte, schwitzten seine Handflächen – nach jüdischer Tradition war die Verlobung wichtiger als die Hochzeit selbst!

Er wusste, dass es zwei Dinge zu besprechen gab, um einen Verlobungsbund zu besiegeln. Erstens würde er bei Judiths Vater um die Hand seiner Tochter anhalten. Dann würde er über den Preis verhandeln, um seine Braut zu bekommen, eine Mitgift, die Judiths Familie zeigen sollte, dass er – Nathaniel – die entsprechenden Mittel besaß, um ausreichend für sie zu sorgen. Er liebte Judith so sehr, dass er bereit und gewillt war, eine große Summe zu geben – er und sein Vater hatten darüber gesprochen und waren sich einig, dass Judith jeden Einsatz wert war.

An diesem Morgen wurde Nathaniel nicht enttäuscht. Judiths Vater gab ihm mit Freuden seine Tochter zur Frau, und sie einigten sich auf eine Mitgift. Glücklich nahm Nathaniel seine neue Braut entgegen, und der Verlobungsbund wurde besiegelt. An jenem Nachmittag bestätigten Braut und Bräutigam ihren Bund in einer formellen Zeremonie, indem sie gemeinsam aus einem Kelch Wein tranken. Es war ein schönes Symbol ihres Ehebundes, und Judiths Familie tauschte Umarmungen, Küsse und Tränen aus. Nathaniel und Judith waren von diesem Moment an offiziell verheiratet, ein Bund, der nur durch Scheidung aufgelöst werden konnte.

Voll glücklicher Vorfreude verabschiedete Nathaniel sich später an jenem Nachmittag und kehrte zum Haus seines Vaters zurück. Als Judith ihren Bräutigam fortgehen sah, wurde ihr bewusst, dass sie beide noch eine Menge zu tun hatten, um sich vorzubereiten. Nathaniel kehrte zum Haus seines Vaters zurück, um eine Wohnung für sie beide vorzubereiten. Sie wusste, dass er einen schönen großen Anbau errichten würde, wo sie beide mit Nathaniels Familie unter einem Dach leben würden. Aller Wahrscheinlichkeit nach würde es ein ganzes Jahr dauern, bevor ihr Bräutigam wiederkommen und Judith in sein eigenes Haus holen würde. Sie konnte es kaum abwarten!

Die Wochen und Monate zogen sich in die Länge, aber Judith wusste, dass er treu zu seinem Versprechen stehen würde. Sie beschäftigte sich damit, verschiedene Dinge für ihr neues Zuhause zu sammeln, möglichst viel zu lernen, um eine gute Ehefrau zu werden, und mit ihren Brautjungfern davon zu träumen, wie das Eheleben sein würde. Doch insgeheim, wenn sie in ihrem Zimmer allein war, sehnte sie sich schmerzlich nach

Nathaniel. Die Trennung zwischen ihnen erschien ihr endlos.

Eines Morgens wachte Judith auf und stellte fest, dass fast ein ganzes Jahr vergangen war. Sie wusste, dass Nathaniel nun jederzeit kommen konnte. Außerdem wusste sie, dass er und seine Brautführer sie nachts holen würden. Auch das war Brauch. In welcher Nacht? Sie hatte keine Ahnung, und das steigerte die Vorfreude nur noch. Judith ließ allen Brautjungfern ausrichten, sich jederzeit bereitzuhalten.

Eines Abends nach dem Essen, als sie sich aus dem Fenster lehnte, hörte Judith in der Ferne ein schwaches Rufen: »Der Bräutigam kommt! Er kommt!« Es war so weit! Schnell sprang sie auf und lief in ihr Zimmer, um die Sachen zu holen, die sie gepackt hatte; sie konnte nur hoffen, dass ihre Freundinnen im Dorf das Rufen ebenfalls gehört hatten. Inzwischen marschierte Nathaniel mit seinen Freunden in einem Fackelzug auf das Dorf zu. Immer mehr Umstehende erkannten die Hochzeitsgesellschaft, ließen sich von der Festfreude anstecken und riefen einander die gute Nachricht von einem Häuserblock zum anderen zu. Der Bräutigam war auf dem Weg!

Die Brautjungfern schnappten den Ruf auf und eilten zu Judiths Haus, um ihr beim Anlegen des Brautkleids zu helfen. Nur wenige Augenblicke später hielt der Fackelzug draußen vor der Tür. Judith warf einen Blick aus dem Fenster. Die Öllampen warfen ihr flackerndes Licht auf die Straße, während sie an langen Holzstöcken baumelnd hochgehalten wurden. Ihre Brautjungfern hörten das Lachen und Singen unten auf der Straße und stimmten ihr eigenes Lied an. Judith warf noch rasch einen Blick auf den polierten Metallspiegel, bevor sie und ihre Familie hinauseilten, um Nathaniel und seine Brautführer zu begrüßen.

Als die Braut in ihrem Brautkleid durch die Tür auf die Straße trat, jubelte die Hochzeitsgesellschaft. Unter Lachen und Gesang nahm Nathaniel Judiths Hand und gemeinsam wanderten sie mit der Hochzeitsgesellschaft im Schein der Fackeln zurück zum Haus von Nathaniels Vater, wo die Hochzeitsgäste schon warteten. Als sie dort ankamen, begrüßten Judith und Nathaniel die Gäste und luden alle zum Hochzeitsmahl ein. Nun war endlich der Augenblick gekommen, ihre Ehe zu vollziehen, und nachdem sie sich entschuldigt hatten, zogen sie sich in die Brautkammer zurück. Während die Brautführer und Brautjungfern draußen warteten, nahm Nathaniel seine Geliebte bei der Hand und führte sie allein in die Brautkammer. In der Verborgenheit der Kammer schloss er sie in seine Arme, küsste sie und legte sich nach einer Weile mit ihr auf ihr gemeinsames Bett; nun erfüllte sich der Bund, den sie ein Jahr zuvor geschlossen hatten. Für sie beide war es Ekstase, und die lange Wartezeit machte ihr Liebesspiel nur um so zärtlicher und erfüllender.

Nach einer Weile verließ Nathaniel die Brautkammer und gab den Wartenden Freunden den Vollzug ihrer Ehe bekannt. Wie ein Lauffeuer breitete sich die Nachricht zu den anderen Hochzeitsgästen an der Festtafel aus und das eigentliche Feiern begann – die ganze Straße hinunter wurde getanzt, musiziert und gelacht. Doch während all dieser Zeit blieb Judith in der Verborgenheit der Brautkammer. Auch das war ein jüdischer Brauch, die sogenannten »verborgenen Tage«. Doch am Ende des siebten Tages der Hochzeitsfeierlichkeiten führte der Bräutigam seine Braut mit aufgedecktem Schleier aus der Brautkammer. »Begrüßt nun bitte die Frau des Bräutigams«, verkündeten Nathaniels Freunde, und alle klatschten dem neuen Ehepaar begeistert zu.

Ihr ganzes Leben lang hatten die beiden sich nach diesem Moment gesehnt, und von diesem Tag an lebten Nathaniel und Judith glücklich zusammen bis an ihr Lebensende. [1]

Siehe, der Bräutigam!

Ich habe diese Geschichte über den alten jüdischen Verlobungsbrauch nicht herausgekramt, um eine geschichtliche Lektion zu vermitteln, sondern eine geistliche. Die Liebesgeschichte zwischen Judith und Nathaniel ist randvoll mit herrlichen Symbolen für Sie und mich, während wir auf den Himmel warten. Symbole, die erklären, warum ich mich nach meinem Erlöser sehne und ihn tatsächlich *vermisse*.

Johannes 3,29 sagt mir: »Wer die Braut bekommt, der ist der Bräutigam« (Gute Nachricht), und anders als es in modernen Ehen der Fall ist, bin ich sein Besitz. Mein Leben ist verborgen mit Christus in Gott, und wer ich bin, wird nicht offenbar werden, bis er erscheint. Mein Leben ist in dem Einen verborgen, der mich erlöst hat – aus *Liebe* erlöst hat. Da ist es nur natürlich, dass die Sehnsucht nach ihm mich quält und dass ich Heimweh nach ihm habe, besonders wenn ich weiß, wer er ist und was er gerade tut: »In meines Vaters Hause sind viele Wohnungen. Wenn's nicht so wäre, hätte ich dann zu euch gesagt: Ich gehe hin, euch die Stätte zu bereiten? Und wenn ich hingehe, euch die Stätte zu bereiten, will ich wiederkommen und euch zu mir nehmen, damit ihr seid, wo ich bin« (Johannes 14,2–3).

Das sind die Worte eines Liebenden. Des Liebhabers meiner Seele. Vielleicht gab es eine Zeit, in der mir die Bedeutung dieses Verses entging, doch wenn ich sie mit ihm als dem Bräutigam und mir als Braut in Verbindung bringe, dann will ich am liebsten meine Aussteuer zusammenpacken und aufbrechen.

Es erfüllt meine Liebe zum Himmel mit Kraft zu wissen, wie er über mich denkt: »Der Herr hat Lust an dir ... wie sich ein Bräutigam freut über die Braut, so wird sich dein Gott über dich freuen« (Jesaja 62,4–5). Lassen Sie das einmal einen Augenblick auf sich wirken. Er *freut* sich über Sie, und sprechen Sie dieses Wort nicht wie eine versteinerte Heiligenfigur mit tonloser Stimme aus. Sie sollten ausgelassen herumspringen, die Fäuste ballen, den Kopf zurückwerfen und laut schreien: »Er freut sich!« Jesus sprüht vor tief empfundener Liebe zu Ihnen, wenn er im Hohenlied 2,14 sagt: »Zeige mir deine Gestalt, lass mich hören deine Stimme; denn deine Stimme ist süß, und deine Gestalt ist lieblich.« So spricht ein verliebter Gott.

Es geht nicht um zuckersüße Worte. Nein. Er gab sein Leben als Brautgeschenk, und das Kreuz zeigt mir, dass er und sein Vater sich auf einen schwindelerregenden Preis einigten. Jedes Mal, wenn ich beim Abendmahl aus dem Gemeinschaftskelch trinke, erinnere ich mich an den Bund zwischen meinem Bräutigam und mir. Und ich habe ihm versprochen, dass ich zum Gedächtnis an ihn aus diesem Kelch trinken werde, bis er kommt.

Bis er kommt. Und das ist der harte Teil.

Warten ist so schwer. Und noch schwerer ist es, wenn man jemanden liebt.

Wie Judith in unserer Geschichte stehe ich selbst manchmal im Fensterrahmen der Zeit und frage mich: Wann, oh, wann wird er zurückkommen? Und das lässt mich auch über die übrigen Ehesymbole zwischen Judith und Nathaniel nachdenken. Stehen die Rufe, die durch die Dorfstraßen hallen, für den Ruf des Erzengels, der das Kommen Christi, des Bräutigams, ankündigt (1. Thessalonicher 4,16)? Bedeutet das plötzliche Eintreffen der Hochzeitsgesellschaft, dass er uns überraschen und wie ein Dieb in der Nacht eintreffen wird (Matthäus 24,42–44 und 1. Thessalonicher 5,2)? Jesus gibt uns in Offenbarung 16,15 einen Hinweis, als er sagt: »Siehe, ich komme wie ein Dieb. Selig ist, der da wacht.«

Was ist mit dem Bräutigam und seinen Brautführern, die auf der Straße warten? Ist das ein Symbol dafür, dass der Herr uns aus unseren Häusern entrücken und uns in den Wolken begegnen wird? Denn »zuerst werden die Toten, die in Christus gestorben sind, auferstehen. Danach werden wir, die wir leben und übrig bleiben, zugleich mit ihnen entrückt werden auf den Wolken in die Luft, dem Herrn entgegen« (1. Thessalonicher 4,16–17). Manche Leute sagen, dass das Hochzeitsmahl des Lammes während der sieben Jahre der Bedrängnis gefeiert werden wird und dass, so wie der Bräutigam seine Braut nach ihren sieben Tagen der Verborgenheit herausführte, Christus nach den sieben Jahren der Bedrängnis mit seiner Braut zurückkehren wird, um seine Feinde zu vernichten und die Herrschaft auf der Erde zu errichten. Ist das die Bedeutung hinter diesen Symbolen?

Ich weiß es nicht. Und ich brauche es auch nicht zu wissen. Meine Verantwortung als Verlobte besteht darin, vorbereitet zu sein und zu warten.

Vorbereitet sein ... als reine und makellose Braut

Ich möchte das Gesicht meines Erlösers sehen. Vielleicht ist es Ihnen nicht bewusst, aber Sie möchten das auch. Wir wollen es sehen. Wir finden es schwer, uns in einer Beziehung wohl zu fühlen – sei es mit Gott oder mit anderen Menschen –, wenn wir das Gesicht der geliebten Person nicht sehen können. Das ist der Grund, weshalb ich in Gedanken die Gesichter von Freunden malen möchte, die mir sehr lieb sind, besonders wenn ich weit von ihnen entfernt bin. Das, was ihr Wesen ausmacht, liegt in ihren Augen, im Mund, im Lächeln. Das Gesicht ist der Brennpunkt der Persönlichkeit.

Wenn wir von Braut und Bräutigam sprechen, dann liegt die wirkliche Intimität zwischen Mann und Frau in der Begegnung von Angesicht zu Angesicht. Und wenn die Bibel von Sehnsucht nach Gott spricht, drückt sie dies mit dem Wunsch aus, sein Angesicht zu sehen. Der Psalmist bittet Gott inständig:

»Lass dein Angesicht über uns leuchten. Verbirg dein Angesicht nicht vor uns.« Letztlich sehne ich mich danach, zu »schauen dein Antlitz in Gerechtigkeit, ich will satt werden, wenn ich erwache, an deinem Bilde« (Psalm 17,15).

In die Augen Gottes zu schauen heißt, Liebe, Annahme und Befriedigung zu finden.

Also, ja und nein.

Es gibt noch immer einen dicken Trennschild zwischen Gott und uns. Wir können nicht sehen, wonach unser Herz sich sehnt, denn Gott »wohnt in einem Licht, zu dem niemand kommen kann, den kein Mensch gesehen hat noch sehen kann« (1. Timotheus 6,16). Als Mose Gott drängte, ihm sein Angesicht zu zeigen, wäre er froh gewesen, eine dicke Sonnenbrille mit UV-Blocker zu haben und vorsichtig zwischen den Fingern hindurchzublinzeln, um Gott zu sehen. Aber, nein. Mose durfte nur von hinten einen kurzen Blick auf Gottes Herrlichkeit werfen, denn der Herr warnte ihn: »Mein Angesicht darf man nicht sehen« (2. Mose 33,23). Gott sagte das nicht, weil es für Mose nichts zu sehen gegeben hätte; er sagte es, weil er wusste, dass sein Licht töten würde. Kein Mensch kann Gott schauen und leben. Die strahlende Herrlichkeit Gottes hätte Mose im Bruchteil einer Sekunde in Rauch aufgehen lassen.

Selbst als Jesaja den Herrn hoch erhaben auf einem Thron »sah«, schaute er nicht Gottes Angesicht. Er erhaschte nur einen Blick auf den Saum der Ausstrahlung Gottes. Dieser Anblick stürzte Jesaja in so tiefe Verzweiflung über seine Sünde, dass er schrie: »Weh mir, ich vergehe! Denn ich bin unreiner Lippen« (Jesaja 6,5).

Sünde ist das Problem. Sünde ist mehr als ein dicker Trennschild zwischen Gott und uns, und das Eingeständnis unseres haushohen Stapels an Übertretungen wird ihn nicht verschwinden lassen. Kein noch so umfangreiches Sündenbekenntnis wird uns helfen, Gott zu sehen. Weit gefehlt. Wir haben nicht den Schimmer einer Ahnung, wie hässlich das Wesen unserer Sünde ist, bis wir zum ersten Mal einen Blick auf die Ausstrahlung Gottes erhaschen, und schon stammeln wir: »Weh mir!« Je näher der Apostel Paulus Gott kam, desto mehr rief er: »Ich bin der größte Sünder!« Früher hielt ich dies für eine anmaßende, effekthaschende Äußerung des Apostels, heute aber nicht mehr. Es ist der Ausruf eines Heiligen, der für die Sünde sensibilisiert ist.

Unsere Sehnsucht, Gott zu schauen, ist eine Sehnsucht danach – ob wir das wissen oder nicht –, unsere Sünden aufgedeckt und von Gott selbst bereinigt zu sehen. So wie Schuldgefühle ein Kind veranlassen, sich beschämt vor dem Gesicht des Vaters zu verbergen, so besteht unser tiefster Wunsch darin, rein, frei und transparent vor dem Vater im Himmel zu stehen. Und das wird nicht geschehen, bis wir sein Angesicht sehen.[2]

Das ist ein echtes Paradox. Wir sehnen uns danach, das Gesicht Gottes zu schauen, und zu gleicher Zeit schrecken wir davor zurück, das Gesicht Gottes zu schauen. Wir sind von unserer Sünde gereinigt, und doch sind wir noch unrein. Wir sind vor Gott gerechtfertigt, aber noch nicht zu Hause. Unsere Augen wurden geöffnet, aber wir können nur wie durch einen dunklen Spiegel sehen. Es ist frustrierend!

Das ist zum Teil der Grund, weshalb es uns so schwer fällt, starke Gefühle über den Himmel zu entwickeln. Sie und ich zu einer Hochzeit in den Himmel gehen? Zu unserer Hochzeit? »Seine Braut hat sich bereitet. Und es wurde ihr gegeben, sich anzutun mit schönem, reinem Leinen!« (Offenbarung 19,7–8; das Leinen symbolisiert die gerechten Taten der Heiligen). Gerechte Taten! Wir blicken an uns herunter und sehen unser Hochzeitsgewand übersät mit Flecken und Schlieren; außerdem ist der Saum zerrissen und einige Perlen und Spangen fehlen. Kein Wunder, dass wir davor zurückscheuen, unseren Bräutigam zu sehen.

Es ist eine Sache, seltsame Gefühle über eine himmlische Hochzeit zu haben, aber mir erging es bei meiner irdischen Hochzeit tatsächlich so.

Am Morgen des großen Tages legten meine Freundinnen mich auf eine Couch im Brautzimmer der Kirche, um mich anzukleiden. Sie ächzten und stöhnten, als sie meinen gelähmten Körper hin und her hievten, um mich in das riesige, störrische Hochzeitsgewand zu zwängen. Als ich wieder in meinem Stuhl saß, kam ein Ordner mit der Meldung, alle Gäste hätten ihre Plätze eingenommen und es sei nun an der Zeit zu beginnen. Als wir den Eingang der Kirche erreichten, schwangen die großen Glastüren auf und die Orgelklänge ließen uns Schauer über den Rücken laufen.

Unmittelbar vor dem feierlichen Einzug warf ich noch einen Blick auf mein Gewand. Ich war versehentlich über den Saum gerollt und das Rad hatte eine schmierige Spur hinterlassen. Mein Brautstrauß aus Gänseblümchen war verrutscht, weil meine gelähmte Hand ihn nicht halten konnte. Alles Stabilisieren mit Korsett und Stützen konnte meinem Körper keine vollkommene Haltung verleihen. Das Kleid passte einfach nicht. Es war mit einem dünnen Drahtnetz über meine Räder drapiert, warf aber trotzdem bauchige und unebene Falten. Mein Rollstuhl war, so gut es ging, aufgemöbelt worden, und doch war es dieses große, klobige, graue Ding mit Gurten, Schaltern und Kugellagern geblieben, das es immer schon war. Ich war einfach nicht das vollkommene Bild einer Braut, das man in Illustrierten sieht.

Meine letzte Brautjungfer setzte sich feierlich in Bewegung und ich schob meinen Stuhl näher an die letzte Kirchenbank, um Ken vorn am Altar sehen zu können. Groß und stattlich in seinem festlichen Anzug stand er da und wartete. Mit leicht verrenktem Kopf versuchte er, den Gang hinunterzublicken. Er hielt Ausschau nach mir. Mein Gesicht wurde glühend rot und mein Herz begann zu klopfen. Plötzlich war alles anders. Ich hatte meinen Geliebten gesehen. Wie ich aussah, spielte keine Rolle mehr. Wichtig war nur noch, nach vorn zu gelangen, um bei ihm zu sein. Ich *hätte* mich hässlich und unwürdig fühlen können, nur spülte die Liebe in Kens Gesicht das alles fort. Ich war die reine und vollkommene Braut. Das ist das, was er sah, und das ist das, was mich veränderte.

Jahre später, etwa zur Zeit unseres zehnten Hochzeitstages, fragte ich ihn: »Was hast du am Tag unserer Hochzeit gedacht?«

Seine Antwort beglückte mich. Er sagte: »An diesem Morgen wachte ich ganz früh auf vor Aufregung, dich in deinem Brautkleid zu sehen. Und obwohl ich wusste, dass Hunderte von Menschen in der Kirche sein würden, war mir klar, dass meine Augen nur dir gelten würden. Tatsächlich werde ich dieses wunderbare Gefühl nie vergessen, als ich dich in deinem Stuhl nach vorn rollen sah. Du sahst wunderschön aus.«

»Heißt das, dass du gar nicht so sehr an meinen Rollstuhl gedacht hast? An meine Lähmung?«

Einen Augenblick dachte er nach und schüttelte dann den Kopf. »Nein. Ich habe wirklich nur gedacht, wie prächtig du aussiehst.«

Unser Eintritt in den Himmel könnte ganz ähnlich sein. Ein Blick von Gott wird uns verändern. Und die Erde ist nur die Generalprobe.

Es stimmt, dass wir zur Zeit überall Flecken und Schlieren an uns sehen, und wir schrecken zurück bei dem Gedanken: *Er wird nie etwas Liebenswürdiges in mir sehen.* Dennoch sehnen wir uns danach, ihn zu sehen. Und so leben wir in Hoffnung, wie Judith in der Geschichte. Gott *wird* uns finden und er wird unseren Blicken *nicht* immer verborgen bleiben. Unser Bräutigam wünscht, dass wir uns nach ihm sehnen, während wir »warten auf die selige Hoffnung.« Und »ein jeder, der solche

Hoffnung auf ihn hat, der reinigt sich, wie auch jener rein ist« (1. Johannes 3,3).

Man nennt es »vorbereitet sein«, ihr lieben Heiligen in euren mitgenommenen Hochzeitsgewändern, und es lehrt uns, »dass wir absagen dem ungöttlichen Wesen und den weltlichen Begierden und besonnen, gerecht und fromm in dieser Welt leben und warten auf die selige Hoffnung und Erscheinung der Herrlichkeit des großen Gottes und unseres Heilands Jesus Christus, der sich selbst für uns gegeben hat, damit er uns erlöste von aller Ungerechtigkeit und reinigte sich selbst ein Volk zum Eigentum, das eifrig wäre zu guten Werken« (Titus 2,12–14).

Eines Tages wird er uns holen kommen und uns in die Augen schauen. Seine Augen werden auf uns ruhen. Und all unsere Flecken und Schlieren der Sünde werden durch einen einzigen forschenden Blick seiner Augen bereinigt sein. Es wird mehr sein, als wir erträumt, mehr als wir ersehnt haben.

Here, o my Lord, I see Thee face to face,
Here would I touch und handle things unseen;
Here grasp with firmer hand eternal grace,
And all my weariness upon Thee lean.[3]
(Hier, o mein Herr, sehe ich dich von Angesicht zu Angesicht.
Hier möchte ich unsichtbare Dinge berühren und gebrauchen,
hier ewige Gnade mit festerer Hand ergreifen,
und all meine Erschöpfung auf dich stützen.)

Warten auf den Bräutigam

Wir mögen noch von unserem Erlöser getrennt sein, aber das ist kein Grund, herumzusitzen und die Zeit totzuschlagen, bis er kommt. Jesus erklärt, was Bräute tun sollten, während sie auf ihren Bräutigam warten:

»Dann wird das Himmelreich gleichen zehn Jungfrauen, die ihre Lampen nahmen und gingen hinaus, dem Bräutigam entgegen. Aber fünf von ihnen waren töricht, und fünf waren klug. Die törichten nahmen ihre Lampen, aber sie nahmen kein Öl mit. Die klugen aber nahmen Öl mit in ihren Gefäßen, samt ihren Lampen. Als nun der Bräutigam lange ausblieb, wurden sie alle schläfrig und schliefen ein. Um Mitternacht aber erhob sich lautes Rufen: Siehe, der Bräutigam kommt! Geht hinaus, ihm entgegen! Da standen diese Jungfrauen alle auf und machten ihre Lampen fertig. Die törichten aber sprachen zu den klugen: Gebt uns von eurem Öl, denn unsre Lampen verlöschen. Da antworteten die klugen und sprachen: Nein, sonst würde es für uns und euch nicht genug sein; geht aber zum Kaufmann und kauft für euch selbst. Und als sie hingingen zu kaufen, kam der Bräutigam; und die bereit waren, gingen mit ihm hinein zur Hochzeit, und die Tür wurde verschlossen. Später kamen auch die andern Jungfrauen und sprachen: Herr, Herr, tu uns auf! Er antwortete aber und sprach: Wahrlich, ich sage euch: Ich kenne euch nicht. Darum wachet! Denn ihr wisst weder Tag noch Stunde« (Matthäus 25,1–13).

Törichte Jungfrauen sind diejenigen, die die Verlobung einfach für eine große Versicherungspolice halten, die ihnen Zugang zur Hochzeit garantiert, ohne dass sie einen Finger zu krümmen brauchen. Die weisen Jungfrauen verstehen, dass die Verlobung eine große Verantwortung mit sich bringt. Sie erkennen, dass sie zwar angetraut, aber noch vom Bräutigam getrennt sind, und so verhalten sie sich als Angetraute. Sie wachen. Sie arbeiten. Sie bleiben wach. Sie betrachten das Königreich des Himmels als »eine kostbare Perle«, als Schatz im Acker, der – schnell – erworben und gepflügt werden muss. Sie sitzen nicht herum und legen die Hände in den Schoß. Sie investieren ihr ganzes Herz in den Ehebund. Kurz gesagt: Sie verhalten sich wie Geliebte und Liebende.

Bevor Sie nun vorschnell zu dem Schluss gelangen, dies bedeute, etwas zu *tun*, rufen Sie sich ins Gedächtnis, dass es darauf ankommt, jemand zu *sein*. Warten ist eine Angelegenheit des Herzens. Auf den Herrn zu warten heißt, ihn mit überschwänglicher Zuneigung zu lieben. Mit leidenschaftlicher Freude. Auf ihn zu warten heißt, unsere Augen auf diese konvergierenden Linien in der Ewigkeit zu richten: auf Jesus.

Der Bräutigam lädt uns ein, ihn so innig zu kennen. Jesus unterstreicht diesen Aspekt der innigen Vertrautheit besonders eindringlich in Johannes 6,53–57: »Wahrlich, wahrlich, ich sage euch: Wenn ihr nicht das Fleisch des Menschensohns esst und sein Blut trinkt, so habt ihr kein Leben in euch ... Denn mein Fleisch ist die wahre Speise, und mein Blut ist der wahre Trank. Wer mein Fleisch isst und mein Blut trinkt, der bleibt in mir und ich in ihm. Wie mich der lebendige Vater gesandt hat und ich lebe um des Vaters willen, so wird auch, wer mich isst, leben um meinetwillen.«

Kein Wunder, dass bei einer solchen Sprache viele Jünger das Weite suchten! Aber bedenken Sie, dass er von einer geistlichen Intimität spricht.

Also, ich bin keine, die sich aufbläht und sich als weise Jungfrau bezeichnet. Aber ich bin dankbar, in Bezug auf diese Sache mit der geistlichen Intimität eine große Unterstützung zu haben. Meinen Rollstuhl. Ein langer Tag im Rollstuhl erschöpft mich, und so muss ich mich abends oft schon um halb acht hinlegen. Und wenn ich reglos im Bett liege, habe ich jede Menge Zeit, auf Jesus zu warten und die Augen meines Herzens auf diese himmlischen Koordinaten einzustellen. Mein Schlafzimmer ist ein stiller Raum mit sanfter Beleuchtung. Keine Musik. Kein Fernseher. Die Uhr tickt. Bei einer leichten Brise klingelt das Windspiel. Unser Hund Scrappy rollt sich manchmal unten am Bett ein und schnarcht leise. Es ist ein Ort, an dem ich nichts *tun* kann ... ich kann nur *sein*. Und ich bin entschieden, eine weise Jungfrau zu sein, die ihre Liebe in den Ehebund fließen lässt.

Ich richte mein Herz auf den Himmel und singe dem Herrn vielleicht ein Lied, einfach zu seiner Freude. Zum Beispiel dieses hier:

Lord, with everlasting love,
Led by grace that love to know;
Gracious Spirit from above,
Thou hast taught me it is so!
O, this full and perfect peace!
O, this transport all divine!
In a love which cannot cease,
I am His and He is mine.
Things that once were wild alarms
Cannot now disturb my rest;
Closed in everlasting arms,
Pillowed on the loving breast.
O, to lie forever here,
Doubt and care and self resign,
While He whispers in my ear,
I am His, and He is mine.[4]
(Mit immerwährender Liebe geliebt,
durch Gnade geleitet, diese Liebe zu erkennen;
Gnädiger Geist von oben,
Du hast mich gelehrt, das dies so ist!
O, welch tiefer und vollkommener Friede!
O, welch' göttliche Verzückung!
In einer Liebe, die nicht enden kann,
bin ich sein, und er ist mein.
Dinge, die mich früher erschreckten,
können nun meine Ruhe nicht stören;
von ewigen Armen umschlossen,
gebettet an die liebende Brust.

O, für immer hier zu liegen,
Zweifel und Sorge und Selbst verfliegen,
während er mir ins Ohr flüstert:
Ich bin sein, und er ist mein.)

Nach etwa einer Stunde kommt Ken aus dem Wohnzimmer vorbei, um nach mir zu sehen. Manchmal sorgt er sich, dass ich allein bin oder – sollte ich vielleicht eher sagen – dass ich das Alleinsein wähle. Aber er braucht sich keine Sorgen zu machen. Er stellt fest, dass ich mich »um so lieber meiner Schwachheit rühme«, »meine Schwäche gern trage« und dankbar bin, dass die Lähmung mir zu einem solchen Luxus verhilft: die meisten Frauen, die ich kenne, setzen um halb acht zum zweiten Mal die Waschmaschine in Gang oder bringen die Kinder zu Bett. Ihre gesunden Körper arbeiten, während mein gelähmter Körper zur Ruhe gezwungen ist. Was sonst könnte ich tun, außer ... zu warten?

Wenn ich so da liege und an die Decke starre, strenge ich meine Augen des Glaubens an, um mich auf unsichtbare göttliche Realitäten und ihre zukünftige Erfüllung zu konzentrieren. Ich richte mein Herz und meinen Verstand auf die Herrlichkeit des Himmels oben. Und in der innigen Vertrautheit, die ich von Angesicht zu Angesicht mit meinem Verlobten genieße, nehme ich ihn bei seinem Wort und »esse das Fleisch des Menschensohnes und trinke sein Blut«.

Von ihm zehren? Ich »schmecke und sehe, wie freundlich der Herr ist«, während ich Bibelstellen aufnehme, die mir besonders lieb sind (Psalm 34,8).

Sein Blut trinken? »Seine Liebe ist köstlicher als Wein«, während ich bete und Loblieder singe (Hoheslied 1,2).

Schon nach kurzer Zeit befinde ich mich in himmlischen Sphären und stelle mir vor, wie ich im Thronsaal vor Jesus knie. An einem Abend stelle ich mir vielleicht vor, wie ich als Magd zu den Füßen seines Thrones diene. An einem anderen Abend knie ich fürbittend neben ihm an jenem Felsen im Garten Getsemane. Einmal bin ich seine Schwester. Ein anderes Mal sein Kind. Wenn ich geistlich angegriffen werde, gehe ich zu ihm als dem Befehlshaber der himmlischen Heerscharen.

Wenn ich mit ihm in Beziehung trete als dem, der meine Seele liebt, dann zitiere ich dem Herrn einige Verse aus dem Hohenlied. Ich sage ihm, dass er die Blume in Scharon, die Lilie im Tal, der Schönste unter Tausenden ist. »So ist mein Freund unter den Jünglingen ... ihr Töchter Jerusalems ... Er führt mich in den Weinkeller, und die Liebe ist sein Zeichen über mir ... Seine Linke liegt unter meinem Haupte, und seine Rechte herzt mich ... erquickt mich ... labt mich ... denn ich bin krank vor Liebe« (Hoheslied 2,3–7). Und dann singe ich vielleicht noch eine Hymne der Liebe ...

O Love that will not let me go,
I rest my weary soul in Thee;
I give Thee back the lift I owe,
That in Thine ocean depths its flow
May richer, fuller be.
O light that foll'west all my way,
I yield my flick'ring torch to Thee;
My heart restores its borrowed ray,
That in Thy sunshine's blaze its day
May brighter, fairer be. [5]
(O Liebe, die nicht von mir lässt,
ich berge meine erschöpfte Seele in dir;
Dir gebe ich das Leben zurück, das ich besitze,
damit es in den Tiefen deines Ozeans,
reicher und voller fließe.
O Licht, das mir überallhin folgt,
Dir gebe ich meine flackernde Fackel hin;
Mein Herz erstattet dir seine geliehenen Strahlen,
Damit sein Tag im Glanz deines Sonnenscheins
heller, schöner erstrahle.)

Diese innige geistliche Gemeinschaft ist keine Einbahnstraße. Manchmal stelle ich mir vor, wie Jesus mir etwas zuflüstert, das der Vater ihm in Jesaja 42,1 sagte: »Siehe, das ist mein Knecht – ich halte ihn – und mein Auserwählter, an dem meine Seele Wohlgefallen hat.« Die Erde ist eine große vorhochzeitliche Generalprobe für den Himmel, und obwohl Jesus möchte, dass wir ihn leidenschaftlich und von ganzem Herzen lieben, anwortet er mit noch größerer Liebe, rein und glühend.

An manchen Abenden ist er der Vater, der mir auf dem Weg entgegeneilt, um mich, die verlorene Tochter, in die Arme zu schließen, bevor ich auch nur ein Wort sagen kann. Zu anderen Zeiten ist er der seltsame Herr des Weinbergs, der mir einen vollen Tageslohn zahlt, obwohl ich kaum gearbeitet habe. Dann gibt es Abende, an denen er der Meister ist, der mir Sünderin vergibt, bevor mir recht klar wird, dass ich etwas Falsches getan habe. Er ist der König, der mich mit einem Festessen überschüttet, wenn mir nicht einmal bewusst ist, dass ich unterernährt bin. Dies ist ein Gott, dessen Liebe zu uns so aktiv und so stark ist, dass die meisten ihn für verrückt erklären würden. [6]

Während der Abwesenheit des Bräutigams

Es ist der reine »Himmel«, Jesus in dieser Weise zu kennen. Und das meine ich wortwörtlich. Denn »das ist aber das ewige Leben, dass sie dich, der du allein wahrer Gott bist, und den du gesandt hast, Jesus Christus, erkennen« (Johannes 17,3). Ewiges Leben *ist* Erkenntnis Gottes. Wenn wir unsere Beziehung zu Jesus vertiefen, erzielen wir für unser ewiges Leben einen Vorsprung hier auf der Erde. Der Himmel widerfährt uns schon jetzt.

Es gibt allerdings zwei Arten des Kennens. Fragen Sie nur

die törichten und die weisen Jungfrauen. Würden Sie eine törichte Jungfrau fragen: »Kennst du Jesus?«, würde sie vermutlich antworten: »Ja, ich habe ihm bei einer christlichen Freizeit 1962 mein Herz gegeben, also bin ich errettet und komme in den Himmel.« Sie zitiert einen Absatz aus ihrer Versicherungspolice.

Was würde die weise Jungfrau antworten? »Ja, ich kenne Jesus. Ich habe ihm mein Leben gegeben und erlebe so wunderbar innige Gemeinschaft mit ihm, wenn ich bete und sein Wort studiere. Lassen Sie mich erzählen, welche Erfahrungen wir gemeinsam gemacht haben ... was für eine Person er ist. Wirklich: Mit ihm Zeit zu verbringen, das ist für mich der Höhepunkt des Tages.«

Der Apostel Paulus *kannte* Jesus. In Philipper 3,8–9 schrieb er, dass er »alles für Schaden [erachtet] gegenüber der überschwänglichen *Erkenntnis* Christi Jesu, meines Herrn. Um seinetwillen ist mir das alles ein Schaden geworden, und ich erachte es für Dreck, damit ich Christus gewinne und in ihm gefunden werde, dass ich nicht habe meine Gerechtigkeit, die aus dem Gesetz kommt, sondern die durch den Glauben an Christus kommt, nämlich die Gerechtigkeit, die von Gott dem Glauben zugerechnet wird.« Hier spricht Paulus von seiner Stellung bei Gott. Er spricht davon, dass Gott etwas in seinem Buch für ihn getan und verkündet hat: »Dir ist vergeben.« Es ist wunderbar, diese Art der rechten Stellung vor Gott (das ist es, was Gerechtigkeit bedeutet) zu haben, aber Christus zu erkennen ist mehr als das.

Da gibt es diese Beziehung zwischen Braut und Bräutigam. Es ist eine andere Art von Erkenntnis. Paul spricht diese tiefere Erkenntnis im nächsten Vers an, wenn er sich danach sehnt, Christus zu »erkennen und die Kraft seiner Auferstehung und die Gemeinschaft seiner Leiden und so seinem Tode gleichgestaltet werden, damit ich gelange zur Auferstehung von den Toten« (Philipper 3,10–11).

Ich liebe die Worte »zu erkennen«. Wie Theologen erklären, ist mit dem »Erkennen« in diesem Abschnitt gemeint, jemanden in einer tiefen persönlichen Erfahrung kennen zu lernen. Es ist die Art von intimer Vertrautheit, die im Buch der Genesis angedeutet wird, wenn dort steht, dass Adam seine Frau Eva »erkannte«. Ihre Beziehung war eine tiefe, persönliche Erfahrung. Eine Ebene von Beziehung, die über ein rein verstandesmäßiges Kennen hinausging. Es handelt sich auch um ein greifbares Sinnbild der Ebene geistlicher Intimität, die Gott mit uns teilen möchte, etwas sogar noch Tieferes und Persönlicheres.

Gott erfüllt seinen Teil der Beziehung, wenn er uns in Christus einsetzt. Dieses Einsetzen ist seine Verantwortung, wenn es darum geht, uns in den Himmel hineinzuversetzen. Unseren Teil der Beziehung auf der Erde erfüllen wir, indem wir die Tiefen der Erkenntnis Gottes erfahren. Dieses Erfahren ist unsere Verantwortung, wenn wir uns auf den Himmel vorbereiten. Es ist das, was weise Jungfrauen tun, während sie warten.

Zur Zeit ist der Bräutigam gerade abwesend. Aber, oh, ich kann den Tag kaum abwarten, wenn ich durchbrechen und das Gesicht Jesu sehen und ihn ein für alle Mal erkennen werde: Durch ihn einzutreten, mit ihm vereint zu werden und ihn zu empfangen, »Anteil an der göttlichen Natur« zu bekommen. Überwältigt, entrückt und hinaufgenommen werden in dem Einen, der mich an Größe und Herrlichkeit weit übertrifft. In seine Freude mitgerissen und eingetaucht zu werden. Nicht länger mit Christus in Gott verborgen zu sein, sondern von innen nach außen gekehrt zu werden und mit unverhülltem Angesicht vor ihm zu erscheinen. Als würde die Zeit in einer himmlischen Ekstase stillstehen, in der ich mich selbst vergesse und mich dennoch finde. Als würde Elias Wagen mich zum Hochzeitsmahl hinwegtragen!

»Wie der Hirsch lechzt nach frischem Wasser, so schreit meine Seele, Gott, zu dir. Meine Seele dürstet nach Gott, nach dem lebendigen Gott. Wann werde ich dahin kommen, dass ich Gottes Angesicht schaue?« (Psalm 42,2–3).

Das Hochzeitsgeschenk

Es ist üblich, dass Neuvermählte einander Geschenke machen. Ich nehme an, wenn ich meinen Erlöser endlich sehen werde, wird mein Geschenk an ihn aus den vielen kleinen Gehorsamsschritten hier auf der Erde bestehen, die ich als Zeichen meiner Liebe zu ihm getan habe. Er sagte: »Wer mich liebt, der wird mein Wort halten« (Johannes 14,23), und ich bin sicher, dass diese vielen kleinen Dinge wie Diamanten glitzern und funkeln werden.

Aber was wird er uns geben?

Er wird uns die Freude des Himmels geben. Jesaja 35,10 gibt uns einen kleinen Einblick in dieses Geschenk: »Die Erlösten des Herrn werden wiederkommen und nach Zion kommen mit Jauchzen; ewige Freude wird über ihrem Haupte sein; Freude und Wonne werden sie ergreifen, und Schmerz und Seufzen wird entfliehen.« Mit immerwährender Freude gekrönt zu werden ist eines dieser irdischen Bilder, die uns seltsam erscheinen, aber das ist mir gleichgültig. Wer in Ekstase ist, der kümmert sich nicht um solche Sachen. Es genügt zu sagen, dass es ein Geschenk ist. Ein krönendes Geschenk.

Betrachten wir dieses Geschenk einen Augenblick gemeinsam. Freude ist eine Frucht des Geistes, und das bedeutet, dass sie das Wesen der Ewigkeit in sich trägt. Wenn Freude uns erfasst, erscheint sie stets neu, wie eine Überraschung. Gleichzeitig wirkt sie uralt, so als wäre sie schon immer da gewesen. Freude birgt immer ein zeitloses ewiges Element in sich. Vergnügen und Glück mögen kommen und gehen, aber Freude scheint zu bleiben. Glücksgefühle haben nichts von diesem

Hauch der Ewigkeit an sich, den die Freude hat. Der Grund ist, dass Freude vom Wesen her göttlich ist. Gott ist der »Herr der Freude«.

Ob wir sie hier im Schatten oder dort im Licht erfahren, Freude ist dynamisch. Sie kann nicht stagnieren oder zugepfropft werden. Freude fließt. Eigentlich fließt sie über. Sie fließt in Dankbarkeit zu Gott zurück, sie verströmt sich wie eine Quelle an andere und sie durchflutet unsere eigenen Herzen wie ein Sturzbach. Deshalb weinen Menschen vor Freude. Wir Menschen, so endlich und so kompakt wie wir sind, können die überfließende Fülle nicht halten. Wir sind zu klein für die Weite der Freude, also müssen wir weinen. Das erklärt auch, warum Freude uns das Herz bricht. Denn wie die Liebe lässt Freude sich nicht halten. Erinnern Sie sich, wie ich sagte, dass Liebende sich von etwas Herrlicherem als sie selbst umhüllt finden? So ist es auch mit der Freude. Sie wird uns ganz ergreifen, wie es in Jesaja 35,10 heißt. Das wird himmlische Ekstase sein.[7]

Als Künstlerin sehe ich noch etwas anderes in der Freude. Es geschieht, wann immer ich ein bestimmtes Gemälde betrachte, das meinem Schreibtisch gegenüber an der Wand hängt. Es ist eine Darstellung Marias, der Mutter Jesu, mit dem Erzengel Gabriel. Immer wenn meine Gedanken zur Ruhe kommen und alle Arbeiten auf meinem Schreibtisch erledigt sind, fühle ich mich zu diesem Gemälde hingezogen. Ich verliere mich darin.

So ergeht es Ihnen vielleicht, wenn nicht mit einem Gemälde, so doch mit einer großartigen Symphonie. Sie sitzen mit geschlossenen Augen im Konzertsaal, die Musik schwillt an und hüllt Sie ein, und bevor Sie sich versehen, verlieren Sie sich darin. Sie gehen darin auf. Sie werden eins mit den Klängen des Orchesters. Es gab Zeiten, da hörte ich Schumanns *Romanze* und wurde sozusagen mit der Musik »eins«. Eine Freundin fand mich einmal weinend in meinem Studio, während ich die

Romanze hörte. Ich schaute sie mit nassen Augen an und sagte: »Diese Musik, das bin ich.« Haben Sie so etwas einmal erlebt? Eine Brahms-Melodie, die Ihnen das Herz bricht? Ein Mendelssohn-Walzer, der Ihre Augen mit Tränen füllt?

Oder falls Sie stärker mit der linken Gehirnhälfte arbeiten und nicht so sehr auf Kunst oder Musik versessen sind, wie erging es Ihnen, als die amerikanische Hockey-Mannschaft bei den olympischen Winterspielen 1982 das russische Team in den Schatten stellte? Ob vor dem Fernseher, im Publikum oder auf dem Eis, wir Amerikaner wurden alle »eins« in der Euphorie des Sieges. Mein starker, betont männlicher Vater erzählte mir, wie er einmal am Rand eines Felsens über den *Yellowstone-Wasserfällen* stand – mit Tränen in den Augen beschrieb er, wie er mit dem ohrenbetäubenden Tosen des Wassers eins wurde.

Wenn Sie irgendetwas dieser Art erlebt haben, dann ist das eine Ahnung der Freude, die von uns Besitz ergreifen wird, wenn wir nur einen Blick auf den Herrn der Freude werfen. Wir werden uns in ihm verlieren. Wir werden mit ihm eins werden. Wir werden »in Christus« sein, werden Christus »angezogen« haben, wie es tiefer, umfassender und erhebender nicht sein kann. Das Hochzeitsgeschenk des Herrn an uns wird die Freude sein, sein Wesen völlig zu teilen, ohne unsere Identität zu verlieren; nein, wir werden unsere Identität empfangen. Dank sei Gott für sein unbeschreibliches Geschenk!

Das ist der Grund, weshalb der Himmel mehr ist als ein Ort des Vergnügens und des Glücks. Denn sonst wäre der Himmel langweilig. Vergnügen zielt immer auf Befriedigung. Glück findet Befriedigung. Doch selbst wenn Befriedigung durch Vergnügen oder Glück erreicht wird, behält sie etwas Regloses. Sie ist ein wenig zu »still«. Deshalb ist Freude eine Art der Befriedigung, die immer Bewegung bedeutet. Sie sprudelt über und versprengt Vergnügen und Glück; aus reiner Großzügigkeit verlangt sie nach jubelnder Ausgelassenheit. Sie ist die wahre Energie des Lobpreises. Wenn wir Gott in alle Ewigkeit preisen sollen, und das werden wir tun, dann wird Freude die Dynamik sein.

Peter Kreeft schreibt:

Dieser innere Zustand ist wie das Licht: sich schneller bewegend als die Materie, doch geräuschlos, ohne Perturbation. Vergnügen ist der ruhelose Sinn, der sich in einer bestimmten Bahn bewegt und nie das Ziel erreicht. Glück ist der Sinn, der am Ziel ruht. Freude ist der Sinn, der sich ewig am Ziel bewegt, Bewegung an einem Punkt: der kosmische Tanz. Vergnügen ist in Bewegung; Glück ist ruhend; Freude ist ruhende Bewegung. Vergnügen ist wie Arbeiten, Glück wie Schlafen, Freude wie Spielen. Vergnügen ist wie Aktion, Glück wie Ruhe, Freude wie Kontemplation. Vergnügen ist wie ein Strom, der zum Meer fließt; Glück ist der volle, stille Ozean; Freude ist ein großer und herrlicher Sturm auf dem Meer. [8]

Ich mag seinen Kommentar, dass Freude wie ein Spiel ist. So erging es mir in diesem Jahr bei einer unserer JAF-Familienfreizeiten.

Eines Abends, während wir in geselliger Runde Eis aßen, schob ich mich zu der kleinen rothaarigen Nicole in ihrem Rollstuhl, zu ihrer Freundin Tiffany und Rachel, die mit geschienten Beinen daneben stand. Nach ein paar Bemerkungen über das Eis spielten wir bald Fangen miteinander. Rollstuhlfangen. Bald darauf schloss sich ein Junge in einem Laufgestell mit seiner Schwester an. Dann kam noch ein Kind mit Downsyndrom samt Bruder hinzu. Wir kicherten und schrien, während wir zwischen den Beinen der Erwachsenen hin und her kreuzten, und wenn unsere Fußpedale kollidierten, polterten und hüpften wir wie beim Autoskooter.

Als das Eis zu schmelzen begann, schaute John, der Leiter unserer Freizeit, auf die Uhr und versuchte, die Familien in ihre Hütten zurückzubewegen. Aber wir spielten weiter. Wir waren so in das Spiel vertieft, dass ich jedes Zeitgefühl verlor. Erst nachdem wir einander erschöpft Gutenacht winkten, wurde mir bewusst, dass es wie im Himmel war. Wie im Himmel war es durch das Spielen, die Freude und das Gefühl der Zeitlosigkeit. Kurz bevor ich meine Hütte erreichte, schaute ich zu den Sternen hoch und dankte Jesus für die kleine Vorschau auf die Freude des Himmels. Über seine Antwort aus Matthäus 19,14 musste ich schmunzeln: »Lasset die Kinder ... zu mir ... kommen; denn solchen gehört das Himmelreich.«

Als ich in dieser Nacht im Bett lag, hallte diese ganze Erfahrung spielerischer Freude in mir nach. *Das Königreich des Himmel gehört kichernden, glücklichen, sorgenfreien Kindern.* Ich dachte weiter nach und strengte meine Ohren an – oder versuchte, die Augen meines Herzens zu öffnen –, um mehr zu hören oder zu sehen. Ich *wusste*, dass in dieser Erfahrung viel mehr steckte als nur Spiel. Ich hatte einen Augenblick großer Freude und Weisheit erlebt. Während des Spiels war es mir nicht bewusst, aber ich hatte in der Zeit die Ewigkeit berührt. Monate später stieß ich auf ein weiteres Zitat von Peter Kreeft, das es auf den Punkt brachte:

Wenn wir die Ewigkeit in der Zeit berühren, ist es wie ein Echo. Wir riechen die salzige Meeresluft schon hier, weit flussaufwärts im Strom der Zeit. Wann immer wir Weisheit oder Liebe berühren, schwimmen wir im Salzwasser. Die Erde ist Gottes Strand, und wenn wir weise sind und lieben, gleichen wir Kindern, die fröhlich in den Wellenausläufern dieses »unsterblichen Meeres« plantschen. Sind wir jedoch geistlich erwachsen, werden wir beschwingt durch seine Wellenbrecher der Weisheit pflügen und uns von seinen unauslotbaren Tiefen der Liebe tragen lassen. An Langeweile werden wir uns, wie an den Schmerz, nur wie an einen Witz erinnern, wenn wir in Freude getränkt sein werden. [9]

Der Bräutigam kommt!

Und so warten wir jetzt. Wir warten auf unseren Bräutigam. »Ich harre des Herrn, meine Seele harret, und ich hoffe auf sein Wort. Meine Seele wartet auf den Herrn mehr als die Wächter auf den Morgen; mehr als die Wächter auf den Morgen« (Psalm 130,5–6). Wir stehen an das Fenster der Ewigkeit gelehnt, schauen in die Wolken hinauf und flüstern: »Komme bald, Herr Jesus, komme bald.«

Oh, *wann* wird er kommen?

Und von Zeit zu Zeit, wenn unser Herz des Wartens müde wird, belebt uns der Herr mit Funken der Freude, so wie ich es bei der Freizeit erlebte. Es ist eine Vorschau auf die Freude, die uns überwältigen wird, wenn der Herr endlich dann, »wenn der Befehl ertönt, wenn die Stimme des Erzengels und die Posaune Gottes erschallen, herabkommen [wird] vom Himmel, und zuerst werden die Toten, die in Christus gestorben sind, auferstehen. Danach werden wir, die wir leben und übrig bleiben, zugleich mit ihnen entrückt werden auf den Wolken in die Luft, dem Herrn entgegen; und so werden wir bei dem Herrn sein allezeit« (1. Thessalonicher 4,16–17).

Und das alles wird in der Windeseile eines Augenblicks geschehen.

Bevor wir uns recht versehen – falls wir den Segen erfahren, zum Zeitpunkt seines Kommens zu leben –, werden wir uns in den Armen unseres Erlösers beim Hochzeitsmahl des Lammes wiederfinden. Dann wird der Himmel da sein. Das Kommen des Herrn über die ganze Welt wird sein, als würde der Vorhang unserer fünf Sinne fallen, und wir werden das ganze Universum in völliger Klarheit sehen. Leben und Unsterblichkeit werden nicht länger trübe Vorstellungen, sondern verblüffend vitale Realität sein. Zuerst mag der Schock der Freude durch die strahlende Neuheit unseres verherrlichten Zustands brennen, doch schon im nächsten Augenblick werden wir Frieden und

Vertrautheit empfinden, als wäre es schon immer so gewesen, dass wir für einen solchen Ort geboren wurden. In diesem Moment wird die Erde wie ein halb vergessener Traum erscheinen, recht angenehm, doch nur ein Traum. [10]

Ich stelle mir große Scharen von Menschen vor, die aus buschigen Rosenhainen über Veilchenhänge stürmen, pulsierend vor Licht und Vogelgezwitscher und den Stimmen der Engel.

»Sind alle hier?«, wird jemand rufen.

Und das Echo wird lauten: »Ja, wir sind alle hier!«

Genießen Sie jetzt eine unsichtbare göttliche Realität. Schwingen Sie Ihr Herz auf und stellen Sie sich vor, wie Sie an der Hochzeitstafel Platz nehmen. Öffnen Sie die Augen Ihres Herzens und staunen Sie über die kristallklare Herrlichkeit, das gleißende Licht, das einfach *ist*. Eine heilige Stadt, das Neue Jerusalem, funkelt wie ein Prisma. Und eine Festhalle erstrahlt vor Bannern und Farben, übersät mit Juwelen und von Licht und Freude erfüllter Musik. Die Feierlichkeiten werden eingeläutet werden mit einem laut schallenden: »Halleluja! Denn der Herr, unser Gott, der Allmächtige, hat das Reich eingenommen! Lasst uns freuen und fröhlich sein und ihm die Ehre geben; denn die Hochzeit des Lammes ist gekommen, und seine Braut hat sich bereitet« (Offenbarung 19,6–7).

Während Sie mit Ihrem Stuhl an den Hochzeitstisch heranrücken, werfen Sie einen Blick auf die Speisekarte in Jesaja 25,6–8: »Und der Herr Zebaoth wird auf diesem Berge allen Völkern ein fettes Mahl machen, ein Mahl von reinem Wein, von Fett, von Mark, von Wein, darin keine Hefe ist. Und er wird auf diesem Berge die Hülle wegnehmen, mit der alle Völker verhüllt sind, und die Decke, mit der alle Heiden zugedeckt sind. Er wird den Tod verschlingen auf ewig. Und Gott der Herr wird die Tränen von allen Angesichtern abwischen und wird aufheben die Schmach seines Volks in allen Landen; denn der Herr hat's gesagt.«

Es besteht kein Zweifel. Das ist ein wirkliches Festmahl.

Und ein ganz spezielles noch dazu. Da wird man kein Gehacktes und kein Dosenfleisch servieren. Es wird kein Durchschnittsfleisch mit Mindesthaltbarkeitsdatum sein, sondern feinste IA-Qualität. Und auf der Weinkarte steht kein gepanschter Wein oder irgendein Billigtropfen, sondern »reiner« Wein; andere Bibelübersetzungen sprechen von »geläuterten alten Weinen« (Elberfelder) oder »besten Weinen« (Gute Nachricht).

Mir läuft ein Schauer über den Rücken, wenn ich nur daran denke! Ich frage mich, wer wohl neben mir oder mir gegenüber sitzen wird. Ich werfe einen Blick die Festtafel entlang und sehe meine Freundin Verna Estes, siebenfache Mutter, die mit Susanna Wesley, siebzehnfacher Mutter, Babygeschichten austauscht. Und dann ist da ihr Mann Steve, ein Pastor, dem der Apostel Paulus die Einzelheiten von Römer 6 auseinanderlegt. Drüben erhebt Mose das Glas mit Martin Luther. Billy Graham übt *Square-Dance*-Schritte mit einem jungen Sonntagsschullehrer. Mein Mann Ken (der sein Leben lang davon träumte, einen F-14-Fighter zu fliegen) bestürmt den Astronauten James Irwin mit Fragen. Der heilige Augustinus klopft väterlich dem unbekannten Dschungelmissionar auf den Rücken, der fern aller Öffentlichkeit lange und hart gearbeitet hat. Am anderen Ende der Tafel probiert Fanny Crosby an einer ihrer Hymnen verschiedene Harmonien mit der Witwe aus, die jeden Sonntag im Altenheim treu am klapprigen alten Klavier saß. Und sobald ich meine Freundinnen sehe, die mich jahrelang morgens aus dem Bett gehievt haben – Carolyn, Francie, Judy, Jay, Bev und Irene –, springe ich auf und greife nach einem Bratentablett. Ich kann es einfach nicht abwarten, sie mit irgendetwas zu bedienen.

Dann schaue ich hoch und sehe Dad auf mich zukommen. Und Mutter. Er blinzelt mir zu, wie er es immer tut, den Daumen siegessicher nach oben gereckt, während Mutter anfängt zu kichern, und im nächsten Augenblick platzen wir los und lachen, bis uns der Bauch schmerzt. Wir werden lachen und weinen mit Tränen, wie sie auf der Erde nie geflossen sind. Wir werden uns die Augen wischen und versuchen aufzuhören, dann wieder losplatzen, und weinen und lachen und auf die anderen deuten. »Schau dir das bloß an! Kannst du es fassen? Wir sind hier! Und die sind auch hier! Ich wusste, dass es wahr war, aber nicht so wahr!«

Da wir auf der Erde immer als Familie zusammen gesungen haben, bin ich sicher, dass wir gleich dort an der Festtafel ein Lied anstimmen und unter Tränen singen werden...

When we shall say good-bye to earth
We'll gather with the family 'round the throne,
We will burst with joy at our Father's welcome
»Glad to be at home!«
We'll praise the Father, praise the Son,
We'll praise the Spirit three-in-one,
We will celebrate that on this date
»Forever« has begun! [11]
(Wenn wir uns von der Erde verabschieden werden,
werden wir uns mit der Familie um den Thron versammeln;
vor Freude werden wir zerspringen, wenn der Vater
uns willkommen heißt.
»Froh, zu Hause zu sein!«
Wir werden den Vater preisen, den Sohn preisen,
wir werden den Geist preisen, dreieinig,
wir werden feiern, dass an diesem Tag
das »Für immer« begonnen hat!)

Lassen wir nun die Musik. Lassen wir diesen Filmstreifen und kommen wir auf eine frühere Frage zurück. Wird es beim Hochzeitsmahl Teller, Messer und Gabeln geben? Wird jemand hinten in der Küche mit Töpfen und Bratpfannen scheppern? Wird es Mixer und Müllpressen geben? Und was ist mit dem Fleisch? Im Himmel gibt es doch sicher keine Schlachthöfe! Werden die Araber mit den Fingern essen? Werden die Asiaten

Stäbchen benutzen? Werden die Leute in der Hölle das Putzen übernehmen?

Solche Fragen wirken jetzt lächerlich. Wen kümmert es im Licht der herrlichen Feier? Ich bin sicher, dass es geklärt werden wird. Alles was für mich zählt, ist, dass es real ist.

Eine wirkliche Luftschlangen- und Girlandenfeier, weil der Tod vernichtet ist.

Eine wirkliche Konfetti-Parade, die den Sieg über die Sünde verkündet.

Die ganze Erde wird sich der Party anschließen, und »ihr sollt in Freuden ausziehen und im Frieden geleitet werden. Berge und Hügel sollen vor euch her frohlocken mit Jauchzen und alle Bäume auf dem Felde in die Hände klatschen« (Jesaja 55,12). Christus wird uns die Augen öffnen, damit wir die große Quelle der Liebe zu uns in seinem Herzen wahrnehmen, wie wir sie nie zuvor gesehen haben. Es wird uns mit einem Schlag bewusst werden, dass wir, die Gemeinde, seine Braut sind. Nicht einfach individuell, sondern gemeinsam. Vereint. Eins miteinander und eins mit ihm. Plötzlich wird unsere Freude sich millionenfach vervielfältigen.

Und am meisten wird uns berühren – wenn wir endlich aufhören können zu lachen und zu weinen –, wie der Herr Jesus all unsere Tränen abwischen wird. Und dann werden wir uns rund um die Hochzeitstafel bei der Hand nehmen, und »zu der Zeit wird man sagen: ›Siehe, das ist unser Gott, auf den wir hofften, dass er uns helfe. Das ist der Herr, auf den wir hofften; lasst uns jubeln und fröhlich sein über sein Heil‹« (Jesaja 25,9).

Und damit hat die Party überhaupt erst angefangen!

8 Daheim bei unserem König

Holy, Holy, Holy! All the saints adore Thee,
Casting down their golden crowns around the glassy sea;
Cherubim and Seraphim falling down before Thee,
Which wert and art and evermore shall be. [1]
(Heilig, heilig, heilig! Heilige anbeten.
Vor dir legt die Kronen hin der Überwinder Schar.
Cherubim und Seraphim preisend vor dich treten,
der war und ist und sein wird immerdar.)

Vor allem aber wird es der Krönungstag Christi sein. Ich bin begeistert, dass wir das Hochzeitsmahl des Lammes mit den köstlichen Speisen und feinsten Weinen genießen und uns über unser Wiedersehen mit geliebten Menschen freuen werden, und – ja – mit unseren neuen Körpern wird es herrlich sein, über Engel zu herrschen und die Erde zu regieren. Aber ich muss immer wieder daran denken, dass es nicht *unsere* Feier sein wird. Es wird *seine* Feier sein.

Ich könnte nie wagen, diese Kronen für mich zu behalten. Könnten Sie das?

Wir werden uns in die große Prozession der Erlösten einreihen, die vor dem Thron vorüberziehen – ein unaufhörlicher Strom von Nationen und Königreichen aller Zeitalter aus Europa, Asien, Afrika, Nord- und Südamerika, die alle Seite an Seite stehen, die Völker der Meeresinseln in einem fröhlichen Festzug, Generationen Erlöster vor dem Kreuz und danach, die alle ihre Diademe vor den allmächtigen Gott tragen.

Wenn Jesus sich dann vor dieser gewaltigen Schar von seinem Thron erhebt, werden alle Kronen abgenommen werden, alle Glocken klingen und alle Hallelujas erschallen, bis der Wortschatz des himmlischen Lobpreises erschöpft ist. Wir werden unsere Kronen an uns drücken, einander anschauen und sagen: »Jetzt?«

»Jetzt!«, werden alle rufen. Gemeinsam werden wir unsere Stimmen erheben, nicht vier- sondern vielleicht zwölfstimmig, während die vierundzwanzig Ältesten, »ihre Kronen [niederlegen] vor dem Thron« (Offenbarung 4,10–11) und singen:

Crown Him with many crowns, the Lamb upon His throne:
Hark! How the heavenly anthem drowns all music but its own!
Awake, my soul and sing of Him who died for thee,
And hail Him as thy matchless King through all eternity. [2]
(Krönt ihn mit vielen Kronen, das Lamm auf seinem Thron:
Hört! Wie die himmlische Hymne alles andere übertönt!
Wache auf, meine Seele, und singe von ihm, der für dich starb,
und preise ihn als deinen unvergleichlichen König in alle Ewigkeit.)
[Der bekannte deutsche Liedtext ist keine inhaltlich entsprechende Übersetzung, sei hier aber für alle Fälle alternativ angegeben:
Krönt, krönt ihn, unsern Herrn, das Lamm auf Gottes Thron!
Gebt euer ganzes Leben hin für ihn, den Gottessohn!
Erwache, Herz, und sing von dem, der für dich starb;
Anbetung, Ruhm und Ehre bring dem, der dir Heil erwarb!]

Falls uns tatsächlich wirkliche Kronen überreicht werden, irren wir uns nicht – die Diademe gebühren ihm. Der Richterstuhl Christi, vor dem Jesus den Gläubigen mit Anerkennung überhäufte, mag im Mittelpunkt gestanden haben, doch der ganze Himmel wird das Scheinwerferlicht auf den Herrn richten, um ihm die Ehre zurückzugeben. Das Universum wird die Knie beugen und Jesus als dem König der Könige und Herrn aller

Herren zujubeln, wenn er sein Schwert im Sieg über Tod, Teufel, Krankheit und Vernichtung erhebt.

In einem atemlosen Augenblick – einem unendlichen Augenblick – werden wir begreifen, dass der gesamte Erlösungsplan nur der Weg des Vaters war, seinem Sohn ...

eine Braut zu geben.

Eine Familie.

Eine Armee.

Ein Erbe.

Doch die krönende Absicht seines Plans wird darin bestehen, dem Sohn einen großen Chor ewiger Anbeter zu geben.

Das ist es, wozu ich erschaffen wurde. Das ist die Antwort auf die vielen Male, als ich auf der Erde fragte: »Warum hat Gott mich erwählt? Warum nicht jemand anderen?« Die Antwort ist einfach: *Ich bin das Geschenk des Vaters an den Sohn*. Dann ergibt Epheser 1,11–12 einen klaren Sinn, denn »in ihm sind wir ... vorherbestimmt ... damit wir etwas seien zum Lob seiner Herrlichkeit«. Ich werde das strahlende, in allen Regenbogenfarben schillernde Geschenk für den Sohn sein, den Sacharja bewunderte: »Wie funkelnde Edelsteine werden sie das Land zieren. Wie herrlich wird das sein!« (Sacharja 9,16–17; Gute Nachricht).

Dies erklärt, warum ich mich so herrlich fühle, wenn ich dieses alte Sonntagsschullied singe. Ich *mag* die Vorstellung, ein Edelsteingeschenk für Jesus zu sein:

When He cometh, when He cometh to make up His jewels,
All His jewels, precious jewels, His loved and His own:
Like the stars of the morning,
His bright crown adorning,
They shall shine in their beauty – Bright gems for His crown. [3]
(Wenn er kommt, wenn er kommt, um seine Edelsteine zusammenzusetzen,
All seine Edelsteine, kostbare Edelsteine, seine Geliebten, die ganz sein:

Wie die Sterne am Morgen
schmücken sie seine Krone;
strahlen werden sie in ihrer Schönheit –
funkelnde Juwelen für seine Krone.)

Die Erde war eine einzige große Diamantenmine, in der ich aus dem Schmutz herausgemeißelt, gereinigt, poliert und für eine Königskrone zurechtgeschliffen wurde. Können Sie nun verstehen, warum ich möglichst viele Kronen gewinnen möchte, solange ich auf der Erde lebe? Es stimmt: Größere Belohnungen werden meinen Dienst im Himmel erweitern, aber sie werden auch die Ehre erhöhen, die Jesus empfangen wird. Je mehr Kronen, desto jubelnder wird der Lobpreis Gottes sein. Meine Motivation, Wagenladungen voller Diademe zu sammeln, ist nicht das Horten von Edelsteinen, sondern der Wunsch, mehr zu Jesu Füßen niederlegen zu können.

Sie und ich wurden erwählt, ihn zu preisen. So einfach ist das. Wie schade, dass wir es auf der Erde so kompliziert haben.

Als ich in der ersten Zeit meiner Lähmung anfing, mehr über den Himmel zu lernen, stürzte ich mich ganz darauf, weil es der Ort war, wo ich neue Hände und Füße erhalten würde. Der Himmel war der Ort, an dem ich von den Schmerzen befreit sein würde, und so wurde er für mich zur Flucht aus der Realität. Zur psychologischen Krücke. Phasenweise wurde der Himmel so ichbezogen, dass ich glaubte, es ginge überhaupt nur darum wiederzubekommen, was das Leben mir schuldig geblieben war und was ich verloren hatte. So wurde der Himmel zum Todeswunsch.

Die Zeit verging, und allmählich gewann ich etwas mehr geistliche Reife. Allmählich dämmerte es mir, dass der Tag Christi genau das sein würde – der Tag Christi und nicht Jonis Tag. Verherrlichte Hände und Füße ebenso wie das Wiedersehen mit geliebten Menschen wurden allmählich mehr zu erfreulichen Begleiterscheinungen der Ehre, einfach auf der Gästeliste zur Krönungsfeier zu stehen.

Sie werden mir zustimmen. Das Privileg, unsere Kronen zu den Füßen Jesu niederzuwerfen, wird genug der Ehre sein. Die Erde zu regieren und über Engel zu herrschen, Säulen im Tempel Gottes zu werden und Miterben von Himmel und Erde zu sein, all das ist beinahe identisch. Was wir im Himmel empfangen und tun, wird nicht der Höhepunkt des Himmels sein. Dort zu sein und *das Lob seiner Herrlichkeit zu sein* wird genügen.

Es wird der Tag Jesu sein.

Der Krönungstag Christi

Wir hätten es eigentlich immer schon wissen sollen. Aber nie haben wir es recht auf uns wirken lassen. Oh, auf dem Papier haben wir es schon begriffen, doch wie oft haben wir so gelebt – wirklich so gelebt –, dass wir unser Augenmerk von uns selbst weg und auf Christus als König der Könige richteten? Erst der Himmel wird uns zwingen, völlig zu verstehen, was uns auf der Erde schon längst hätte klar sein sollen. Hätten wir nur innegehalten und gelesen – wirklich gelesen –, dass »Gott, der die Welt gemacht hat und alles, was darin ist, ... der Herr des Himmels und der Erde« ist (Apostelgeschichte 17,24).

Jesus ist der Herr des Himmels und der Erde.

Wir sagen es in unseren Gebeten, wir singen es in unseren Liedern, und wir hätten im Brustton der Überzeugung geschworen, dass wir es wirklich und wahrhaftig glauben. Und doch ist es nie so recht eingerastet. Weil das »Wir« ständig in die Quere kam. In all diesen Jahren, wenn irdische Nöte uns hart trafen, haben wir uns den Kopf zermartert, um herauszufinden, was dies für *uns* zu bedeuten hat. Welchen Platz die Probleme in Gottes Plan für *uns* haben. Wie Jesus in *uns* Gestalt gewinnen könnte. Alles geschah immer für *uns*. Selbst die Anbetung im Sonntagsgottesdienst konzentrierte sich darauf, wie wir uns fühlten, was wir lernten und ob die Hymnen uns gefielen.

Warum, oh warum nur, haben wir den Hinweis aus Apostelgeschichte 17,24 nie aufgegriffen und unsere Aufmerksamkeit von uns weg auf ihn gerichtet? Warum wussten wir nicht zu schätzen, dass Gott uns jede Prüfung, jeden Kummer und jedes Glück gab, um uns etwas über ihn selbst zu zeigen?

Damit wir seine Gnade zu schätzen wissen.

Damit wir zum Lob seiner Herrlichkeit geschliffen werden.

Damit wir sehen, dass alles zusammenwirkt, damit wir ihn erkennen.

Wir wundern uns immer, dass Gott Interesse an uns zeigt, doch im Himmel wird klar sein, dass alle erdverbundenen Dinge geschahen, um unser Interesse für ihn zu entfachen. In jeder Prüfung, jedem Glück und jedem Kummer wollte Gott uns anregen, über ihn nachzudenken. Wir werden endlich überzeugt sein, dass der Eine, den wir mit unseren Lippen als König rühmten, wahrhaftig über alles erhaben war.

Sein Königreich kam.

Sein Wille geschah wie im Himmel so auf Erden.

Sein Wort ging aus und bewirkte, wozu er es aussandte.

Er war der souveräne Herrscher über alles.

Während wir auf der Erde lebten, konnte man uns nicht überzeugen. Wir taten eher so, als würde sein Königreich in gewisser Hinsicht nicht wirklich kommen. Wir verhielten uns so, als würde sein Wille wie-im-Himmel-so-auch-auf-Erden hauptsächlich zum Wohl unserer Arbeitsstellen und Beziehungen geschehen. Und wenn wir über den Himmel sprachen, klang es mehr nach einem ewigen Spielplatz, wo wir jede Menge neue Spielsachen erhalten, während Gott wie ein Großpapa nicken und lächelnd zuschauen würde, wie wir uns amüsieren.

Wie schade, dass wir auf der Erde so taten, als hätten wir Gott einen großen Gefallen getan, indem wir Jesus als Erlöser annahmen. Wir bemitleideten Jesus, weil sein Ruf nie ganz wiederhergestellt werden konnte. Es tat uns Leid für Gott, weil es schien, als würde seine Gerechtigkeit nie ganz erfüllt; ja manchmal fühlten wir uns für unseren »König« peinlich berührt, während wir stotterten, um ihn wegen irdischer Holocausts und Schreckensmeldungen zu verteidigen. Nie schien Jesus seine königlichen Muskeln spielen zu lassen, und so erntete er nie viel Anerkennung, geschweige denn Ehre.

Wir waren nicht die einzigen Kurzsichtigen. Selbst die Jünger hatten eine engstirnige Sicht Gottes. Auch sie versagten, als es darum ging, den König in ihrer Mitte zu erkennen. Gelegentlich lüftete sich der Nebel über ihrem Denken, und einmal, gegen Ende des Dienstes Jesu, schwangen sie sich zu einer himmlischen Sicht ihres Königs auf und sagten: »Jetzt können wir sehen, dass du alle Dinge weißt.« Für einen kurzen Moment war ihr Augenmerk vom Königreich auf Erden weg auf das Königreich des Himmels gerichtet. Es war ein seltener Lichtblick der Offenbarung, und Jesus war zumindest so bewegt, auszurufen: »Jetzt glaubt ihr endlich!« (Johannes 16,30–31).

Diese Worte Christi treffen mich ins Herz. Alles, was Jesus von uns wollte, war, dass wir endlich glaubten. Warum also waren unsere Zeiten radikalen Gehorsams und absoluten Vertrauens nur Lichtblicke, flüchtige Momente der Erleuchtung? Warum fiel es uns immer derart schwer, so zu handeln, als wäre Jesus tatsächlich König?

Der König, der wider alles Erwarten siegte

Vielleicht, weil er sich auf der Erde nie wie ein König verhielt.

Jedenfalls nicht so, wie man es von einem König erwarten würde. Jesus hatte allerdings einen guten Grund, seine Majestät unter dem Gewand der Schwäche, Scham und Demut zu verbergen. Es hatte mit seiner Herrlichkeit im Himmel zu tun. Als der Vater den Erlösungsplan fasste, legte er damit einen Grundstein, der seinem Sohn letztlich die höchste und strahlendste Herrlichkeit als dem König des Kosmos bringen würde. Es war ein Plan, der sich beinahe wie eine Abenteuergeschichte liest.

Der Plan wurde in die Tat umgesetzt, als der böse Schurke Luzifer die Bürger des Königreichs der Erde durch Verrat und Täuschung versklavte. Er riss die Vollmacht des rechtmäßigen Herrschers an sich und errichtete seine eigene Gegenregierung. Der gute Herrscher sandte seine fähigsten Diener, damit sie das besetzte Territorium zurückeroberten, doch mit wenigen Ausnahmen verführte und besiegte der Schurke sie. Schließlich sandte der Herrscher seinen einzigen Sohn, den rechtmäßigen Prinzen, um in Luzifers Territorium einzudringen, die gefangenen Untertanen zu befreien und das Königreich wieder unter das Familienbanner zurückzuholen.

Doch die Kriegsstrategie des Sohnes war – gelinde gesagt – seltsam. Die Art, wie er kämpfte, schien sogar die Niederlage heraufzubeschwören. Es kam ein Punkt, als Luzifer den Prinzen festgenagelt hatte, da fügte der Sohn sich lediglich dem Todesstoß. Alles schien verloren, und die Herzen der Menschen vergingen vor Verzweiflung. Sie ahnten ja nicht, dass der beste und endgültige Teil des Plans in Kürze erst noch ins Spiel kommen sollte. Dieser Teil hieß »Auferstehung«, und es war die einzige Kriegstaktik, die dem Feind und seinen Scharen böser Machthaber den tödlichen Schlag versetzen würde.

Nun ist jeder Kampf zwischen einem Helden und den Schurken schon interessant genug, doch wenn der Held im Nachteil ist, kommt ein neues Element ins Spiel. Jetzt befindet sich der Held in weit größerer Gefahr und hat scheinbar geringere Chancen zu siegen. Doch wenn er in seiner Schwäche wider alles Erwarten siegt, geht er zum Schluss als um so größerer Held hervor. Wenn schwache Helden starke Schurken übertrumpfen, löst der Sieg Ehrfurcht aus.

Und so wird der Friedefürst, das Lamm, das sich schlachten ließ, verherrlicht werden, nicht weil er brutale Gewalt gegen Satan eingesetzt hätte, sondern weil er dies nicht tat.

Der König, der durch Schwäche siegte

Es gibt noch einen anderen Aspekt im Plan des Vaters, der seinem Sohn eine weniger als königliche Stellung gibt, ihm jedoch größere Herrlichkeit garantiert. Dazu gehört, dass er den starken Schurken besiegt, indem er dessen eigene düstere Macht gegen ihn einsetzt.

Es ist fast so wie beim Judo.

Mein Mann Ken könnte Ihnen alles darüber sagen. Von Zeit zu Zeit packt ihn seine Kampfsportlaune, und dann springt er durchs Wohnzimmer wie eine ausgelassene Katze, holterdiepolter, schlägt die geballten Fäuste in die Luft und tritt mit der Längsseite seines Fußes zur Decke hoch. Ich schaue immer mit gemäßigtem weiblichem Interesse zu.

Ken erklärt mir, dass Judo seine Vorzüge hat. Es ist die Kunst, die Kraft des Feindes zu nutzen, um ihn zu besiegen; und obwohl Ken bei einem Judo-Wettkampf passiv, wenn nicht sogar schwach erscheinen mag, liegt das Geheimnis einfach im Warten auf den Moment, wenn die volle Kraft des Gegners benutzt werden kann, um ihn zu besiegen. Wenn mein Mann angegriffen wird, packt er den Angreifer einfach mit einem Judogriff und lässt ihn in hohem Bogen über seine Schulter fliegen.

Jesus wirkte passiv und schwach. Die Leute suchten ständig nach seinem Diadem. Wir hofften unentwegt, er würde sich einem Monarchen entsprechend verhalten und seinen Untertanen eine glückliches, gesundes und sorgenfreies Leben ermöglichen. Aber Jesus hatte andere Pläne für die Erde – Pläne, die größeres Lob für den Gläubigen und Ruhm für ihn selbst bedeuten würden.

Er nutzte seine Judo-Taktik. Besonders gegen den Teufel. Und ganz speziell am Kreuz. In genau dem Augenblick, als der Teufel dachte, er hätte Christus in eine Ecke gedrängt und in der Niederlage festgenagelt, entfesselte er seine ganze satanische Wut, um ihm den Rest zu geben. Aber es war die Schwäche und Verwundbarkeit Christi, die ihn befähigte, Satan in judoartiger Manier sein eigenes Genick brechen zu lassen.

James Stewart, der schottische Theologe, drückte es so aus: »*Er benutzt gerade die Triumphe seiner Feinde zu ihrer Niederlage. Er zwang ihre düsteren Machenschaften, seinen Zielen und nicht den ihren zu dienen. Sie nagelten ihn an das Holz, ohne zu wissen, dass sie gerade durch diese Tat die Welt zu seinen Füßen bringen würden. Sie gaben ihm ein Kreuz, ohne zu ahnen, dass er es zu einem Thron machen würde.*

Sie trieben ihn hinaus, um außerhalb der Tore zu sterben, und wussten nicht, dass sie in genau diesem Moment alle Tore des Universums aufstießen, um den König der Ehre einzulassen. Sie glaubten, seine Lehren zu entwurzeln, und verstanden nicht, dass sie ausgerechnet den Namen, den sie vernichten wollten, unauslöschlich in die Herzen der Menschen einpflanzten.

Sie dachten, sie hätten Gott mit dem Rücken an die Wand gedrängt, hilflos festgenagelt und besiegt. Sie wussten nicht, dass es Gott selbst war, der sie zu diesem Punkt in die Knie gezwungen hatte. Er siegte nicht trotz der mysteriösen Finsternis des Bösen, sondern durch sie.« [4]

Etwas Herrliches geschah, als der schlimmste Mord der Welt zur einzigen Rettung der Welt wurde. Als das Kreuz, dieses

Symbol der Folter, zum Symbol des Lebens und der Hoffnung wurde, bedeutete es dreifachen Ruhm.

Zum Schluss ist Jesus um ein Dreifaches der Held im Himmel, weil er mit Waffen des Kampfes siegte, die geistlich und nicht fleischlich waren. Sein Triumph wurde durch göttliches Judo errungen. Er siegte, indem er den vollkommenen Zeitpunkt nutzte und Geduld übte. »Christus ist, als wir noch schwach waren, *zur rechten Zeit* für Gottlose gestorben« (Römer 5,6; Schlachter). Er siegte durch Warten, Zulassen und Unterordnung. Philipper 2,7–9 liest sich wie »Die Grundprinzipien des Judo-Kampfsports«, denn je schwächer Christus wurde, desto größer war sein Sieg, und je größer der Sieg, desto ruhmreicher die Ehre: Er »entäußerte sich selbst ... Er erniedrigte sich selbst und ward gehorsam bis zum Tode, ja zum Tode am Kreuz. Darum hat ihn auch Gott erhöht und hat ihm den Namen gegeben, der über alle Namen ist«.

Wenn wir Christus auf der Erde bemitleidet haben oder bedauerten, dass seine Gerechtigkeit abgewiesen zu werden schien, dann haben wir unsere Zeit verschwendet. Wenn wir um seinetwillen wegen so viel sinnlosen Leids verlegen waren, hätten wir besser daran getan, einige Lektionen in den Grundlagen des Kampfsports zu absolvieren. Jesus ließ auf der Erde *tatsächlich* seine Muskeln als König spielen; nur waren unsere ungeübten Augen, Herzen und Sinne nicht darin geschult, es zu erkennen. Er trug eine Krone; nur war sie nicht die Krone, die wir erwartet hatten. Keine aus Gold, sondern eine aus Dornen.

Oben im Himmel werden wir versucht sein, uns mit der flachen Hand auf die Stirne zu klopfen und auszurufen: »Oh, Mann! Wie konnte uns das entgehen?« Aber dort wird es keinen Raum für Zerknirschung geben. Wir werden uns nicht selbst zerfleischen, weil wir es nicht gesehen haben. Nein, unser König der Könige wird zu gütig sein, um uns derartiges Bedauern zu gestatten. Es wird offensichtlich sein, warum seine Insignien der Monarchie verborgen waren. Alles war darauf ausgerichtet, uns zu helfen, Glauben zu praktizieren, Vertrauen zu entwickeln und Gehorsam zu demonstrieren, und es sollte uns das rechte Timing und Geduld, Warten und Zulassen lehren. Der König überwand das Kreuz, damit wir die Macht haben, einem schikanierenden Teufel ein Schnippchen zu schlagen und so unsere Dornen zu akzeptieren, unsere Lasten zu teilen und unsere eigenen Kreuze zu tragen, während wir zugleich unsere Tragödie in Triumph und unseren Schmerz in Sieg verwandeln.

Aus gütiger Gnade wird Jesus uns nicht tadeln, dass wir so »wir«-bezogen waren. Er wird uns versichern, dass er wusste, was für ein Gebilde wir sind, und daran dachte, dass wir nur Staub sind. Wir werden erkennen, dass wir auf der Erde schlimmer waren, als wir uns vorgestellt hatten, dass aber die Gnade des Herrn tiefer reichte, als wir es ahnten, und so werden wir im Himmel besser dastehen, als wir erwartet hätten. [5]

Der Herr Jesus wird mit seiner Freundlichkeit verschwenderisch umgehen und sie über alles ausgießen und versprühen. Selbst über unser Bedauern. Und *das*, liebe Freunde, wird uns um so mehr drängen, ihn zu lieben, zu preisen und uns in ihm zu freuen. Und an diesem Punkt wird Gottes Herrlichkeit im Himmel sich exponentiell vervielfältigen.

Ich empfinde solche Freude für Jesus, wenn ich mir diesen Augenblick vorstelle. Denn er wird sich zeigen, wie er ist – nicht mehr als der schwache und leidende Knecht, sondern als der souveräne Herrscher über Zeit und Raum. Sein Ruf wird gerechtfertigt werden. Er wird alle Ehre empfangen, die ihm gebührt, und dreimal so viel Ruhm noch dazu. Vor allem wird seiner Gerechtigkeit Genüge getan werden.

Und das wird nicht so schön aussehen. Für manche jedenfalls nicht.

Der große und schreckliche Tag des Herrn

All dieses Gerede über Schwäche und Demut geht einigen Leuten sehr auf die Nerven. Sie pfeifen auf einen Gott, der sich verspotten, treten und anspucken lässt, alles nur der Gerechtigkeit wegen. Vor allem einer Gerechtigkeit um ihretwillen. Wie kann dieser schwache, machtlose Gott es wagen zu behaupten, sie müssten errettet werden – und dann auch noch von ihren Sünden!

Auf der Erde haben sie ihre eigene Art von Recht durchgedrückt. Der erste Punkt auf ihrer Tagesordnung bestand darin, Jesus zu verleumden und abzuwerten. Nachdem sie sich selbst zum Mittelpunkt ihres eigenen moralischen Universums erhoben hatten, hielten sie sich für berechtigt, Gott den Prozess zu machen. Sie zerrten ihn auf die Anklagebank und beschuldigten ihn, machten ihm Vorwürfe und ächteten ihn als irgendeine machtlose, drittklassige Gottheit. Sie verbannten ihn aus den Klassenzimmern der Schulen und löschten seine Spuren in der Öffentlichkeit. Seinen Namen entweihten sie, um Gott so weit zu neutralisieren und zu zähmen, dass er ihre Begierden und Leidenschaften billigen würde.

Doch im Himmel werden die Dinge zurechtgerückt werden. Gott wird seinen heiligen Namen rechtfertigen und sein reines und vollkommenes Recht zur Geltung bringen. Für eine Menge Leute wird das erschreckend sein.

Was für ein Schock, wenn sie diesen Jesus sehen, den sie in die Sonntagsschulklasse zurückzudrängen versuchten. Panischer Schrecken wird ihr Herz umklammern, während die Szene in Offenbarung 19,11–16 sich entfaltet, und sie werden schreien:

»Ich sah den Himmel aufgetan; und siehe, ein weißes Pferd. Und der darauf saß, hieß: Treu und Wahrhaftig, und er richtet und kämpft mit Gerechtigkeit. Und seine Augen sind wie eine Feuerflamme, und auf seinem Haupt sind viele Kronen; und er trug einen Namen geschrieben, den niemand kannte als er selbst. Und er war angetan mit einem Gewand, das mit Blut getränkt war, und sein Name ist: Das Wort Gottes. Und ihm folgte das Heer des Himmels auf weißen Pferden, angetan mit weißem, reinem Leinen. Und aus seinem Munde ging ein scharfes Schwert, dass er damit die Völker schlage; und er wird sie regieren mit eisernem Stabe; und er tritt die Kelter, voll vom Wein des grimmigen Zornes Gottes, des Allmächtigen, und trägt einen Namen geschrieben auf seinem Gewand und auf seiner Hüfte: KÖNIG ALLER KÖNIGE UND HERR ALLER HERREN.«

Diese Symbole sind alles andere als prunkvoll; sie sind schreckenerregend! Als Künstlerin wäre ich nicht nur unfähig, dies zu malen; ich würde es nie wollen. Augen wie Feuerflammen? Ein blutgetränktes Gewand? Das ist keine senile Wohltätigkeit, die den Menschen verschlafen Wohlergehen wünschte, während sie auf der Erde waren, kein Gott, den man bemitleiden oder bedauern müsste. Dies ist der große und schreckliche Herr, das verzehrende Feuer in Person. »Siehe, der Herr wird kommen mit Feuer und seine Wagen wie ein Wetter, dass er vergelte im Grimm seines Zorns und mit Schelten in Feuerflammen. Denn der Herr wird durch Feuer die ganze Erde richten und durch sein Schwert alles Fleisch, und der vom Herrn Getöteten werden viele sein« (Jesaja 66,15–16).

Das ist kein schöner Anblick, denn »schrecklich ist's, in die Hände des lebendigen Gottes zu fallen« (Hebräer 10,31). Derselbe Mund, der Frieden und Versöhnung verkündete, wird eines Tages das scharfe Gerichtswort aussprechen. Dieselben Augen, die vor Erbarmen glühten, werden eines Tages wie Feuer blitzen. Ist das die Blume von Scharon, die Lilie im Tal, mein Bräutigam? Ja, dieser selbe Jesus, in dessen liebende Hände ich zuerst fiel, ist der schreckliche lebendige Gott.

Liebender und Rächer? Er ist absolut ein und derselbe. Er ist ganz und gar liebevoll in seiner Gerechtigkeit und gerecht in seiner Liebe. Und weil er vollkommen ist, ist seine Gerechtigkeit rein.

Wie werden wir uns an diesem schrecklichen Tag fühlen?

Sobald wir im Himmel sind, werden wir mit jeder Faser unseres Seins ohne einen Schatten des Zweifels wissen, dass alles wahr ist, was immer der Richter über uns ausspricht. Wie er sagt, dass wir sind, so sind wir tatsächlich. Nicht mehr und nicht weniger. Vielleicht werden wir uns sogar schwach und verschwommen erinnern, dass dies auf der Erde schon immer unser tatsächliches tief verborgenes Selbst war. Wenn der Richter urteilt, dass wir in Christus gerecht sind, dann »Halleluja! Ich habe es immer schon gewusst«. Wenn er uns als ungerecht, böse und zutiefst selbstsüchtig bezeichnet, dann »Verflucht! Ich habe es immer schon gewusst«. Die offenkundige Wahrheit über Sie oder mich wird jedem klar erkennbar sein.

Diese Tatsache ist für Gläubige besonders demütigend. Erinnern Sie sich an meine Bemerkung, dass die sündige Vergangenheit der Christen nicht wie ein schrecklicher, als jugendgefährdend eingestufter Filmstreifen vor den Augen aller abgespult wird? Keine Sorge, ich führe Sie hier nicht hinters Licht. Es ist wahr, dass wir diese Beschämung nicht werden durchmachen müssen, weil Gott die Sünde so weit von uns entfernt hat, wie es der Osten vom Westen ist.

Doch wenn dies nicht so wäre, wenn sozusagen unsere geheimen, verborgenen Sünden *tatsächlich* aufgedeckt werden würden, bin ich überzeugt, dass nicht eine gerechte Seele protestieren würde. Sie und ich würden dem Richter von ganzem Herzen zustimmen und sagen: »Jesus, du hast völlig Recht, dein Urteil stimmt vollkommen. Ich war auf der Erde manipulativ, habe ständig die Wahrheit verdreht und allen in meiner

Umgebung etwas vorgespielt. Das war immer schon mein wahres, inneres Selbst!«

Ja, ich kann mir vorstellen, wie ich an seiner Robe zupfe und sage: »Warte, Jesus, ich habe noch andere hässliche Sachen an mir und ich möchte, dass du sie aufdeckst. Alle sollen wissen, wie umfassend und weitreichend deine Gnade in meinem Leben war. Ich möchte meine Sünden nicht übertünchen. Alle sollen sehen, wie abgrundtief verdorben ich war, damit sie wissen, wie tief deine Gnade mich gereinigt hat!«

Jonathan Edwards führt diesen Gedanken noch einen Schritt weiter, wenn er sagt, dass Sünder »so viel mehr Bewunderung und Freude über Gottes vergebende Gnade zu ihnen empfinden werden, dass die Erinnerung an ihre Sünden eher ein indirekter Anlass zur Freude sein wird«. [6]

Falls – und ich sage: falls – unsere düstere Vergangenheit abgespult werden soll, würde sie dazu dienen, Gott für eine so große Gnade noch größere Herrlichkeit zu geben.

Deshalb werden wir, auch wenn uns das nun unvorstellbar erscheint, am großen und schrecklichen Tag des Herrn nicht zusammenzucken oder uns verkriechen. Seltsamerweise werden wir uns freuen. Das klingt verrückt, weil unser menschliches Mitgefühl vor dem Gedanken zurückschreckt, dass mit Pauken und Trompeten schonungslos Recht gesprochen wird. Auf der Erde wird der Gerechtigkeit Genüge getan, wenn zum Tode verurteilte Häftlinge schweigend zur Todeskammer geführt werden, wo gedämpft murmelnde Gruppen von Menschen hinter schallisolierten Fenstern sitzen und – ohne Gefühlsregung – den Tod eintreten sehen.

Doch nicht so im Himmel.

Dort ist Rechtsprechung voller Emotion.

Mitten in der Apokalypse, während Schalen des Zorns mit Rauch und Feuer ausgegossen werden, sieht man uns singen und jubeln, während wir dem Gericht zuschauen. Dieser Einschub über unvorstellbaren Lobpreis findet sich eingezwängt zwischen dem Zorn Gottes in Offenbarung 18 und dem, was am Ende von Offenbarung 19 nach Harmagedon aussieht. Bei der gewaltigen Lobeshymne in den Versen 1–10 befinden wir uns inmitten der Engel, der Ältesten und einer großen Schar im Himmel, die alle rufen: »Halleluja! Das Heil und die Herrlichkeit und die Kraft sind unseres Gottes! *Denn wahrhaftig und gerecht sind seine Gerichte.*«

Warum werden wir Jesus froh zustimmen, während er die Kelter der Zornesglut des allmächtigen Gottes tritt? Weil sich das Blatt endlich gegen die bösen Schurken wenden wird? Nein. Wir werden das Gericht mit Lobliedern begleiten, weil wir Reinheit lieben und die Verderbtheit des Bösen hassen werden. Wir werden zutiefst nach Wahrheit verlangen und Lügen und Boshaftigkeit verachten. Mit vollkommenem Denken und hingegebenen Herzen werden wir alle Gerichte Gottes mit einem aufrichtigen »Ja!« unterstreichen, und das werden wir tun, während er die Kelter seines Zorns tritt.

Der Tag Christi wird ein großer und schrecklicher Tag sein. Groß für die Gerechten und schrecklich für die Gottlosen. »Am Ende wird jenes Antlitz, das die Wonne oder der Schrecken des Universums sein kann, sich jedem von uns mit dem einen oder dem anderen Ausdruck zuwenden.« [7]

Ich bin einfach dankbar, dass die Bibel von dieser Zeit nur als »einem Tag« spricht. Dies könnte bedeuten, dass das Jüngste Gericht sehr rasch geschehen wird. Schließlich gibt es »am Ende nur zwei Arten von Menschen: solche, die zu Gott sagen: ›Dein Wille geschehe‹, und solche, zu denen Gott schließlich sagen wird: ›*Dein* Wille geschehe.‹ Alle, die in der Hölle sind, haben sie selbst gewählt«. [8]

Denn alle Menschen, die beharrten: »Mein Wille geschehe!«, wird Gott nicht davon abhalten. Er wird nicht länger mit ihnen ringen, indem er sie entweder auf seine Herrlichkeit in der Schöpfung hinweist oder ihnen aus dem Evangelium predigt. Für diejenigen, die Christus den Rücken zugekehrt haben, gibt es keinen Himmel.

Alle, die in der Hölle sind, haben es selbst gewählt

Ja, es gibt eine Hölle. Es ist undenkbar, vom Himmel zu sprechen, ohne die Hölle zumindest zu erwähnen. Bitte beachten Sie, dass ich sie nicht als »Gegenstück zum Himmel« bezeichne. Der Himmel hat kein Gegenstück. Er hat keinen Gegensatz. In der Weite des unendlichen und zugleich gereinigten und geläuterten Universums mag die Hölle schließlich nur ein winziger Sprenkel sein. Ein Abfallhaufen. Ein Mülleimer.

Vor den Toren Jerusalems, der heiligen Stadt, gab es einen Müllplatz, wo die Juden ihren Abfall verbrannten. Früher hatten heidnische Stämme – und aus der Art geschlagene Juden – dieses Terrain namens *GeHinnom* für Rituale und Opfer benutzt; deshalb eignete er sich in den Augen des Volkes Gottes nur noch dazu, ihren Abfall in Brand zu stecken. Irgendwann nannten sie den Ort *Gehenna*, und so wurde dies die biblische Bezeichnung für Hölle.

Die tatsächliche Hölle wird der Müllschlucker des Universums sein.

Gott produziert keinen Müll, aber wir tun das; und ein guter Kosmos muss sich irgendwann von geistlichem Müll wie Egoismus, Hass, Gier, Feigheit oder Wollust reinigen ... Wir können sogar über die Existenz [dieses Müllschluckers] jubeln, denn wir sollten wünschen, dass unser geistlicher Müll verbrannt wird, wenn wir uns nicht mit diesem Müll identifizieren. Wenn wir das tun, werden wir ewig brennen ... Gott kann diesen Müll nicht in den Himmel einlassen; und wenn wir ihn nicht wegwerfen wollen, wenn wir uns so eng an unseren Müll klammern, dass wir selbst Müll werden, dann gibt es nur einen Ort für uns. [9]

Die Hölle wird das gereinigte Universum nicht verschmutzen, noch wird sie eine eiternde Beule an der Seite der neuen Himmel sein, ein hässlicher wunder Punkt, der ständig nässt und von jemandem versorgt werden muss. Dazu mag er wohl viel zu klein sein. Ich will damit sagen, dass die Hölle nicht im Hinblick auf die Bevölkerungsstatistik kleiner sein wird als der Himmel, sondern im Sinne ihrer Bedeutung in den neuen Himmeln und der neuen Erde. Niemand schenkt schwelenden Müllhaufen besondere Beachtung.

Da ich jedoch das Thema der Zahlen angeschnitten habe, werde ich an Jesu Worte erinnert, die in Matthäus 7,13–14 aufgezeichnet sind: »Geht hinein durch die enge Pforte. Denn die Pforte ist weit, und der Weg ist breit, der zur Verdammnis führt, und viele sind's, die auf ihm hineingehen. Wie eng ist die Pforte und wie schmal der Weg, der zum Leben führt, und wenige sind's, die ihn finden!« Kein Zweifel. Die Welt wählt zum größten Teil den Weg zur Hölle. Nicht viele wählen Christus und seinen Himmel.

Doch ich frage mich, ob die Bewohner der Hölle zahlreicher sein werden als die bußfertigen Bürger des Himmels? Was ist mit den Erlösten, die zahlreicher sind als der Sand am Meer oder die Sterne am Himmel? In Offenbarung 7,9 wird behauptet, dass es im Himmel eine Schar geben wird, die niemand zählen kann.

Es besteht kein Widerspruch zwischen den Worten Christi im Matthäusevangelium und seinen Worten in der Offenbarung. C. H. Spurgeon bringt beide so in Einklang: »*Ich glaube, dass es im Himmel mehr Menschen geben wird als in der Hölle. Wenn Sie mich fragen, warum ich das meine, gebe ich zur Antwort, dass Christus in allem den Vorrang haben soll (Kolosser 1,18), und ich kann mir nicht vorstellen, wie er den Vorrang haben könnte, wenn es mehr im Reich Satan geben sollte als im Paradies. Weiter heißt es, dass es im Himmel eine Schar geben wird, die niemand zählen kann. Ich habe nie gelesen, dass es in der Hölle eine Schar geben wird, die niemand zählen kann.* ***Ich freue mich zu wissen, dass die Seelen aller Kinder sogleich ins Paradies eilen, wenn sie sterben. Stellen Sie sich nur einmal vor, wie viele das sind!*** *«* [10]

Statt über die genauen Zahlen im Himmel und in der Hölle zu debattieren, genügt es, einfach zu sagen, dass die Hölle existiert. Sie ist furchtbar; dort werden Sie nicht hinkommen wollen, und Sie werden alles in Ihrer Macht Stehende tun wollen, um andere davon abzuhalten, sie zu wählen. Die Lehre Jesu über die Hölle mit Wermut und Galle soll unsere Herzen zurückschrecken lassen und uns warnen, dass, wenn der Himmel besser ist, als wir es erträumen könnten, die Hölle auch schlimmer sein wird, als wir es uns vorzustellen vermögen.

Die Hölle warnt uns, den Himmel zu suchen.

Sie selbst ist ihr bestes Abschreckungsmittel.

Das weiß ich aus erster Hand. Als ich mich damals verletzt hatte, pumpten die Ärzte mich mit starken Medikamenten voll, um die Infektion zu bekämpfen, die in meinen gelähmten Gliedern wütete. Mein Körper brannte vor Schmerzen. Als die Schwestern mich auf der Intensivstation mit dem Gesicht nach unten ausstreckten, konnte ich nur den Fußboden und die Füße der Umstehenden sehen. Voller Entsetzen sah ich die hässlichen gespaltenen Hufe von Dämonen anstelle der Schwesternschuhe. An den Füßen von Freunden waren behäutete Krallen. Ich flehte die Schwestern an, mich nicht wieder auf den Rücken zu legen, voller Angst, hässliche Monster zu erblicken. Doch als sie mich umdrehten, war zu meiner Überraschung alles normal.

Welch eine Hölle. Im Rückblick weiß ich heute, dass dieses Horrorszenario durch Drogen verursacht wurde. Aber diese beängstigenden Bilder begleiteten mich auch in den folgenden

Jahren des Abfallens und der Bitterkeit. In diesen Jahren, während ich im Begriff stand, Christus völlig abzusagen, tauchten tatsächlich immer wieder beängstigende Bilder von gespaltenen Hufen vor meinen inneren Augen auf. Für mich war das eine Warnung.

Meine Teenagerjahre waren voller Warnungen. Ich erinnere mich, wie ich Jonathan Edwards Predigt »Sünder in den Händen eines zornigen Gottes« las, während ich in der zehnten Klasse Englisch lernte. Meine Hände zitterten, als ich das Buch hielt! Ich wünschte, man würde auch heute noch von *High School*-Studenten verlangen, Edwards zu lesen, einen der bedeutendsten Denker Amerikas, aber die Zeiten haben sich geändert. Nur wenige lesen solche Warnungen wie:

Denselben Gott, den die Heiligen als ihren höchsten Liebhaber betrachten, betrachten Sünder als den Feind ihrer Seelen. Das göttliche und übernatürliche Licht des Heiligen ist die göttliche und übernatürliche Finsternis des Sünders. Wie die Erlösten Gott als Quelle jedes Segens betrachten, den der Himmel bietet, so betrachten die Unbußfertigen Gott als Quelle jedes Fluchs der Hölle. Für den Heiligen ist Gott der Himmel. Für die Bösen ist Gott die Hölle. Verflucht sind, die unreinen Herzens sind, denn auch sie werden Gott schauen! [11]

Erscheint Ihnen dies unfair? Erscheint es Ihnen grausam, dass Ungläubige »hinausgestoßen [werden] in die Finsternis; da wird sein Heulen und Zähneklappern« (Matthäus 8,12)? Unser menschliches Gerechtigkeitsempfinden mag das so sehen, aber vergessen Sie nicht, dass Gott diesem außerordentlich rebellischen Planeten überhaupt nichts schuldet. Gäbe es da nicht Gottes belebende Gnade, so würden wir alle in unseren Übertretungen tot bleiben. Und wäre da nicht seine Gnade, hätte dieser Planet sich außerdem schon vor langer Zeit durch Hass und Gewalt in Stücke gerissen. Dass die menschliche Rasse so lange überlebt hat, ist eine Demonstration der Barmherzigkeit Gottes. Die Frage lautet nicht: »Wie kann Gott so viele Menschen in die Hölle gehen lassen?«, sondern sollte lauten: »Wie kann Gott so großzügig sein und so viele retten, wie er es tut?«

Nicht menschliche Fairness ist der Punkt, sondern Gottes Gerechtigkeit. Gäbe es kein Gericht und keine nachfolgende Hölle, wäre es vernünftiger, zu essen, zu trinken und fröhlich zu sein, denn morgen sind wir tot und ... Schluss. Das Nichts. Alles vorbei. Aber es *gibt* eine Hölle. Und es gibt ein Gericht. »Ich sah die Toten, groß und klein, stehen vor dem Thron, und Bücher wurden aufgetan. Und ein andres Buch wurde aufgetan, welches ist das Buch des Lebens. Und die Toten wurden gerichtet nach dem, was in den Büchern geschrieben steht, *nach ihren Werken* ... Und wenn jemand nicht gefunden wurde geschrieben in dem Buch des Lebens, der wurde geworfen in den feurigen Pfuhl« (Offenbarung 20,12.15).

Das ist der eine Vers in der Bibel, der mir die Haare auf dem Kopf zu Berge stehen lässt. Apokalyptische Verse über die Zeichen der Zeit, über Erdbeben, Flutkatastrophen und Seuchen bewirken das nicht. Nicht einmal Bilder von fauchenden Ungeheuern und Wesen mit zehn Hörnern oder von den Himmeln, die wie eine Schriftrolle zusammengerollt werden, und von den Bergen, die sich ins Meer flüchten. Der schlimmste Vers in der Bibel ist der über die Toten, die gerichtet werden. Und zwar deshalb, weil einige dieser Toten mein Nachbar unten an der Straße, mein Grundschullehrer, die Dame im Waschsalon oder sogar die jungen Muslime an der Tankstelle in der Nähe unseres Hauses sein werden (ganz zu schweigen von Millionen anderer in der ganzen Welt).

Wenn ich bete: »Komme bald, Herr Jesus«, spreche ich das Wort »bald« nachdenklich aus. Möchte ich wirklich, dass Jesus bald zurückkehrt? Ja!

Und nein.

Den Tag des göttlichen Zorns aufhalten

Still dämmerte der Morgen über Nazareth herauf; nur ein Hahn krähte und irgendwo bellten ein paar Hunde. Es war noch sehr früh, doch die Sonne stand hoch und die Luft war trocken und heiß. An jedem anderen Morgen hätte es in den Straßen Nazareths von halsabschneiderischen Händlern und plaudernden Frauen auf dem Weg zum Brunnen gewimmelt. Doch dies war kein gewöhnlicher Tag. Es war der Sabbat. Und zwar kein gewöhnlicher Sabbat. Jesus war heimgekommen, und er würde in der Synagoge sein.

Keiner wusste genau, wie lange er fort gewesen war. Zwei, vielleicht drei Monate? Es ging das Gerücht um, Jesus habe eines Morgens seine Zimmermannsschürze an den Nagel gehängt und sei zum Jordan hinuntergewandert, um den Täufer aufzusuchen. Dann sei etwas Seltsames geschehen. Als Jesus sich taufen ließ, sei eine donnernde Stimme ertönt, gefolgt von einer Taube. Und dann wäre er verschwunden. Einige sagten, Jesus sei in Richtung Wüste gegangen. Andere berichteten von seinen späteren Aufenthalten in Kapernaum. Das war dann der Punkt, wo die Gerüchte wirklich bizarr wurden. Kranke Leute geheilt? Irgendwas von Wasser, das zu Wein wurde?

Und nun war er wieder in Nazareth.

Die Luft in der Synagoge war heiß und stickig. Ein Ordner reichte Jesus die Schriftrolle Jesajas. Schweigend rollte er sie auf, fand den Vers vor, den er suchte, und begann mit einer Stimme ungewohnter Autorität zu sprechen: »Der Geist des Herrn ist auf mir, weil er mich gesalbt hat, zu verkündigen das Evangelium den Armen; er hat mich gesandt, zu predigen den Gefangenen, dass sie frei sein sollen, und den Blinden, dass sie sehen sollen, und den Zerschlagenen, dass sie frei und ledig sein sollen, zu verkündigen das Gnadenjahr des Herrn« (Lukas 4,18–19).

Mitten im Vers hielt er inne. Ohne ein weiteres Wort ließ Jesus den unvollendet und setzte sich wieder. Aller Augen waren auf ihn gerichtet. Kein Wunder, denn nie hatten sie jemanden Jesaja 61 so vorlesen hören, als wären es seine eigenen Worte. Schließlich brach Jesus das Schweigen: »Heute ist dieses Wort der Schrift erfüllt vor euren Ohren.«

Der Rest ging im Tumult unter. Die Menge begann, Zeichen zu fordern, eine magische Show, und schrie: »Tue doch hier in deiner Heimatstadt, was man in Kapernaum von dir berichtet hat!« Jesus erinnerte sie, dass die Mengen dasselbe von Elija und Elisa verlangt hatten, doch wie einst die Propheten, so würde auch er unter ungläubigen, hartnäckigen, stolzen Leuten keine Wunder tun. Ein Handgemenge folgte, dann geriet die ganze Stadt in Aufruhr. Sie trieben Jesus aus dem Ort und stießen ihn auf den Hügelkamm hinauf, um ihn die Klippe hinunterzustürzen. Dort endet die Geschichte abrupt, als Jesus ihnen entkam und seiner Wege ging.

Dieser Vorfall in Lukas 4 berichtet von der formalen Ankündigung des Dienstes Jesu. Vom ersten Moment an, als er seinen irdischen Auftrag in Angriff nahm, machte er seine Beweggründe und Absichten klar. Er war um des Himmels willen gekommen. Doch warum gab sich die Menge mit seiner Missionserklärung nicht zufrieden?

Vielleicht lag es weniger an dem, was er sagte, als an dem, was er nicht sagte. Jesus las nicht den gesamten Vers aus Jesaja 61 vor. Er kündete an, dass er gekommen war, das Gnadenjahr des Herrn zu verkündigen, aber er führte den Satz nicht zu Ende. Er sprach nicht aus, was die Leute zu hören hofften: dass er gekommen sei, »einen Tag der Vergeltung unseres Gottes« zu verkündigen. Für die Leute, die sich in jener Synagoge versammelt hatten, war klar, dass Jesus nicht die Absicht hatte, den Zorn Gottes an ihren römischen Unterdrückern zu vollziehen. Und jeder dachte, dass der Messias genau dazu kommen würde: um Zorn und Gericht zu vollstrecken.

Den schrecklichsten Teil des zweiten Verses in Jesaja 61 ließ Jesus aus, weil er nicht gekommen war, um zu verurteilen oder zu vernichten. Er kam, um die Verlorenen zu suchen und zu retten.

Dies stürzte alle in Verwirrung. Besonders Johannes den Täufer, der sich ganz mit dem Gericht beschäftigte. Johannes hatte Jesus den Weg bereitet und verkündet: »Tut Buße, denn der Tag des Herrn ist nahe.« Er predigte vom kommenden Höllenfeuer und warnte vor der drohenden Rache Gottes. Kein Wunder, dass der Täufer irritiert war. Er hatte sein Leben aufs Spiel gesetzt, als er zornige Worte gegen Herodes aussprach und mit dem Finger auf die heuchlerischen religiösen Obersten zeigte. Als Jesus es unterließ, das Böse zu zermalmen und Sünder zu züchtigen, war Johannes verwirrt und enttäuscht. Er hatte sich um des kommenden Gerichts willen ins Gefängnis werfen lassen, und doch rührte Jesus nicht einen Finger, um ihn aus der Haft freizubekommen.

Jesus stellte klar, dass es nicht seine Absicht war, den Zorn Gottes zu vollstrecken, sondern diesen Zorn in seinem eigenen Leib auf sich zu nehmen. Diese Aussage bricht mir das Herz: Jesus, mein kostbarer Erlöser, kam nicht, um den Zorn Gottes zu vollstrecken, sondern um ihn *in seinem eigenen Körper auf sich zu nehmen*. Der ganze weiß glühende Zorn Gottes gegen meine Sünde wurde am Kreuz ausgegossen. Durch Jesus hat der Vater keinen Zorn mehr gegen Sie oder mich.

Stattdessen hebt er seinen Zorn für den Tag auf, an dem sein Sohn zurückkommen wird.

Eines Tages wird Jesus zurückkehren und den Vers aus Jesaja 61 abschließen.

Er wird die Lebenden und die Toten richten. Er wird die Gottlosen zerschlagen. Die rebellischen, frechen Übeltäter bestrafen. Er wird Völker zerschlagen und Könige und Herrscher stürzen. Er wird den Tag der Rache unseres Gottes einläuten.

Das ist es, was meine Bitten um die baldige Rückkehr Christi mäßigt. Ja, ich bete: »Komme bald, Herr Jesus«, doch in demselben Atemzug erinnere ich mich an die Teenagerin aus der *High School* in ihrem weiß verzierten Kleid, für die ich während der Probe betete, an das zehnjährige asiatische Mädchen im Friseursalon, und an einige Tanten und Onkel, die eines Tages, wenn sie Christus nicht als ihren Erlöser bekennen, in der Kelter des Zornes Gottes zertreten werden.

Möge dieser große und schreckliche Tag des Herrn noch ein klein wenig aufgehalten werden!

Dennoch muss ich mir in Erinnerung rufen, dass Gottes Zeitplan vollkommen ist. Sie und ich haben eine Aufgabe zu erfüllen, genau wie es den Jüngern gesagt wurde, als sie Jesus nach dem Zeitpunkt seiner Wiederkunft fragten. Der Herr sagte zu ihnen: »Es gebührt euch nicht, Zeit oder Stunde zu wissen, die der Vater in seiner Macht bestimmt hat; aber ihr werdet die Kraft des Heiligen Geistes empfangen ... und werdet meine Zeugen sein in Jerusalem und in ganz Judäa und Samarien und bis an das Ende der Erde« (Apostelgeschichte 1,7–8).

Ich brauche mir keine Gedanken über Gottes Zeitplan zu machen. Ich muss nur betroffen genug sein, Zeugnis abzulegen. Während Christus im Himmel ist, verkündigt er durch uns das Gnadenjahr des Herrn; durch Sie und mich führt er seinen Plan der Barmherzigkeit und Vergebung aus. Er ist nach wie vor der sanfte, barmherzige Hirte, der noch mehr Menschen retten möchte, der nach verlorenen Männern und Frauen sucht, denen er mit Freuden Erlösung gewähren kann.

Wenn ich mich also an das Fenster der Ewigkeit lehne und sehnsüchtig darauf dränge, dass mein Erlöser das Versprechen seiner Wiederkunft einlöst, beiße ich mir auf die Lippe und rufe mir 2. Petrus 3,9 in Erinnerung: »Der Herr verzögert nicht die Verheißung, wie es einige für eine Verzögerung halten; sondern er hat Geduld mit euch und will nicht, dass jemand verloren werde, sondern dass jedermann zur Buße finde.« Das ist alles, was ich brauche, um mich von diesem Fensterrahmen abzuwenden und hinauszugehen, um die Verlorenen zu retten.

Wie geduldig der Herr ist, dass er seit buchstäblich zweitausend Jahren den Atem anhält, bevor er seine Rache ausgießt. Ich habe keine Einwände gegen diese Verzögerung Gottes, selbst wenn sie noch einige weitere Jahre in diesem Rollstuhl bedeutet. Gottes Zögern bedeutet mehr Zeit und Gelegenheit, die Zahl der Himmelsbewohner zu erhöhen. Mehr Zeit, sein Erbe zu bereichern, seinen Leib zu ergänzen, seine Braut zu verschönern, seine Armee zahlenmäßig zu vergrößern und den großen Chor ewiger Anbeter lauter und donnernder lobpreisen zu lassen. Kurz gesagt, es bedeutet mehr Ruhm für ihn.

Ich kann 2. Petrus 3,9 so umschreiben: »Der Herr zögert nicht, sein Urteil zu vollstrecken, wie einige Verzögerung verstehen. Er hält den letzten Teil von Jesaja 61,2 zurück, damit – möge der Himmel es geben – mein Nachbar, meine Verwandten und die Menschen, die in unserem Bezirk arbeiten, zur Buße kommen.«

Oh, wie gnädig von Jesus, wie geduldig. Wie freundlich von unserem Gott, wie barmherzig. Bis der König der Könige und der Herr der Herren mit Augen wie Feuerflammen, einem in Blut getränkten Gewand und mit Schwert und Zorn zurückkehrt, sollten Sie und ich am besten hinausgehen und das Gnadenjahr des Herrn verkündigen.

Krönt ihn mit vielen Kronen

Klopft Ihr Herz jetzt ein wenig lauter, so wie meines? Vielleicht fühlen Sie sich wie ich – in Freude getaucht, doch ehrfürchtig bangend. Übersprudelnd fröhlich, doch zitternd vor heiligem Respekt. Unser Gott ist ein ehrfurchtgebietender Gott. Deshalb wünschte ich, wir würden uns gerade jetzt gegen die kalte Nachtluft da draußen zusammenkauern, auf das Rauschen in den Pinien meines Nachbarn hören und eine dünne Mondsichel betrachten, die vom Horizont herüberlächelt. Ich wünschte, wir ständen gemeinsam unter der sternenübersäten Kuppel, fühlten uns darin verschwindend klein und stimmten das schwache, unverkennbare Echo einer Hymne an. Einer ganz bestimmten Hymne, die eine klingende Saite in unserer Seele anschlägt.

Es wäre ein Augenblick großer Freude und Weisheit. Doch diesmal würden wir nicht ablassen. Nichts Weltliches oder Gewöhnliches könnte es wegspülen, und wir würden nicht nur in diesem ekstatischen Zustand des Lauschens auf die himmlische Musik verharren, sondern wir würden unsere Stimmen erheben und laut singen ...

Crown Him the Lord of love:
Behold His hands and side –
Rich wounds, yet visible above,
In beauty glorified.
No angel in the sky
Can fully bear that sight,
But downward bends his wond'ring eye
At mysteries so bright.
Crown Him the Lord of life:
Who triumphed o'er the grave,
Who rose victorious to the strife
For those He came to save.
His glories now we sing,
Who died and rose on high,
Who died eternal life to bring
And lives that death may die.
Crown Him the Lord of heav'n:

One with the Father known,
One with the Spirit through Him giv'n
From yonder glorious throne.
To Thee be endless praise,
For Thou for us hast died;
Be Thou, O Lord, through endless days
Adored and magnified.
Amen. [12]
(Krönt, krönt ihn, unsern Herrn,
seht seine Wunden an!
Sie strahlen seine Liebe aus,
die niemand fassen kann.
Kein Engel kann sie schaun,
er senkt den Blick davor
und rühmt in Anbetung das Lamm
im hohen Himmelschor.
Krönt, krönt ihn, unsern Herrn,
der Frieden uns gebracht
und dessen Szepter allem Streit
der Welt ein Ende macht!
Sein Reich bleibt ewiglich,
ob's jetzt nicht sichtbar ist,
bekennen wird einst jeder Mund,
dass Jesus König ist.
Krönt, krönt ihn, unsern Herrn,
den Schöpfer aller Welt,
der das Geschick der Völker rings
in seinen Händen hält!
Heil, Heil sei dir, o Herr,
Du littst und starbst für mich!
Ich diene dir, ich folge dir,
Dich preis ich ewiglich!
Amen!)

TEIL III

Die Reise zur Heimat

9 Wie wir uns vorbereiten

Würdest du das bitte abheften, Francie, und Kopien von diesem Brief ziehen«, bat ich meine Sekretärin, ohne vom Schreibtisch aufzublicken. »Ach ja«, seufzte ich, »und würdest du bitte noch einmal die Bettcouch herausziehen?«

»Im Ernst? Schon wieder?«

»Schon wieder.« Mein Gesicht errötete und meine Augen wurden feucht. Zum vierten Mal an diesem Tag musste ich aus dem Rollstuhl gehoben und hingelegt werden. Ich hasste das Ausziehen, um mein Korsett wieder zu richten – flache Atmung, Schwitzen und ein rapide steigender Blutdruck signalisierten, dass irgendetwas meinen gelähmten Körper entweder zwickte, quetschte oder stach. Meine Sekretärin tupfte mir die Tränen fort und schlug das Couchbett in meinem Büro auf.

Während sie meinen Körper drehte und meine Beine und Hüften nach verräterischen Druckstellen oder Rötungen absuchte, starrte ich leer an die Decke. »Ich möchte nicht mehr«, murmelte ich.

Wir konnten nichts Verkehrtes finden. Sie kleidete mich wieder an, hievte mich in meinen Stuhl und trat einen Schritt zurück.

Ich blickte hilflos und verzagt drein. »Wo muss ich hingehen, um diese dumme Lähmung zu kündigen?«

Francie schüttelte den Kopf und grinste. Sie hat es mich Dutzende Male sagen hören. Es ist nichts Neues. Meine Behinderung ist, manchmal, eine Qual.

Als sie den Stapel Briefe von meinem Schreibtisch holte und gerade gehen wollte, hielt sie kurz inne und lehnte sich gegen die Tür. »Ich wette, du kannst den Himmel gar nicht abwarten. Weißt du, wie Paulus sagte: ›Wir seufzen und sehnen uns danach, mit unserer himmlischen Behausung überkleidet zu werden.‹«

Wieder wurden meine Augen feucht, doch diesmal waren es Tränen der Erleichterung und Hoffnung. »Ja, das wird großartig sein.« Ich konnte nicht wieder anfangen zu diktieren. Die Verse gingen mir nach und ich flüsterte ein Gebet: »Ja, Herr, ich freue mich schon darauf, gesund zu sein, einen Körper zu haben, der nie Schmerzen erleiden wird. Aber um ehrlich zu sein, möchte ich vor allem ein neues Herz, das nicht resignieren oder aufgeben will.«

Ich saß dort und träumte, wovon ich schon tausendmal geträumt habe: von der Hoffnung auf den Himmel. Ich gab meinem Willen einen Ruck, fokussierte meine Gefühle neu und lenkte meine Gedanken wieder auf die rechte Spur. In Gedanken wiederholte ich eine Fülle weiterer Verheißungen und richtete die Augen meines Herzens auf unsichtbare göttliche Realitäten und zukünftige göttliche Erfüllungen. Ich konzentrierte mich auf ein paar himmlische Koordinaten, um mein Blickfeld über die körperlichen Schmerzen hinaus zu weiten: *Wenn wir ihn sehen, werden wir ihm gleich sein ... Das Sterbliche wird die Unsterblichkeit anziehen ... das Verwesliche die Unverweslichkeit ... was in Schwachheit gesät ist, wird auferstehen in Kraft ... Er hat uns ein Erbe gegeben, das nie vergehen, befleckt werden oder verwelken kann ... Wenn wir mit ihm leiden, werden wir auch mit ihm herrschen.*

Das war alles, was ich brauchte. Ich öffnete die Augen und sagte mit einem Lächeln laut: »Komme bald, Herr Jesus.«

Die hier beschriebene Szene kann sich unter Umständen zwei-, dreimal pro Woche wiederholen. Körperliche Beschwerden und emotionaler Schmerz gehören, offen gesagt, zu meinem Alltag. Aber ich bleibe nur lange genug selbstbezogen, um ein paar Tränen zu vergießen, ein wenig zu meckern, und das war's dann. Ich habe schon vor längerer Zeit gelernt, dass

Selbstmitleid zur tödlichen Falle werden kann, und deshalb meide ich es wie die Pest. Schnell gehe ich weiter und himmelwärts.

Beschwerden sind Gottes Art, mir dabei zu helfen, meine Gedanken auf das Jenseits zu richten. Und ich meine damit nicht das Jenseits als Todeswunsch, als psychologische Krücke oder als Flucht aus der Realität. Ich meine das Jenseits als die wahre Realität. Und nichts ist so effektiv, wie das Wiederholen einiger altehrwürdiger, ständig benutzter Bibelverse, um die Realität wieder ins Blickfeld zu rücken.

Jedes Mal, wenn mein Korsett mir eine Wunde in die Seite treibt oder wenn ich vier Wochen reglos im Bett liegen muss oder wenn das Mitleid eines anderen mir einen Stich versetzt, schaue ich über das Negative hinaus und erkenne das Positive ...

Ich erinnere mich, dass Pilger sich auf der Erde gar nicht zu Hause fühlen sollen.

Ich richte mein Herz und meine Gedanken auf die Dinge von oben und warte auf den Bräutigam.

Ich rufe mir die Verheißung eines neuen Körpers, Herzens und Verstandes in Erinnerung.

Ich träume davon, auf der Erde zu regieren und im Himmel zu herrschen.

Ich denke an Kronen und Belohnungen und werfe sie alle zu Jesu Füßen nieder.

Wenn diese Bibelstellen eine klingende Saite in meinem Herzen anschlagen, stimme ich in die Melodie ein und verharre im Zustand des Lauschens auf die himmlische Musik. Bevor ich mich versehe, hebt das Lied mich hinauf und ich schwebe auf Flügeln des Geistes und atme himmlische Luft. Ich bin im Himmel. Es ist ein herrlicher Standpunkt, von dem ich auf meine Schmerzen und Probleme herabschauen kann. Die Seele, die sich zum Königreich des Himmels hinaufschwingt, kann nicht anders als triumphieren.

Es ist seltsam, dass erst ein Rollstuhl – etwas, was mich an die Erde nagelt – mir die Sinnlosigkeit bewusst machte, geistliche Kämpfe auf der irdischen Ebene ausfechten zu wollen. Als ich versuchte, auf derselben niedrigen Ebene zu leben wie meine Schrauben, Schalter, Räder und Gurte, machte ich einen Schnitzer nach dem anderen. Dort war ich machtlos, bis ich auf ein höheres Kampffeld wechselte und eine andere Perspektive wählte.

Als ich vom Standpunkt des Himmels auf meine Probleme herabblickte, sahen die Nöte außerordentlich anders aus. Von derselben Ebene aus betrachtet schien meine Lähmung wie eine riesige, unüberwindliche Mauer; doch von oben wirkte sie wie eine dünne Linie, wie etwas, was sich überwinden lässt. Es war, wie ich beglückt feststellte, ein Blick aus der Vogelperspektive. Es war die Sicht aus Jesaja 40,31: »Die auf den Herrn harren, kriegen neue Kraft, dass sie auffahren mit Flügeln wie Adler, dass sie laufen und nicht matt werden, dass sie wandeln und nicht müde werden.«

Adler überwinden das niedrigere Gesetz der Schwerkraft durch das höhere Gesetz des Fluges, und was für Vögel gilt, gilt auch für die Seele. Seelen, die sich wie auf Adlerflügeln in himmlische Höhen hinaufschwingen, überwinden den Schlamm der Erde, der uns in einer zeitlichen, begrenzten Perspektive stecken bleiben lässt. Wenn Sie den Horizont des Himmels sehen und die Erde in den Rückspiegel verschieben wollen, brauchen Sie nur Ihre Flügel auszubreiten (ja, Sie haben Flügel; Sie brauchen keine breiteren, besseren, sondern besitzen alles, was Sie brauchen, um Ihre Nöte aus dem Blickwinkel des Himmels betrachten zu können) und die Härten Ihrer Situation aus himmlischen Regionen zu überdenken. Wie bei der Mauer, die zur dünnen Linie wird, werden Sie in der Lage sein, einen Blick auf die andere Seite zu werfen, auf das glücklichere Ergebnis.

So geschah es mir an jenem Tag in meinem Büro. Ich konnte über meine »Mauer« hinausblicken und sehen, wohin Jesus mich auf meiner geistlichen Reise führte.

Obwohl die Lähmung mir in meiner Pilgerschaft geholfen hat, machte sie mich nicht automatisch heilig. Das Gleiche könnten Sie über Ihr eigenes Leid sagen. Schmerz und Probleme machen uns nicht augenblicklich gehorsam. Bei mir war dazu einige Zeit erforderlich. Und zwar in mehr als einer Hinsicht.

Vom Ende der Zeit her betrachtet

Die Bibel bietet uns vor allem eine Sicht des Lebens aus der Perspektive der Ewigkeit. Manche sprechen von einem »Standpunkt des Himmels«. Ich bezeichne es gern als »Sicht vom Ende der Zeit her«. Diese Perspektive trennt das Vorübergehende vom Bleibenden. Was vorübergehend ist, wie körperliche Schmerzen, wird nicht bestehen bleiben, aber was von Dauer ist, wie das durch diesen Schmerz angehäufte ewige Gewicht der Herrlichkeit, wird in Ewigkeit währen. Alles andere – einschließlich Herzenskummer, tiefer Enttäuschung, chaotischer Umstände – alles andere, wie real es uns auf der Erde auch erscheinen mag, wird als folgenlos behandelt. Härten sind kaum der Beachtung wert.

Diese Perspektive nahm der Apostel Paulus ein, als er sagte: »Denn unsre Trübsal, die zeitlich und leicht ist, schafft eine ewige und über alle Maßen gewichtige Herrlichkeit« (2. Korinther 4,17). Und in Bezug auf seine eigenen Probleme fügte er hinzu, dass er sie alle als Dreck erachtet (Philipper 3,8).

Moment mal. Hat er gesagt: »Trübsal – leicht«? »Problem – Dreck«?

Auch der Apostel Petrus hatte diese Perspektive, als er an christliche Freunde schrieb, die ausgepeitscht und geschlagen wurden. »Dann werdet ihr euch freuen, die ihr jetzt eine kleine Zeit, wenn es sein soll, traurig seid in mancherlei Anfechtungen« (1. Petrus 1,6).

Sich freuen? Wenn man den Löwen vorgeworfen wird? Die Christen, an die Petrus schrieb, hatten unter dem römischen Kaiser Nero schrecklich zu leiden. Erwartete Petrus von ihnen, dass sie ihre Anfechtungen für eine Sache hielten, die ... *eine kleine Zeit* dauern würde? Was für eine Armbanduhr trug er denn da?

Diese Art von Lässigkeit angesichts herzzerreißenden Leids machte mich früher wahnsinnig. Wenn ich an den Rollstuhl gefesselt dasaß und aus dem Fenster über die Felder unserer Farm blickte, fragte ich mich: *Herr, wie in aller Welt kannst du meine Nöte als leicht und von kurzer Dauer betrachten? Ich werde nie wieder gehen oder laufen. Nie meine Hände benutzen. Ich habe einen undichten Blasenkatheter ... ich rieche nach Urin ... mein Rücken schmerzt ... ich sitze hinter diesem Fenster fest. Vielleicht siehst du, wie das alles zu ewiger Herrlichkeit führt, aber alles, was ich sehe, ist ein schrecklicher Tag nach dem anderen in diesem elenden Rollstuhl!*

Ich wollte von diesem himmlischen Standpunkt nichts wissen. Meine Schmerzen schrien nach meiner ungeteilten Aufmerksamkeit und forderten beharrlich: »Vergiss die Zukunft! Was wird Gott *jetzt* unternehmen?« So etwas bewirkt die Zeit. Sie fesselt Ihre Aufmerksamkeit an zeitliche Dinge und lässt Sie in der Gegenwart des Augenblicks leben. Und Leiden macht die Sache nicht leichter. Es zurrt die Umklammerung der Gegenwart fester und bringt Sie dazu, ängstlich nach schnellen Lösungen oder Fluchtlöchern zu suchen. So war es, während ich mich in meinem Rollstuhl selbst bemitleidete. Wenn ich Römer 5,3 las: »Leiden ... ist uns ein Grund zur Freude« (Gute Nachricht), war mein erster Gedanke: *Natürlich werde ich mich freuen, Gott, an dem Tag, an dem du mich aus diesem Ding rausholen wirst! Und wenn du es nicht tust, was ist eigentlich los? Machst du dich über meine Lähmung lustig? Versuchst du, mich von geistlicher Selbsttäuschung zu überzeugen? Mir einzureden, meine Verletzungen und Schmerzen wären eingebildet?* Wenn es um die Leichtigkeit und Kürze meiner Not ging, benutzte Gott offensichtlich ein anderes Wörterbuch.

Jahre später dämmerte mir das Licht. Der Herr hatte kein anderes Wörterbuch benutzt, als er Worte wie »leicht und eine kleine Zeit« wählte, um irdische Nöte zu definieren. Selbst wenn es bedeuten sollte, zersägt, von Löwen zerfleischt oder für den Rest seines Lebens in einen Rollstuhl gesteckt zu werden. Die vom Geist inspirierten Schreiber der Bibel hatten einfach eine andere Perspektive, einen Blickpunkt vom Ende der Zeit her. Tim Stafford sagt: »Das ist der Grund, weshalb die Bibel manchmal so unbekümmert und irritierend realitätsfern wirken kann, wenn sie über gewaltige philosophische Probleme und persönliches Leid hinweggeht. Aber genau so ist das Leben, wenn man es vom Ende her betrachtet. Die Perspektive ändert alles. Was im Augenblick so wichtig erscheint, hat überhaupt keine Bedeutung.« [1]

Es ist eine Frage der Perspektive. »Darum verliere ich nicht den Mut«, heißt es in 2. Korinther 4,16 (Gute Nachricht). »Denn unsre Trübsal, die zeitlich und leicht ist, *schafft eine ewige und über alle Maßen gewichtige Herrlichkeit«* (Vers 17). Was könnte die Qual einer dauernden Lähmung je aufwiegen? Die Koordinaten der neuen Perspektive sind im nächsten Vers zu finden: Wir sehen »nicht ... auf das Sichtbare, sondern auf das Unsichtbare. Denn was sichtbar ist, das ist *zeitlich*; was aber unsichtbar ist, das ist *ewig«* (Vers 18). Worin die über alle Maßen gewichtige Herrlichkeit besteht, ist klar:

Die Heilung dieses alten Schmerzes.

Freude, ewige und ekstatische Freude.

Ein wunderbares Gewand der Gerechtigkeit.
Die volle Erkenntnis Christi, meines Königs und Miterben.
Die endgültige Vernichtung von Tod, Krankheit und dem Teufel.
Die Rechtfertigung seines heiligen Namens.
Die Wiederherstellung aller Dinge unter Christus.

Diese Dinge übertreffen tausende Nachmittage voll Schweiß und hohem Blutdruck allemal. Sie übertreffen ein ganzes Menschenleben ohne Gefühl oder Bewegung. Und wissen Sie: Ich sage nicht, meine Lähmung wäre in sich und aus sich selbst heraus leicht; sie *wird* nur leicht im Gegensatz zum weit größeren Gewicht in der anderen Waagschale. Und obgleich ich drei Jahrzehnte im Rollstuhl normalerweise nicht als »eine kleine Zeit« bezeichnen würde, *sind* sie das, wenn uns bewusst wird, dass wir »ein Rauch [sind], der eine kleine Zeit bleibt und dann verschwindet« (Jakobus 4,14).

Ständig versucht die Bibel uns dahin zu bringen, das Leben von dieser Seite zu betrachten. Unser Leben ist nur ein Flimmern auf dem ewigen Bildschirm. Der Schmerz wird durch eine tiefere Erkenntnis ausradiert, durch ein herrliches Resultat in den Schatten gestellt werden. Etwas so Erhabenes, so Grandioses wird beim Finale der Welt geschehen, dass es für jeden Schmerz und jeden Kummer ausreichen wird. Außerdem hilft es zu wissen, dass unser jetziger Zustand des Leidens nötig ist, um den Zustand im Himmel zu erreichen, den wir uns (genauer gesagt: Gott für uns!) wünschen.

Deshalb verwandte Jesus so viel Mühe darauf, die Perspektive vom Ende der Zeit zu betonen. Der Herr war vom Himmel gekommen, und er wusste, wie wundervoll er war. So konzentrierte er sich stets auf die Endergebnisse – die Ernte des Weizens, die Frucht des Weinstocks, den Abschluss der Tagesarbeit, den Ertrag der Investition, das Haus, das dem Sturm standhält. Er wusste, dass unsere Faszination vom Hier und

Jetzt unterbunden werden musste, wenn wir lernen sollten, uns in unseren Leiden zu freuen. Wie sonst hätte er zu den Trauernden sagen können: »Selig seid ihr«? Wie sonst hätte er die Verfolgten auffordern können, sich zu freuen? Wie sonst hätte er seine Nachfolger ermuntern können, angesichts von Folter und Tod »fröhlich und getrost« zu sein?

Nichts hat die Art, wie ich mein Leiden betrachtete, radikaler verändert als der Riesensprung zu diesem Blickpunkt vom Ende der Zeit her. Der Himmel wurde zu meiner größten Hoffnung. Ich fragte mich sogar, wie Menschen überhaupt mit Querschnittslähmung, Krebs oder gar einem Todesfall in der Familie fertig werden können, ohne auf den Himmel zu hoffen. Es bedeutete, nicht mehr stundenlang am Fenster der Farm herumzulungern, Römer 8,28 zu verschmähen und zu murmeln: »Wie kann es da bloß heißen, dass alle Dinge in meinem Leben zum Guten zusammenwirken!« Gottes Plan für mein irdisches Wohl mag sich schmerzhaft angefühlt haben, aber ich wusste, dass das Endergebnis im Himmel ein duftendes und herrliches Aroma verströmen würde: Christus in mir, die Hoffnung der Herrlichkeit.

Es ist alles eine Frage der Zeit. Gott »hat alles schön gemacht zu seiner Zeit« (Prediger 3,11). Und viele Menschen werden die Schönheit erst am Ende der Zeit sehen. Die Zeit löst das Dilemma in Römer 8,28 genauso wie alle anderen Probleme des Bösen, des Leids und des Schmerzes.

Der Zusammenhang zwischen Not und Himmel

Vielleicht sind Sie nicht durch einen gebrochenen Halswirbel gelähmt, aber Sie könnten durch andere Begrenzungen gelähmt sein. Ein gebrochenes Herz. Eine zerbrochene Familie. Einen gebrochenen Ruf. Diese Dinge, die im Augenblick Ihre ungeteilte Aufmerksamkeit fordern, mögen irdischer Befriedigung den Zugang versperren, können aber einer dynamischen Hoffnung auf den Himmel Tür und Tor öffnen.

Übrigens sind die versperrten Türen – von denen viele Ihnen direkt vor der Nase zugeschlagen sind oder Ihnen die Finger eingeklemmt haben – kein Zufall. Gott möchte in Ihnen den tiefen Wunsch nach Ihrem Erbe wecken, das nie vergehen, befleckt werden oder verwelken kann, doch um Ihr Herz zu packen, wird er drastische Maßnahmen ergreifen. Sein *Modus Operandi* mag Ihnen zunächst nicht schmecken, doch später, wenn Sie eine Perspektive vom Ende der Zeit her gewonnen haben, werden Sie dafür dankbar sein. Samuel Rutherford beschrieb den Zusammenhang zwischen Not und Himmel so: *»Hätte Gott mir vor einiger Zeit gesagt, dass er im Begriff stand, mich so glücklich zu machen, wie ich es auf dieser Erde nur sein kann, und hätte er mir dann erklärt, dass er damit beginnen würde, mir einen Arm oder ein Bein zu verkrüppeln und damit alle gewohnten Quellen des Vergnügens zu verschließen, hätte ich das für eine höchst seltsame Art und Weise gehalten, seine Ziele zu verwirklichen. Und doch: Wie sehr sich seine Weisheit sogar darin offenbart! Denn würden Sie einen Mann in einem geschlossenen Raum gefangen sehen und beobachten, wie er eine Reihe Lampen vergötterte und sich in ihrem Licht freute, und würden Sie ihn wahrhaft glücklich machen wollen, dann würden Sie damit beginnen, all seine Lampen auszupusten und dann die Fensterläden aufzustoßen, um das Licht des Himmels hereinzulassen.«* [2]

Genau das tat Gott für mich, als er mir einen gebrochenen Halswirbel über den Weg schickte. Er pustete die Lampen meines Lebens aus, die das Hier und Jetzt erhellten und es so attraktiv erscheinen ließen. Die düstere Verzweiflung totaler und unwiderruflicher Lähmung, die dann folgte, war gewiss kein Vergnügen, aber sie ließ wirklich den Himmel lebendig werden. Und eines Tages, wenn unser Bräutigam zurückkehrt – wahrscheinlich, während ich mich gerade zum x-ten Mal wieder auf meine Bettcouch im Büro legen lassen muss –, wird Gott die Fensterläden des Himmels aufstoßen. In meinen Gedanken gibt es keinen Zweifel, dass ich fantastisch begeisterter und besser vorbereitet sein werde, als wenn ich auf meinen Füßen stehen würde.

Leiden ist kein Fehlschlag in Gottes Plan. Es stimmt zwar, dass es wie Tod, Krankheit und Zerstörung ein Teil des Fluchs ist. Doch bevor Gott zurückkommt, um endgültig den Vorhang vor dem Leid zuzuziehen, ist es zur Erlösung bestimmt. Wie Dorothy Sayers sagte: »Nur im Christentum sehen wir, wie ein guter Gott herabkommt und in das eingreift, was sonst ein furchtbares Übel wäre, und ihm etwas Positives zu unserem Wohl und zu seiner Verherrlichung abzwingt.«

Worin liegt nun dieser Zusammenhang zwischen dem Himmel und unseren Nöten?

Leiden lenkt unser Herz auf den Himmel

Leiden weckt in uns den Wunsch, dorthin zu gelangen. Zerbrochene Familien und gebrochene Herzen zerschlagen unsere Illusionen, dass die Erde ihre Versprechen einhalten könnte, dass sie wirklich befriedigen könnte. Nur die Hoffnung auf den Himmel kann wirklich unsere Leidenschaften von dieser Welt – von der Gott weiß, dass sie uns ohnehin nie erfüllen könnte – abwenden und auf das ausrichten, worin sie ihre herrliche Erfüllung finden werden.

Es wäre schön gewesen, hätte ich mich, als ich noch auf meinen zwei Beinen stand, allein um Christi willen auf den Himmel konzentriert. Aber das können Sie vergessen. Altruistisch vielleicht. Aber realistisch? Nein. Ich war gesund, durchtrainiert, abgelenkt und nicht der Typ, der sich für den Himmel hätte begeistern können, es sei denn aus eigensüchtigen Motiven. Wer möchte schon über den Himmel nachdenken, wenn er hier genug Dinge hat, die er tun, und Orte, die er aufsuchen kann? Außerdem muss man sterben, um dorthin zu gelangen. Darüber wollte ich mir im Alter von 17 Jahren keine Gedanken machen.

Das liegt nun einmal in der Natur des Menschen. Jedenfalls, was mich betrifft. Manche Leute müssen sich erst das Genick brechen, bevor sie ihr Herz auf die Herrlichkeit des Himmels ausrichten, und zufällig bin ich einer davon. Erst, nachdem ich die Unwiderruflichkeit meiner Lähmung begriffen hatte, fand der Himmel mein Interesse.

Dem Himmel sei Dank, dass Sie sich nicht erst den Hals brechen müssen, um ergriffen zu werden. Wenn Sie zu der *Erkenntnis* gelangen, dass die Hoffnungen, die Sie hegten, sich nie erfüllen werden, dass der geliebte Mensch für immer aus diesem Leben geschieden ist, dass Sie nie so hübsch oder erfolgreich oder berühmt sein werden, wie Sie es einst erträumten, hebt sich Ihr Blick. Sie ersehnen und freuen sich auf den Tag, an dem Ihre Hoffnung Erfüllung finden und Ihr Herzenskummer verschwinden wird. Der herrliche Tag, an dem wir völlig »heil« sein werden, wird zu Ihrer Leidenschaft, wenn Sie erkennen, dass die Erde Ihre tiefsten Wünsche ein für alle Mal nicht erfüllen kann.

Meine Hoffnung, durch irdische Wiesen zu streifen und mit den Füßen in einem Bach zu plätschern, werden nie Wirklichkeit werden – doch sie werden es im neuen Himmel und auf der neuen Erde. Mein Traum, einen geliebten Menschen in die Arme zu schließen und seine oder ihre Umarmung tatsächlich zu *spüren*, wird nie Wirklichkeit werden – doch er wird es, wenn wir gemeinsam vor Jesus stehen werden.

Sie werden dies besonders dann nachempfinden können, wenn die Erde Ihnen das Herz gebrochen hat. Vielleicht sind Sie eine Mutter, die ihr Kind durch einen Unfall verloren hat, ein Sohn, der seinen Vater durch Krebs verloren hat, oder ein Ehemann, dessen Frau in die Herrlichkeit hinübergegangen ist. Diese geliebten Menschen nehmen einen Teil Ihres Herzens mit sich, den niemand ersetzen kann. Und da das Streben nach dem Himmel ohnehin eine Angelegenheit des Herzens ist, seien Sie nicht überrascht festzustellen, dass Sie sich nach dem Himmel sehnen, nachdem Sie am Grab gestanden haben. Wenn Ihr Herz bei den geliebten Menschen ist und wenn diese nun beim Herrn sind, dann ist der Himmel auch für Sie ein Zuhause.

Ein gebrochenes Herz führt zu der wahren Befriedigung, weniger von diesem Leben zu fordern, weil das nächste Ihnen mehr geben wird. Die Kunst, mit dem Leiden zu leben, ist die Kunst, Ihre Erwartungen im Hier und Jetzt neu auszurichten. Es gibt da einfach einige Dinge, die ich wegen dieses Rollstuhls *nie haben* werde. Solche Sehnsüchte verstärken meine Einsamkeit hier auf der Erde. Der Psalmist kleidete diese Einsamkeit in Worte, als er in Psalm 73,25–26 sagte: »Wenn ich nur dich habe, so frage ich nichts nach Himmel und Erde. Wenn mir gleich Leib und Seele verschmachtet, so bist du doch, Gott, allezeit meines Herzens Trost und mein Teil.«

Larry Crabb schreibt: »Gottesfürchtige Menschen ... wissen harte Dinge großmütig zu ertragen. Eine Tochter mit Anorexie, eine Entlassung, den Verrat eines Freundes. Sie wissen, dass ihre Existenz einen Sinn hat und dass sie für grenzenlose Erfüllung auf höchster Ebene (im Himmel) bestimmt sind. Weil sie nachhaltig spüren, dass nichts hier ganz an die Erwartungen ihrer sehnsüchtigen Seelen heranreicht, treibt sie der stille, aber tief im Innern pochende Schmerz nicht zur Klage, sondern zur Vorfreude und fortgesetzter Hingabe.« [3]

Aber weniger zu erwarten ist kein Verlust, und die neue Ausrichtung der eigenen Erwartungen ist nicht negativ. Sie ist gut. Als ich auf meinen Beinen stand, hatten große turbulente Vergnügungen mir nur flüchtige Befriedigung zu bieten. Im Rollstuhl stellt sich Befriedigung ein, während ich an einem windigen Tag unter einer Eiche sitze und mich am Rascheln der Blätter erfreue oder während ich an einem Kaminfeuer sitze und den besänftigenden Klängen einer Symphonie lausche. Diese kleinen, weniger bombastischen Vergnügen sind reich, weil solche Dinge – anders als der Spaß auf meinen zwei Beinen – zu Geduld, Ausharren und einer Haltung der Dankbarkeit führen und das alles mich weiter auf die Ewigkeit vorbereitet.

Es ist diese Hingabe, die Ihnen hier auf der Erde am meisten einbringt. Sie genießen ein »wahrhaftiges Herz in vollkommenem Glauben«, wie es in Hebräer 10,22 heißt, und das wiederum verleiht unsichtbaren göttlichen Realitäten und zukünftigen göttlichen Erfüllungen Überzeugungskraft. Sie genießen an jedem Punkt Ihres Lebens ein neues Maß, eine neue Freisetzung an Energie, während die Augen Ihrer Seele gestärkt und Ihr geistliches Verständnis geweckt werden. Eine größere Glaubensgewissheit zeigt Ihnen, dass tatsächlich alle Dinge zum Guten zusammenwirken, und Sie erkennen ohne jede Spur des Zweifels, dass auch die kleinsten Dinge, die im Namen Christi getan werden, ein größere Fähigkeit nach sich ziehen, Gott in Herrlichkeit zu dienen.

Leiden lässt das Herz heimwärts eilen.

Leiden bereitet uns vor, Gott zu begegnen

Stellen Sie sich das nur einmal vor. *Angenommen, Sie hätten nie in Ihrem Leben physische Schmerzen erfahren.* Keine Rückenschmerzen, verstauchten Knöchel oder verfaulten Backenzähne. Was wäre, wenn Sie nie auf diese Krücken oder dieses Gehgestell angewiesen gewesen wären? Wie könnten Sie die durchbohrten Hände zu schätzen wissen, mit denen Christus Sie begrüßen wird?

Ja, Jesus wird im Himmel der Einzige sein, der die Wunden des irdischen Lebens – die Nägelmale in seinen Händen – tragen wird. Das wissen wir, weil der auferstandene Christus auf seinem Thron als das »Lamm ... wie geschlachtet« erscheinen wird. Und wenn wir seine Wunden berühren werden, wird Gott uns zumindest eine Teilantwort auf die Frage nach dem »Warum?« unserer Leiden geben und uns erwidern: »Warum nicht?«

Wenn Jesus so viel Leid durchmachte, um uns zu gewähren, was wir nicht verdienen, warum beschwerten wir uns dann, weil wir auf der Erde nur einen Bruchteil dessen zu ertragen hatten, was er um unsertwillen durchmachte? Doch wenn wir unsere Klagen erstickten und uns über das Vorrecht freuten, an den Leiden Christi Anteil zu erhalten, werden wir vor Freude übersprudeln, wenn seine Herrlichkeit auf der Bildfläche erscheinen wird. Denn »wenn wir ... mit ihm leiden, [werden] wir auch mit zur Herrlichkeit erhoben werden« (Römer 8,17).

In gewisser Weise wünschte ich, ich könnte meinen alten, zerschundenen Everst & Jennings-Rollstuhl in den Himmel mitnehmen. Ich würde auf den leeren Stuhl deuten und sagen: »Herr, jahrzehntelang saß ich gelähmt in diesem Stuhl. Aber er hat mir gezeigt, wie gelähmt du dich gefühlt haben musst, als du an das Kreuz genagelt warst. Meine Begrenzung hat mir etwas von den Begrenzungen bewusst gemacht, die du ertragen hast, nachdem du deine Königsgewänder abgelegt hattest und in das unwürdige menschliche Fleisch kamst.«

An diesem Punkt würde ich mich in meinem starken und wunderschönen verherrlichten Körper vielleicht hineinsetzen, mit den Händen über die Armlehnen streichen, zu Jesus aufblicken und hinzufügen: »Je schwächer ich mich in diesem Stuhl fühlte, desto stärker stützte ich mich auf dich. Und je stärker ich mich auf dich stützte, desto mehr entdeckte ich, wie stark du bist. Danke, Jesus, dass du an deinem Leiden Gehorsam lerntest ... Du gabst mir die Gnade, in meinem Gehorsam zu lernen.«

Ich werde nicht nur die Narben Christi, sondern auch die Narben anderer Christen zu schätzen wissen. Dort werde ich Männer und Frauen sehen, die in der Welt in Stücke gerissen, im Feuer verbrannt, gefoltert und verfolgt, von Tieren aufgefressen und im Ozean ertränkt wurden – alles aus Liebe zu ihrem Herrn. Welch ein Vorrecht, in ihre Nähe eingereiht zu werden! Doch welch eine Beschämung, wenn wir im Gespräch mit ihnen nur die Achseln zucken und schwafeln könnten: »Ich? Gelitten? Na ja, es gab da eine Zeit, da musste ich eine schreckliche gelbe Tapete im Wohnzimmer ertragen ... ach ja, und dann meine Gallenoperation. Willst du mal meine Narbe sehen?«

Verzeihen Sie mir meine Respektlosigkeit, aber vielleicht würden wir uns öfter auf die jammernde Zunge beißen, wenn wir nur innehalten würden, um uns diese Szene im Himmel vorzustellen. Die Vorbilder anderer leidender Heiliger sollen uns auf unserer himmlischen Heimreise inspirieren. Deshalb lese ich so gern die Biographien von Missionaren wie Amy Carmichael oder J. Hudson Taylor, die es als Privileg erachteten, ihre Leiden willig zu ertragen, um Anteil an der Herrlichkeit Christi zu erlangen.

Angenommen, Sie hätten in Ihrem Leben nie emotionalen Schmerz erlitten. Kein verunglimpfter Ruf. Keine verletzten Gefühle. Keine quälenden Gewissensbisse. Was wäre, wenn niemand Sie je tief beleidigt hätte? Wie könnten Sie Ihrer Dankbarkeit angemessenen Ausdruck verleihen, wenn Sie dem Mann der Schmerzen gegenübertreten, der mit Leiden vertraut war?

Wenn Sie sich nie peinlich berührt oder beschämt gefühlt hätten, könnten Sie erfassen, wie sehr er Sie liebte, als er sich von Soldaten anspucken ließ und die Rückgratlosigkeit seiner Jünger, die Rohheit der Menge und das Gejohle der Meute ertrug. Alles aus Liebe zu Ihnen.

Er nahm Ihre beschämenden Sünden und machte sie zu den Seinen. Sie werden sagen können: »Herr, ich bin dankbar, dass ich die schmerzlichen Stiche der Schuld zu spüren bekam ... ich weiß nun besser zu schätzen, wie du am Kreuz durch die Sünde verwundet wurdest!«

Angenommen schließlich, Sie hätten nie in Ihrem Leben etwas vom Kampf gegen die Sünde erfahren. Es besteht ein klarer Zusammenhang zwischen dem Himmel und diesem Kampf. Der Apostel Johannes knüpfte diese Verbindung enger, als er in 1. Johannes 3,2–3 schrieb: »Wir wissen aber: wenn es offenbar wird, werden wir ihm gleich sein; denn wir werden ihn sehen, wie er ist. Und ein jeder, der solche Hoffnung auf ihn hat, der reinigt sich, wie auch jener rein ist.«

Man findet selten Gläubige, die sich um des Himmels willen reinigen. Aber ich möchte einer von ihnen sein, Sie nicht auch? Ich möchte mein Gewissen reinigen und jeden Winkel meines Herzens offen legen, in dem sich Unrat verbirgt. Es ist schmerzhaft, sich einer derart unerbittlichen Selbstüberprüfung zu unterziehen und jede Sünde abzuschneiden, die uns verstrickt, und ich möchte mir genauso wenig »ein Auge ausreißen« oder »die Hand abhauen« wie Sie. Doch das ist es, was der Herr von uns verlangt, wenn wir eine vitale Vorfreude darauf empfinden wollen, ihn einmal von Angesicht zu Angesicht zu schauen. Jeder, der sich selbst reinigt, hat eine Hoffnung auf den Himmel, und jeder, der diese Hoffnung hat, reinigt sich selbst. [4]

Ich möchte im Himmel so glücklich wie nur möglich sein; und Bischof Ryle zielt ins Schwarze, wenn er schreibt: »Der Himmel ist ein heiliger Ort. Alle seine Bewohner sind heilig. Alle seine Beschäftigungen sind heilig. Um im Himmel wirklich glücklich sein zu können, sagt uns die Vernunft, dass wir irgendwie darauf vorbereitet sein müssen. Unsere Herzen müssen irgendwie darauf eingestimmt werden, irgendwie dafür bereit sein.« [5]

Ja, Sie möchten im Himmel glücklich sein. Und, ja, Sie möchten sich bei König David und den Aposteln Paulus und Johannes zu Hause fühlen. Dann führen Sie ein Leben in Übereinstimmung mit den Dingen, von denen sie sprachen. Könnten wir den Apostel Paulus begeistert begrüßen, der sagte: »Ordnet euch einander unter in der Furcht Christi« (Epheser 5,21), wenn wir es uns zur Gewohnheit gemacht haben, auf anderen herumzutrampeln, um selbst weiterzukommen?

Könnten wir uns auf einige Stunden allein mit dem Apostel Johannes freuen, der sagte: »Wer in der Liebe bleibt, der bleibt in Gott und Gott in ihm« (1. Johannes 4,16), wenn wir uns in Wirklichkeit mit einer halbherzigen, wankelmütigen Hingabe an unseren Herrn Jesus zufrieden gaben? Würden wir uns in Gegenwart Davids wirklich wohl fühlen, der sagte: »Ich rufe zu Gott, dem Allerhöchsten, zu Gott, der meine Sache zum guten Ende führt« (Psalm 57,3), wenn wir Gott ignorierten, sobald sich Schwierigkeiten einstellten?

Wie könnten wir begeistert sein, dem Herrn von Angesicht zu Angesicht zu begegnen, wenn wir auf der Erde an genau den Sünden festhielten, für die er starb? Es ist unmöglich, an sündigen Gewohnheiten festzuhalten und zur gleichen Zeit an dem Wunsch festzuhalten, die nägeldurchbohrten Hände Christi zu berühren. Niemand kann auf den Himmel hoffen und zugleich an Sünden festhalten, von denen er weiß, dass sie unzulässig sind? Es stimmt, dass ein geheiligter Lebensstil hart und anspruchsvoll ist, aber die himmlischen Belohnungen sind kostbar. Es sind himmlisch gesinnte Leute, die ihre Sünde ans Kreuz nageln; die sich wie Johannes an Christus lehnen möchten; die sich wie Paulus selbst aufgeben, um in einen dritten Himmel hinaufgenommen zu werden; die wie David den Wunsch haben, zu den Füßen ihres Herrn zu sitzen.

Ja, es ist ein Kampf. Und das gesamte siebte Kapitel des Römerbriefs versichert uns, dass ein heiliges Leben immer ein Kampf sein wird. Aber stellen Sie es sich als die beste Art vor, Ihre Liebe zu Christus zum Ausdruck zu bringen! »Von allen Dingen, die uns am Morgen der Auferstehung überraschen werden, wird dies, so glaube ich, uns am meisten überraschen: dass wir Christus nicht mehr geliebt haben, bevor wir starben.« [6]

Ich weiß nicht, wie es bei Ihnen ist, aber das ist eine Art von Überraschung, die ich vermeiden möchte. Ich möchte jede Sünde abschneiden, die mich verstrickt.

Etwas Seltsames wird geschehen, wenn Sie Ihr Leid von dieser Seite betrachten. Sobald Sie Ihre Not als Vorbereitung darauf betrachten, Gott zu begegnen, werden Sie es nicht mehr so rasch als »Leid« bezeichnen. Obwohl ich in meinem Rollstuhl schwierige Augenblicke erlebe, wie den mit hohem Blutdruck und Schmerzen in meinem Büro, betrachte ich meine Lähmung zum größten Teil als ein Geschenk. Wie Jesus die Bedeutung des Kreuzes von einem Instrument der Qual zu einem Symbol der Hoffnung und Errettung machte, so gibt er mir die Gnade, es mit meinem Rollstuhl genauso zu machen. Wenn ein Kreuz zum Segen werden kann, dann gilt das auch für einen Rollstuhl.

Mich inspiriert Madame Jeanne Guyon, die, obwohl sie jahrelang in einem tiefen französischen Verlies saß, schrieb: »Ich hege nicht den Wunsch, dass meine Haft vor der rechten Zeit enden möge; ich liebe meine Ketten.« Und Amy Carmichael, die Indienmissionarin, die vom Krankenbett aus schrieb:

Before the winds that blow do cease,
Teach me to dwell within Thy calm:
Before the pain has passed in peace,
Give me, my God, to sing a psalm. [7]
(Bevor die brausenden Winde verstummen,
lehre mich, in Deiner Ruhe zu verharren:
Bevor der Schmerz in Frieden übergegangen ist,
gib mir, mein Gott, einen Psalm zu singen.)

Madame Jeanne Guyon und Amy Carmichael würden noch etwas anderes sagen. Sie würden erwarten, dass ich nie zu behaupten wage, dass ich an Lähmung »leide«. Was geschenkt ist, ist geschenkt. Der Rollstuhl liegt in gewissem Sinn hinter mir. Die Verzweiflung ist vorüber. Es gibt nun andere Kreuze zu tragen, andere »Rollstühle« in meinem Leben, die es gegen Geschenke auszutauschen gilt.

Wenn Sie Jesus von Angesicht zu Angesicht begegnen werden, wird Ihre Treue in Ihren Schwierigkeiten Ihnen etwas Greifbares, etwas Konkretes geben, das Sie ihm zurückgeben können. Denn welchen Beweis Ihrer Liebe und Treue könnten Sie ihm bringen, wenn dieses Leben völlig ohne Narben an Ihnen vorüberginge?

Wenn das Leid unüberwindlich scheint

Durchs Telefon konnte ich das Schnaufen und Pfeifen von Lisas Atemgerät hören, während sie zwischen den Atemzügen mühsam zu sprechen versuchte. »Joni, ich ... verstehe nicht, warum Gott ... mich all dieses Leid ... durchmachen lässt ... Warum holt er ... mich jetzt nicht ... einfach nach Hause?«

Ich lehnte den Kopf gegen den Hörer und fragte mich – zum tausendsten Mal –, was ich sagen sollte. Lisa war eine einundzwanzigjährige junge Frau, die vor zweieinhalb Jahren durch einen Unfall schwer gelähmt wurde. Seither war sie von einem Krankenhaus ins andere verlegt worden. Die Ärzte hatten alles in ihrer Macht Stehende versucht und überlegten nun, wohin sie sie als Nächstes schicken sollten. Ihre Eltern konnten sie nicht aufnehmen. Wohnheime mit Einzelappartements für Leute ihrer Altersgruppe hatten lange Wartelisten. Die einzige Möglichkeit? Ein Pflegeheim.

Ich habe viele Jahre im Rollstuhl verbracht. Lisa erst wenige. Wie konnte ich von ihr erwarten, Dinge zu begreifen, für die ich Jahrzehnte gebraucht hatte? Was konnte ich ihr geben oder sagen, um ihr zu helfen?

»Ich bin Christ«, fuhr Lisa fort und unterbrach meine Gedanken. »Warum ... muss ich das alles ... durchmachen?«

Das hatte ich mich früher selbst oft gefragt. *Gut, ich akzeptiere diesen Zusammenhang zwischen Not und Himmel, aber was ist, wenn das Leid unüberwindlich ist? Überwältigend? Unerträglich?* Ich bin von der Schulter ab gelähmt, Lisa aber ist vom Hals ab gelähmt. Sie kann nicht einmal allein atmen. Wie kann man mit so viel Frustration und Leid fertig werden? Fragen wie diese verlieren ihren akademischen Beigeschmack, wenn sie um die Nöte eines Menschen wie Lisa kreisen. Diese junge respiratorabhängige Querschnittsgelähmte sieht sich in ein Niemandsland geschleudert, weit weg von den Schützengräben, in denen die meisten von uns leiden.

Während wir am Telefon miteinander sprachen, spürte ich, dass ihre Fragen nicht jenes »Warum?« mit erhobener Faust waren, sondern das »Warum?« eines suchenden Herzens. Von Bitterkeit durch das Fordern vergeltender Gerechtigkeit gab es bei ihr keine Spur. Lisa fragte sich eigentlich, wie sie leben sollte, welchen Sinn sie in ihrem Leid sehen sollte. Ich wusste, wenn sie sich über ihre Umstände erheben konnte, um ihr Leid aus himmlischer Perspektive zu betrachten, dann würde sie sich in der beneidenswerten Lage befinden, mehr zu gewinnen als die meisten anderen Menschen.

»Willst du sagen, dass ich mehr zu gewinnen habe als du?«, keuchte sie in den Hörer.

»Ja, ich glaube, das hast du«, erwiderte ich sanft.

»Ich bin bereit ... ich möchte verstehen ... ich möchte mein Leben ... nicht umsonst leben.«

In der folgenden Stunde versuchte ich langsam, ihren Blick über die unüberwindliche Wand ihres Krankenzimmers zu heben. Ich begann mit den Grundlagen (die eigentlich gar nicht so einfach sind) und schilderte, wie ihre Lähmung zum besten Ausgangspunkt werden konnte, um Gott zu erkennen. »›Seid still und erkennt, dass ich Gott bin‹, steht in Psalm 46,10. Lisa, die Stunden, die du in diesem Bett verbringst, sind eine Art, vor dem Herrn still zu sein. Ein großer Teil von dir bewegt sich nicht. Buchstäblich. Er ist immer still. Diese eingebaute Stille kann dir helfen, Dinge über den Herrn zu verstehen, die die meisten Menschen nie erfassen«, erläuterte ich.

Vollkommene Stille ist den Menschen, die sie am meisten schätzen würden, nicht immer zugänglich, und die, die sie besitzen, wissen sie oft nicht zu schätzen. Lisa hatte noch einen langen Weg, um zu lernen, wie sie in ihrer erzwungenen Stille heimisch werden konnte, doch die Sanftheit in ihrer Stimme bestätigte, dass sie auf dem richtigen Weg war. Sie wird lernen, was keine bloße Abwesenheit lauter und hektischer Bewegung ist, sondern eine geistliche Wachsamkeit, eine Empfänglichkeit. Jim Elliot, der Missionar, der durch Auca-Indianer erstochen wurde, schrieb: »Wo immer du auch bist, *sei ganz dort*. Durchlebe jede Situation bis auf den Grund, von der du glaubst, dass sie im Willen Gottes ist.« [8]

»In deinem Leben wurde schon genug verschwendet, Lisa«, sagte ich. »Verschwende nicht noch mehr davon. Und sorge dich nicht darum, Antworten zu finden ... Ich glaube, sie würden dich im Augenblick ohnehin nicht befriedigen. Nutze einfach die Zeit, die du hast, die Stille, die du erlebst ... nutze sie, um Gott kennen zu lernen.«

»Aber wie?«

Bei dieser Frage musste ich lächeln, denn ich wusste, dass die Antwort so einfach klingen würde, dass sie wie das kleine Einmaleins wirken musste. »Sprich im Gebet mit ihm und lasse ihn durch sein Wort zu dir sprechen.«

»Das ist alles?«

»Das ist alles.«

Lisa sagte mir, sie würde nun anfangen, genau das zu tun, besonders als ich ihr erklärte, dass auch die schwächsten Gebete derer, die leiden, tiefer in Gottes Herz reichen. In diesem Augenblick stellte ich mir vor, wie die Engel im Himmel vor Freude herumsprangen und jubelten. Diese beatmungsabhängige Querschnittsgelähmte, die im Bett liegen und lange Zeiten im Gebet verbringen wird, mag sich dessen nicht bewusst sein, aber sie wird das Werk von Engeln tun. Schließlich gibt es im Himmel Engel, die nichts anderes tun, als Gott zu preisen, wie zum Beispiel die Serafim, die Tag und Nacht vor dem Herrn verkünden: »Heilig, heilig, heilig!«

Vor ihr liegt eine beschwerliche Straße, doch wenn verletzte Menschen wie sie Gott nur einen Fingerbreit geben, nimmt er immer eine ganze Meile. Er möchte, dass Menschen, die großes Leid ertragen, eine um so größere Herrlichkeit empfangen.

The clock has stopped. The universe has flashed
and cracked. The flood has swept the dam.
Bright angels sift like gold dust from the gash,
heralding invitations of the lamb:
»Arise ye hobbling, tattered, orphaned, blind,

Ye maimed in spirit, measured without merit,
by men cast off as useless. Rise and find
the crown, the throne, the birthright to inherit.«

Douglas Kaine McKelvey [9]

(Die Uhr steht still. Das Universum ist aufgeflackert
und geborsten. Die Flut hat den Deich fortgeschwemmt.
Strahlende Engel strömen wie Goldstaub aus dem Riss
und verkünden Einladungen des Lammes:
»Auf, ihr Hinkenden, Zerlumpten, Waisen, Blinden,
ihr geistlich Verstümmelten, für vorzugslos befunden,
von Menschen als nutzlos verworfen. Steht auf und findet
die Krone, den Thron, das zu erbende Geburtsrecht.«)

Je größer das Leid, desto größer die Herrlichkeit

Es besteht ein direkter Zusammenhang zwischen dem irdischen Leid und der himmlischen Herrlichkeit. Ich will hier nicht das Leid glorifizieren. Lisas Rückenmarksverletzung hat nichts inhärent Gutes an sich. Die Qualen sind keiner Zustimmung wert. Probleme sind real, und ich bestreite nicht, dass Leid schmerzt. Ich bestreite nur, dass es im größeren Zusammenspiel der Dinge von *Bedeutung* ist. Es ist leicht und kurz, *verglichen* mit dem, was unsere Reaktion darauf im Himmel hervorbringt – ja, Leiden ist der Angelpunkt der zukünftigen Herrlichkeit. Das versetzt Lisa in jene beneidenswerte Lage, von der ich oben sprach.

Lassen Sie mich das erklären. Das größte Leid, das je geschah, wurde am Kreuz erlitten. Und die größte Herrlichkeit, mit der Leiden je beantwortet wurde, ist die Herrlichkeit, die Christus nach seiner Auferstehung zugesprochen wurde. Er litt bis »zum Tode am Kreuz. *Darum* hat ihn auch Gott erhöht und hat ihm den Namen gegeben, der über alle Namen ist« (Philipper 2,8–9). Zwischen Leid und Herrlichkeit besteht ein direkter Zusammenhang.

Als die Mutter von Jakobus und Johannes sich an den Herrn wandte und fragte, ob ihre Söhne im Königreich des Himmels eine Vorrangstellung einnehmen dürften, erwiderte der Herr: »Du weißt nicht, was du erbittest.« Dann fragte er ihre Söhne: »Könnt ihr den Kelch trinken, den ich trinken werde?«

»Wir können es«, antworteten sie.

Jesus sagte zu ihnen: »Ihr werdet tatsächlich aus meinem Kelch trinken« (siehe Matthäus 20,20–23).

Der Herr deutete an, dass seine Nachfolger auch an seinen Leiden teilhaben müssen, wenn sie Anteil an seiner Herrlichkeit erlangen wollen. Und je tiefer das Leid, desto höher die Herrlichkeit. Deshalb konnte der Apostel Petrus sagen, dass wir uns in dem Maße freuen sollen, wie wir leiden: »*Freut* euch, dass ihr mit Christus leidet, *damit ihr* auch zur Zeit der Offenbarung seiner Herrlichkeit *Freude und Wonne haben mögt*« (1. Petrus 4,13). Wir freuen uns auf der Erde ... damit wir im Himmel übersprudelnde Freude haben werden.

Heißt das, dass Menschen, die sehr leiden, aber ihr Leid in Würde ertragen, einen größeren Strahlenkranz tragen werden? Ein leuchtenderes Gesicht? Nein, aber es bedeutet, dass sie eine größere Kapazität haben werden, Gott im Himmel zu dienen. Menschen, die unvergleichliches Leid erdulden, werden, wenn sie Christus ohne Murren und Klagen ehren, in unvergleichlicher Weise verherrlicht werden.

Ich bin sicher, dass Lisa gelegentlich zusammenzucken wird – wie ich es tat –, wenn sie Römer 8,18 lesen wird: »Denn ich bin überzeugt, dass dieser Zeit Leiden nicht ins Gewicht fallen gegenüber der Herrlichkeit, die an uns offenbart werden soll.« Wie ich wird sie verschiedene Phasen durchleben und denken: *Nimmt die Bibel hier mein Schicksal auf die leichte Schulter?*

Doch solange sie sich weiter auf die Grundlagen konzentriert – still zu sein und Gott durch Gebet und Bibel zu erkennen –, wird sie auf dem direkten Weg zur Heimat bleiben. Sie wird sich der Zukunft mehr widmen als der Gegenwart; dem Geistlichen mehr als dem Körperlichen; und den ewigen Realitäten mehr als den zeitlichen. [10]

Jetzt noch nicht in den Himmel gehen!

Es gibt noch einen anderen Zyklus, den Lisa durchlaufen muss. Ich habe immer noch damit zu schaffen, und Sie bestimmt auch. Je fester mein Herz im Himmel verankert ist, desto mehr sehne ich mich danach, dorthin zu gehen. Jetzt.

Das hat nichts damit zu tun, dass ich das Herumsitzen satt hätte oder dass mir der Nacken kribbelte, weil ich ständig nach oben schauen würde. Aber je weniger mein Herz hier ist, desto mehr ist es dort. Ich kann mich mit dem Apostel Paulus identifizieren, der in Philipper 1,21–24 sagte: »Denn Christus ist mein Leben, und Sterben ist mein Gewinn. Wenn ich aber weiterleben soll im Fleisch, so dient mir das dazu, mehr Frucht zu schaffen; und so weiß ich nicht, was ich wählen soll. Denn es setzt mir beides hart zu: ich habe Lust, aus der Welt zu scheiden und bei Christus zu sein, was auch viel besser wäre; aber es ist nötiger, im Fleisch zu bleiben, um euretwillen.«

Wie Paulus erwäge ich oft das Für und Wider des Lebens. Doch wie bei ihm ist auch mein irdisches Leben dazu bestimmt, ein unbefriedigendes zu sein. Ich fühle mich zwischen beidem hin und her gerissen. Ich möchte aus der Welt scheiden. Da mein Herz mir schon vorausgegangen ist, sehne ich mich, ihm nach Hause zu folgen. Aber es ist nötiger, dass ich – sowie Lisa und Tausende wie wir – im Körper bleibe. Um anderer Menschen willen.

Den Grund dafür sprach ich am Ende des Telefongesprächs mit Lisa an. »Wenn du treu bleibst, trotz aller Widrigkeiten, hilft es Menschen wie mir mehr, als du je ahnen wirst.«

»Aber es ist schwer ... an andere zu denken ... wenn man leidet.«

»Ich weiß.« Meine Stimme war kaum mehr als ein Flüstern. »Aber es ist nötiger, dass du im Körper bleibst ... nötiger für mich und für viele andere, die dich besser kennen. Ein Leidensgefährte mit einer körperlichen Einschränkung schrieb einmal: ›Denn wie die Leiden Christi reichlich über uns kommen, so werden wir auch reichlich getröstet durch Christus. Haben wir aber Trübsal, so geschieht es euch zu Trost und Heil. Haben wir Trost, so geschieht es zu eurem Trost, der sich wirksam erweist, wenn ihr mit Geduld dieselben Leiden ertragt, die auch wir leiden‹ (2. Korinther 1,5–6).«

Am anderen Ende der Leitung war es eine Weile still.

»Die Tatsache, dass du ausharrst ... bewirkt etwas für uns andere Christen. Ich spreche nicht davon, dass dein Beispiel andere inspiriert. Es ist mehr als das ... es ist ein Geheimnis. Irgendwie stärkt Gott andere durch deine Treue. Du magst dich als Belastung für andere empfinden, aber Gott denkt genau das Gegenteil. Er hält es für notwendig, dass andere sich um dich kümmern ... du wirst mehr für ihr geistliches Wohl tun, als du dir vorstellen kannst. Und noch dazu wird alles dir zugute gehalten werden. Das sagte der Apostel Paulus in Philipper 1,25–26, als er einigen Leuten, die durch sein Beispiel inspiriert wurden, sagte: ›Und in solcher Zuversicht weiß ich, dass ich bleiben und bei euch allen sein werde, euch zur Förderung und zur Freude im Glauben, damit euer Rühmen in Christus Jesus größer werde durch mich, wenn ich wieder zu euch komme.‹ Hast du die Worte ›durch mich‹ mitbekommen? Wenn anderen durch dein Vorbild gute Dinge geschehen, verbucht Gott das für dich.«

Lisa brachte noch einen anderen Einwand vor: »Aber ich ... sehe kaum noch ... jemanden. Alle ... sind weggegangen ... Vielleicht helfe ich dir ... aber niemandem sonst.«

Damit schnitt sie noch einen weiteren Grund an, weshalb Gott sie noch nicht in den Himmel geholt hat. Sie muss nicht nur zum Wohl der anderen ausharren, sondern auch, um die unsichtbaren Mächte, Fürsten und Herrscher in der Luft über ihren mächtigen Herrn zu lehren, der alles erhält.

»Weißt du«, erklärte ich. »Ich hatte eine Freundin namens Denise, als ich im Krankenhaus war. Sie lag seit acht Jahren blind und gelähmt im Bett. Sie war schlimmer dran als du oder ich. Trotz aller widrigen Umstände harrte sie aus.«

Wieder herrschte langes Schweigen am anderen Ende der Leitung, und ich wusste, dass Lisa aufmerksam zuhörte.

»Denise starb nach acht Jahren in diesem Bett. Meine menschliche Logik sagte: ›Gott, du hättest sie viel früher heimholen sollen ... was hat all ihr Ausharren für die Handvoll Schwestern schon bewirkt, die ihr zufällig begegneten?‹ Aber dann las ich in Epheser 3,10, dass Gott unser Leben wie eine Tafel benutzt, auf die er Lektionen über sich selbst schreibt. Und das tut er um der Engel und der Dämonen willen ... vielleicht keine Menschen, aber Milliarden unsichtbarer Wesen.«

Etwas Dynamisches geschieht gerade jetzt im Himmel. Engel und Dämonen lernen neue Dinge über Gott. Das geschieht, wenn Gläubige zulassen, dass ihre schmerzlichen Umstände zur Plattform werden, von der aus ihre Seelen sich zu himmlischen Höhen hinausschwingen. Jeder Tag, den wir in diesen Körpern weiter leben, bedeutet fruchtbare Arbeit – für uns, für andere, zur Ehre Gottes und um der himmlischen Heerscharen willen.

So etwas bewirkt Leiden. Es treibt uns immer mehr in die Tiefe und höher hinauf. Stets weiter und nach oben, hinein in das Herz des Himmels.

Lisa und ich verabschiedeten uns und hielten weiter Kontakt. Sie zog mit einer Freundin in eine gemeinsame Wohnung und fing an, ein nahe gelegenes College zu besuchen. Sie engagierte sich in ihrer Gemeinde und begann, an einer Bibelgruppe teilzunehmen. Nach fünf Jahren verloren wir den Kontakt. Doch ich machte mir um sie keine Sorgen, weil sie beständig weiterzugehen schien.

Doch dieses Jahr erlebte ich die Überraschung meines Lebens, als nach einem Vortrag bei einer Konferenz eine junge Frau, die an ein Beatmungsgerät angeschlossen war, mit zuversichtlichem Lächeln auf mich zurollte. Ich wusste sofort, wer sie war. Das Leuchten in ihren Augen versicherte mir, dass es sich um dieselbe junge Frau handelte. Sie war fröhlich auf dem Heimweg und nutzte unterwegs jeden Tag, so gut sie nur konnte.

Hätte Madame Jeanne Guyon die Jahrhunderte überbrücken können, hätte sie Lisa (gefangen in ihrem eigenen Technikgefängnis, wie sie nun einmal war) mit diesen Worten beglückwünscht, die sie in ihrem düsteren Verlies schrieb: »Welchen Nutzen hat es gebracht im Vergleich zu dem Wenigen, was eingebüßt wurde! Du wirst das ›Geschöpf‹ verloren haben, um den ›Schöpfer‹ zu gewinnen. Du wirst deine Nichtigkeit verloren haben, um alle Dinge zu gewinnen. Du wirst grenzenlos sein, denn du wirst Gott zum Erbe haben! Deine Fähigkeit, sein Leben zu erfahren, wird noch ein wenig weiter wachsen. Alles, was du einst besaßest und verlorst, wird dir in Gott zurückgegeben werden.« [11]

Lisa und ich haben die Zukunft geschaut, und die Zukunft sind wir. Eine herrliche Zukunft für diejenigen, die – um Christi willen – tapfer leiden.

Auch Ihnen gehört eine herrliche Zukunft. Gott hat Leiden in Ihr Leben hineingelegt, um Sie zu erinnern, dass der Himmel nicht nur für die Zukunft ist; er ist für jetzt, für diesen gegenwärtigen Augenblick. Der Himmel soll Ihren Weg segnen und in Ihrem heutigen Leid eine Quelle der Stärkung sein. Heißen Sie ihn tapfer willkommen und begrüßen Sie ihn.

Kein Himmel kann zu uns kommen, wenn unsere Herzen nicht heute in ihm Ruhe finden. Nimm den Himmel. Kein Frieden liegt in der Zukunft, der nicht in diesem kostbaren kurzen Augenblick verborgen wäre. Nimm den Frieden. Die Düsterkeit der Welt ist nur ein Schatten. Dahinter, innerhalb unserer Reichweite, liegt Freude ... Das Leben ist ein so großzügiger Geber, aber wir, die wir seine Geschenke nach der Verpackung beurteilen, werfen sie als hässlich oder schwer oder hart fort. Entferne die Verpackung und du wirst darunter einen dynamischen Glanz finden, gewebt aus Liebe und Weisheit und Macht. Heiße es willkommen, begrüße es, und berühre die Hand des Engels, der es dir bringt.

Alles, was wir Anfechtung, Kummer, Bürde nennen: Glaube mir, dass eines Engels Hand darin ist, ein Geschenk darin ist, und das Wunder einer überschattenden Gegenwart. Auch unsere Freuden: Sei nicht mit ihnen als Freuden zufrieden. Auch sie bergen göttlichere Gaben. Das Leben ist so voll von Sinn und Absicht, so voller Schönheit unter der Hülle, dass du feststellen wirst, dass die Erde nur deinen Himmel verhüllt. Mut, es in Anspruch zu nehmen, genügt also! Doch Mut hast du, und das Wissen, dass wir Pilger sind, die sich auf dem Heimweg durch unbekanntes Gelände winden.

Fra Angelico, 1387–1455 [12]

10 Das Ziel vor Augen

Der glühend rote Sonnenuntergang hinter dem Küstengebirge ließ mich innehalten, als ich das JAF-Büro verließ. Ich saß neben meinem Wagen auf dem Parkplatz und beobachtete, wie die Farben von einem tief dunklen Lila in Rosa und dann in Feuerrot übergingen. Ein protziger Sonnenuntergang war es, ein schönes Kaleidoskop, neckend, mich lockend, ihm quer über den Horizont zu folgen. Es war wieder einer dieser vom Himmel inspirierten Augenblicke, die mich nicht nur zum Horizont, sondern nach Hause lockten. Ich wusste, dass ich nicht folgen konnte. Im Augenblick konnte ich nur dasitzen und genießen.

»Gute Nacht, Joni«, lächelten einige Mitarbeiterinnen auf dem Weg zu ihren Autos.

»Nacht«, sagte ich verträumt. Dann richtete ich mich auf und fügte hinzu: »Hey, wartet doch mal ... könnt ihr euch einen solchen Sonnenuntergang vorstellen?«

Meine Freundinnen hielten inne, und gemeinsam standen wir da, schweigend, mit dem Gesicht zum Farbenspiel gewandt. Es tauchte uns in seine glühenden Töne, verwandelte unsere Gruppe – wie vom Finger des Midas berührt – in eine schweigende Statue aus Gold. Wir waren vereint in einem zeitlosen Moment, von dem wir wussten, dass er uns entrinnen würde, auch wenn wir ihn festzuhalten versuchten. *Sauge alles in dir auf*, schienen wir zu begreifen, *dies wird nicht ewig währen.*

Als die Farben verblassten, schossen goldene Strahlen hinter den Bergen hervor, gerade als die schwindende Sonnensichel hinter den Gebirgskamm glitt. Dann war alles verschwunden. Vorüber.

Wir sahen den Himmel sich verdüstern, während drohend Nebel vom Ozean herauf über die Hügel kroch. Ich fröstelte; wir verabschiedeten uns und gingen unserer Wege. Als ich in meinen Wagen stieg, fiel mir ein Satz von Amy Carmichael ein, den ich sehr liebe: »Wir haben die ganze Ewigkeit, um die Siege zu feiern, und nur wenige Stunden vor dem Sonnenuntergang, um sie zu erringen.«

Amy Carmichael verstand viel vom christlichen Leben – und von Sonnenuntergängen. Sie wusste, wie die Farben der schwindenden Sonne uns mit ihrer Schönheit verzaubern, wie sie uns innehalten und beinahe an die Existenz zeitloser Augenblicke glauben lassen. Und in der nächsten Sekunde sind die letzten zögernden Rosa- und Goldtöne verschwunden.

Warum bin ich immer überrascht, wie *schnell* Sonnenuntergänge vorübergehen? Wie schnell meine Tage vorübergehen?

Andererseits bin ich immer erstaunt, wie schnell das *Leben* vorübergeht. Ich beobachte einen Sonnenuntergang, steige in den Wagen, fahre los, halte an der Tankstelle, am Supermarkt, helfe Ken beim Abendessen und plumpse lange nach Einbruch der Dunkelheit ins Bett. Am nächsten Morgen bin ich wieder auf, und das Spiel wiederholt sich. Mein Leben wird in einem Nu vorüber sein, in einem kurzen Augenblick. Plötzlich – einfach so – wird es vorbei sein. Ende. Die verblassende Schönheit aller guten Dinge im Leben wird verschwinden.

Sauge alles in dir auf ... dies wird nicht ewig währen. Bald schon, eher als mir bewusst ist, werde ich diesem Sonnenuntergang über den Horizont folgen und in die andere Seite der Ewigkeit eintreten. Und wenn ich dabei einen Blick über die Schulter auf die Erde werfen kann, weiß ich, dass ich verblüfft sein werde, wie schnell das Leben vorüberging. Doch im Himmel wird es buchstäblich keine Zeit geben, um darüber nachzudenken.

Also muss ich jetzt darüber nachdenken.

Das ist der Grund, weshalb Gott uns im Hier und Jetzt zeitlose Momente schenkt, die jene klingende Saite in unseren Herzen anschlagen und das Echo der Ewigkeit ertönen lassen. Mit dieser unverkennbaren Melodie wirbt er uns weg von dieser Welt, und das geschieht, wenn wir in den Armen dessen liegen, den wir lieben. Oder ein Baby fröhlich quietschen hören. Oder eine Bibelstelle auskosten, die in unserem Herzen zum Leben aufsprießt. Oder weinen, wenn ein Chor eine triumphale Hymne singt. Einen Sonnenuntergang beobachten oder die Sterne bestaunen.

»So seht nun sorgfältig darauf, wie ihr euer Leben führt, nicht als Unweise, sondern als Weise, und kauft die Zeit aus; denn es ist böse Zeit«, ruft Paulus uns zu (Epheser 5,15–16). Tage verfliegen, Stunden verrinnen, und bevor wir uns recht versehen, haben wir nicht mehr die Gelegenheit, unsere Liebe zu Jesus durch unseren Gehorsam zu beweisen. Wir werden nicht die Zeit haben, wieder zum Wesentlichen zurückzukehren. Mit Gold, Silber und Edelsteinen zu bauen.

Die Sonne wird untergegangen sein.

Dämmerung: Der Übergang in den Himmel naht

Niemand schätzt Sonnenuntergänge so wie meine Mutter. Lindy, wie ihre Freunde sie nennen, würde genau wie ich alles stehen und liegen lassen, um einen Sonnenuntergang zu beobachten. In den Sommermonaten gehört es zu ihrem allabendlichen Ritual, einen Stuhl zurechtzurücken und auf der Hinterveranda ihres Mehrfamilienhauses bei einer Tasse Kaffee zuzuschauen, wie die Sonne langsam über der *Sinepuxent Bay* an der Ostküste Marylands untergeht. Dann beobachtet sie, wie das Licht der Dämmerung schwindet und tausend funkelnde Sterne von einem Horizont zum anderen am Firmament erscheinen. Sie liebt es hinaufzublicken und ruft mich immer an, wenn Vollmond ist.

Mutter ist sich bewusst, wie kurz die Tage sind. Mit ihren einundachtzig Jahren hat sie zehntausend Sonnenuntergänge gesehen und weiß, dass selbst der strahlendste Tag seine Dämmerung haben wird. Für sie fallen die Schatten länger, dichter und schneller, und die Wärme weicht aus der Luft. Ihre stärksten Stunden, mit Gold, Silber und Edelsteinen zu bauen, schwinden, während der Nachmittag ihres Lebens vorübergeht. Lindy weiß, dass sie der Dämmerung entgegengeht. Doch selbst in ihrer Abenddämmerung, obwohl Mutter groß und alt scheint, ist sie so ... *jung*!

Ich bin überzeugt, es liegt daran, dass sie ständig aufblickt und sich auf etwas konzentriert, was weit jenseits ihrer vielen Geburtstage und verstopften Arterien liegt. Der Himmel ist ihr buchstäblich näher, und eine solche Blickrichtung wird unserem Herzen immer Jugend einflößen. Schließlich ist ein Leben in himmlischen Sphären ein Leben in einer Art Zeitlosigkeit. Menschen, die aufblicken und über die vordringenden Jahre hinausschauen, erweitern ihre Seele mit der Ewigkeit. Sie haben etwas Ewiges, nicht Zeitliches an sich. Sie wissen, dass jedes Jahr sie dem Himmel näher bringt, was ihren Herzen wiederum mehr Jugend einflößt.

Sie brauchen meine Mutter nicht zu überzeugen, und Sie brauchen meiner Freundin Alice McIntire nicht auf die Sprünge zu helfen. Obwohl sie ihre Abenddämmerung eindeutig erreicht hat, würde sie nie ihr Alter verraten, denn, wie sie sagt: »Eine Frau, die ihr Alter verrät, würde alles verraten.« Alice – von der ich zumindest sagen kann, dass sie älter ist als meine Mutter – genießt es aufzublicken, während die Schatten ihres Lebens länger und schneller werden. Seit Jahren schlug ihr Herz im Einklang mit dem ihres Erlösers, und von Zeit zu Zeit scheint sie den Kopf zu neigen, als erhasche sie die Klänge himmlischer Feierlichkeiten. Es würde mich nicht überraschen, wenn sie das wirklich täte. Sie hat ein Ohr für festliche Dinge. Auch nach acht Jahrzehnten ist sie vital und engagiert. Alice weiß, dass sie die ganze Ewigkeit haben wird, um die Siege zu feiern, also macht sie das Beste aus ihren Sonnenuntergangsjahren. Sie lehrt noch immer die Bibel in einer Frauengruppe, und sie tut es in eleganter Strickmode mit Seidenblusen und Schleifen, Ohrringen und perlenbesetzten Pumps.

Ihre Bibelstunden wären nicht vollständig ohne anschließenden Kaffee mit Plätzchen, serviert in bestem Porzellan auf blütenweißer Tischdecke. Ihr Schwung, Humor und Stil erstaunen mich, und einmal sagte ich zu Alice: »Du freust dich sicher sehr auf den Himmel«, worauf sie erwiderte: »O ja, Honey, aber ich hoffe, ich bleibe noch, bis Jesus kommt ... eine gute Party versäume ich nicht gern.«

Alice hält den Blick nach oben. Deshalb bleibt sie so jung (wie meine Mutter). Jeder Christ, der ständig aufblickt, erweitert die Kapazität seines Herzens für den Himmel. Er wirkt nicht alt, er ist jung.

Dr. Sherwood Wirt, früherer Herausgeber der Zeitschrift *Decision*, schließt sich den Reihen von Alice McIntire an und hat genau wie sie diesen Hauch von Jugend. »Die Leute sprechen immer von den ›Veränderungen‹, die das Alter mit sich bringt, gewöhnlich im Hinblick auf Äußerlichkeiten wie schütteres Haar und Hörgeräte. Ich bin jetzt dreiundachtzig Jahre alt und möchte bezeugen, dass im Innern, wo ich lebe, Alter überhaupt nichts bedeutet. Ich bin dieselbe Person, die ich mit einundzwanzig oder sechsundvierzig oder fünfundsechzig war.«[1]

Ich bin nicht achtzig oder neunzig, aber ich kann mich damit identifizieren. Innerlich fühle ich mich so jung, ungefähr wie im Alter von zwölf oder dreizehn Jahren. Als wäre ich ein kleines Mädchen. Ein Mädchen wie meine Mutter, die sich immer noch warm einpackt, um hinauszulaufen und den Mond zu betrachten. Oder wie Alice, die in der Boutique die neuesten Designs wählt. Und wie Dr. Wirt, der einen jedes Mal mit diesem Zwinkern in den blauen Augen entwaffnet. Wir fühlen uns jung, wenn wir das Zeitliche vergessen und uns auf das Ewige konzentrieren – das ist es, was Kinder tun, die keinen Sinn für Zeit haben, und solcher Art ist auch das Königreich des Himmels.

Solche Menschen verstehen, dass die Zeit nicht ihre natürliche Umgebung ist. Sie erkennen, dass sie geistliche Wesen sind, die einen kurzen Abstecher in die Erfahrung des Physischen machen. Für sie ist die Zeit weniger ein Feind als ein Übergang – wenn auch ein schwieriger – in eine hellere bessere Ewigkeit.

Wenn der Übergang schmerzhaft ist

Im Licht der Dämmerung mag es heller sein, aber nicht unbedingt leichter.

Dieser letzte Übergang mag für meine Mutter, für Alice oder für Dr. Wirt sanft und schnell erfolgen, aber da gibt es keine Garantie. Für viele Menschen ist dieser Schritt hässlich und schmerzhaft.

So war es für Billie Barrows, die Frau von Cliff Barrows. Mehr als vierzig Jahre lang hatten beide mit Billy Graham zusammengearbeitet, voller Begeisterung für das Leben und voller Eifer für den guten Kampf. Dieser Eifer gab Billie in den letzten neun Jahren immer wieder Auftrieb, während sie mutig gegen den Brustkrebs kämpfte, der sich in ihre Leber, in ihre Knochen und schließlich in ihr Gehirn ausbreitete. Sie wählte den höheren Weg und bewahrte sich eine frohe Perspektive, während sie ihren Körper mit der Medizin eines fröhlichen Herzens sowie mit einer Diät von Vitaminen, verschiedenen Tees und Rote-Beete- sowie Karottensaft stärkte. Doch selbst mit fünf Chemotherapie-Behandlungen konnte Billie die Krankheit nicht abwehren.

Umgeben von einer liebevollen Familie, gestützt durch Gebet und angespornt von einem kämpferischen Geist hätte ihr Übergang beispielhaft sein sollen – wunderbar erhebend mit himmlischen Klängen und Engeln, die still herbeieilen, um sie heimzuholen. Doch so war es nicht. Es war ein unerbittlich-zermürbender Kampf bis aufs Äußerste, während die Zeit bockte und sich aufbäumte und kein Erbarmen zeigte.

Fünfmal geschah es, dass ihre Söhne und Töchter aus den entlegensten Enden der Welt herbeiflogen, um mit ihrem Vater an Billies Bett zu wachen. *Gewiss wird Gott Mutter diesmal heimholen*, dachten sie sich. Aber ihre vorbestimmte Zeit war noch nicht gekommen. Während der letzten beiden Wochen verstummte Billies Freude, die für Cliff, Freunde, Ärzte und die Familie eine solche Inspiration gewesen war, vor dem Ticken jeder schmerzhaften Minute, die wieder keine Erleichterung gebracht hatte.

Das Todesbett war für Billie kein Ort des Segens. Aber es wurde zu einem Ort des Segens für ihre Familie. Cliff, seine Söhne und Töchter, Schwiegersöhne und Schwiegertöchter und Enkel erfuhren einen tieferen, reicheren Segen in ihrem Beisammensein. Nicht eines um einen Ferientisch mit Gelächter und beschwingt-fröhlichen Momenten, sondern um ein Bett der Qual, das ergreifende Augenblicke der Liebe und Versöhnung bot. Obwohl Billie nicht mehr sprechen konnte, sagten die großen Tränen, die unmittelbar vor ihrem Tod über ihre Wangen rollten, alles. Endlich kam die selige Erleichterung. Sie verließ das Land der Sterbenden, um in das Land der Lebenden hinüberzugehen.

Nicht lange nach Billies Beerdigung telefonierte ich mit ihrer Tochter Bonnie. Wir sprachen über die zermürbenden Qualen jener letzten Tage. »Joni, Christen sollten den Tod nicht verherrlichen. Der Tod ist Satans letzter und äußerster Angriff, und er wird ihn so schrecklich machen, wie er nur kann.«

Lange war es still in der Leitung.

»Aber Gott hat das letzte Wort. Auferstehung. Und am Grab konnten wir singen – und eigentlich haben wir es jeden Tag gesungen:

›Soar we now where Christ has led,
Following our exalted Head,
Made like Him, like Him we rise,
Ours the cross, the grave, the skies‹«
(Schwingen wir uns nun hinauf, wohin Christus uns vorausgegangen ist, und folgen unserem erhöhten Haupt, ihm ähnlich gemacht, erstehen wir auf wie er, unser ist das Kreuz, das Grab, der Himmel.)

Ich konnte das Lächeln in Bonnies Stimme hören, und es war nicht schwer, sich dasselbe Lächeln unter Tränen vorzustellen, als sie und ihre Familie das Grab verließen und die Siegeshymne anstimmten: »Christus, der Herr, ist auferstanden.«

Als ich den Hörer auflegte, dachte ich an Corrie ten Boom, die Holländerin, die von den Nazis in ein Konzentrationslager gesteckt worden war, weil sie jüdische Familien versteckt hatte. Jahre nach Tante Corries Befreiung saß ihre Kameradin, Pam Rosewell, an ihrem Bett, als sie alt geworden war und an Schlaganfällen litt. Corries Körper und Verstand waren nur noch ein Schatten ihres früheren Selbst, und Pam fragte sich – ganz so wie Billies Familie –, warum der Herr Tante Corrie nicht endlich heimholte. Doch nach der Beerdigung ihrer älteren Freundin bemerkte Pam: »Jeder Tag, den sie lebte, war ein Sieg über den Teufel ... er hätte sie lieber schon vor fünfzig Jahren in Ravensbrück sterben sehen, doch schon der bloße Akt des Lebens, ohne auch nur eine Sache zu tun, nur das Leben ein- und auszuatmen, war ein Triumph. Wenn ihre letzten Jahre keinen Menschen auf der Erde beeinflusst hätten und wenn der Herr sie nur aus dem einzigen Grund auf der Erde hätte bleiben lassen, um den Fürsten in der Luft täglich schweigend zu verkünden: ›Jesus ist Sieger‹, dann wäre dies in der Tat ein bedeutsames Schweigen gewesen.«

Wurde Billie tatsächlich etwas von ewigem Wert zugeschrieben, nur weil sie einige Extrawochen oder -monate überlebte? Waren unsichtbare göttliche Realitäten am Werk? Realitäten, die die Familie Barrow durch den verhüllenden Schleier des Leidens nicht wahrnehmen konnte? Vielleicht wird Gottes Herrlichkeit zum Schluss goldener erstrahlen, weil an ihrem Bett der Glaube der Familie geschmiedet wurde – ein Sieg, der Billie zugerechnet werden wird. Die Tage ihres Sterbens mögen böse gewesen sein, doch sie mühte sich, so gut sie nur konnte. Ihr Körper gehorchte dem Impuls eines von Gott geschenkten Lebens. Und vielleicht war das – ohne Glanz und Gloria zu beabsichtigen – ein Sieg.

In all ihrem Leid haben weder Tante Corrie noch Billie etwas eingebüßt.

I am standing upon the seashore. A ship at my side spreads her white sails to the morning breeze and starts for the blue ocean. She is an object of beauty and strength, and I stand and watch her until at length she hangs like a speck of white cloud just where the sea and sky come down to mingle with each other.

Then someone at my side says: »There! She's gone.«
Gone where? Gone from my sight – that is all.
She is just as large in mast und hull and spar as she was
when she left my side, and just as able to bear her load
of living freight to the place of destination. Her diminished
size is in me, not in her; and just at the moment when
someone at my says: »There! She's gone«, there are
other eyes watching her coming, and other voices ready to
take up the glad shout, »There she comes!«
And that is dying!

– Autor unbekannt

(Ich stehe an der Küste. Eine Jacht zu meiner Seite reckt
ihre weißen Segel in die Morgenbrise und segelt in den

blauen Ozean. Sie ist ein Bild der Schönheit und Stärke, und ich stehe da und beobachte sie, bis sie schließlich wie ein weißer Wolkenfleck gerade dort hängt, wo Meer und Himmel herabkommen, um sich zu vermischen. Dann sagt jemand an meiner Seite: »Da! Nun ist sie fort.« Fort, wohin? Fort aus meinen Augen – das ist alles. Sie ist noch genauso groß mit Mast und Rumpf und Sparren wie zuvor, als sie von meiner Seite wich, und noch genauso fähig, ihre Last, ihre lebende Fracht ans Ziel zu tragen. Ihre verminderte Größe liegt in mir, nicht in ihr; und gerade in dem Augenblick, als jemand an meiner Seite sagt: »Da! Nun ist sie fort«, gibt es andere Augen, die sie kommen sehen, und andere Stimmen bereit, den frohen Ruf aufzunehmen: »Da kommt sie!« Und das ist Sterben!)

Ich schaue meinen eigenen, degenerierenden Körper an und frage mich, wie ich an diesen letzten Schritt herangehen werde. Wird er kurz und sanft sein? Oder lang und quälend? Wird mein Mann sich um mich kümmern können? Oder werde ich wegen meiner Querschnittslähmung in einem Pflegeheim besser aufgehoben sein? Ich habe weniger Angst vor dem Tod als vor dem Sterben.

Ob es schmerzhaft in die Länge gezogen sein oder friedlich im Laufe der Nacht geschehen wird, fühle ich mich seltsam getröstet durch den Gedanken, dass der Diener nicht erwarten sollte, weniger zu leiden als sein Herr. Beim Tod gibt es keinen heiligen Frieden. Der Theologe Alexander Schmemann schrieb in seinem Klassiker *Für das Leben der Welt*: »Nur wenn Christus das Leben ist, ist der Tod das, was das Christentum behauptet, nämlich ein Feind, den es zu vernichten, und nicht ein ›Geheimnis‹, das es zu lüften gilt.« [2] Selbst die Erde wird sich aufbäumend krümmen in den letzten Geburtswehen vor dem neuen Himmel und der neuen Erde. Jeder Same – ob von Pflanze, Mensch oder Planet – muss sterben. Dann aber die Ernte.

Bis zur Ernte werden Billie und Tante Corrie nichts einbüßen, während sie jetzt im Himmel sind. Sie gewannen unermesslich viel in dem Augenblick, als sie vom Land der Sterbenden in das Land der Lebenden hinüberwechselten. Wie 2. Korinther 5,8 erklärt, bedeutet »den Leib zu verlassen ... daheim zu sein bei dem Herrn«. Billie und Tante Corrie sind jetzt nicht in einer Art Seelenschlaf beim Herrn; sie sind im besten Sinne des Wortes bei ihm »daheim«. Sie sind lebendig, wach, bewusst und voller Freude, nach Hause gekommen zu sein. Zuhause, wo ihr Platz ist, wo sie sich wohl fühlen und willkommen geheißen werden, an dem Ort, wo sie hingehören. Wer kann auch nur anfangen, die Fülle der Bedeutung dieses Begriffs »zu Hause« zu ermessen!

Es gibt noch eine weitere Hinsicht, in der von uns geschiedene Heilige nichts einbüßen, und den entsprechenden Hinweis erhalten wir in Lukas 16,19–31. Jesus erzählt hier kein Gleichnis, sondern eine erstaunliche Begebenheit, die sich nach dem Tod eines Bettlers namens Lazarus und eines reichen Mannes tatsächlich ereignet hat. Der Reiche war sich seiner höllischen Umgebung ebenso bewusst wie der Lage seiner Brüder, die noch auf der Erde lebten, und er wollte seine Familie um jeden Preis warnen. Er fühlte, sah, betete, erinnerte sich und wünschte. Worauf ich hinaus will? Wenn verlorene Seelen fühlen und Anteil nehmen können, wie viel mehr diejenigen, die im Glauben gestorben sind!

Tante Corrie und Billie befinden sich gegenwärtig beim Herrn der Herrlichkeit, dem Herrn der Liebe. Wie tief sie fühlen und beten und sehen müssen! Wie glühend ihre Liebe sein muss! Könnte es sein, dass die Menschen in der Herrlichkeit, die wir lieben, jetzt fähig sind, uns zu lieben? Jetzt für uns zu beten? Liebe stirbt nicht; sie kann nicht sterben, weil sie nicht versagen kann. Liebe ist Teil des Wesens eines von uns geschiedenen Heiligen, nicht seines Körpers, sondern seiner Person. Ich bin überzeugt, dass Billie ihren Mann Cliff jetzt mit einer reineren, heiligeren und intensiveren Liebe liebt, als es sie auf der Erde je gegeben hat. Und selbst wenn sie die Fehler, Schwächen und Tränen der geliebten Menschen auf der Erde beobachten kann, ist sie im Genuss einer Perspektive vom Ende der Zeit her und kann das umfassendere, bessere Bild sehen.

Im Himmel verlieren wir nicht, denn »Sterben ist Gewinn«. Wir sind nicht weniger; wir sind mehr. Wenn wir sterben, befinden wir uns nicht in irgendeinem nebulösen Seelenschlaf, nicht in einem Fegefeuer und wir sind ganz gewiss nicht ohne Bewusstsein. Wir sind daheim beim Herrn. Daheim!

Dann die Auferstehung und Ruhe

Dann folgt eines Tages die Auferstehung. »Aber deine Toten werden leben, deine Leichname werden auferstehen. Wachet auf und rühmet, die ihr liegt unter der Erde! Denn ein Tau der Lichter ist dein Tau, und die Erde wird die Toten herausgeben« (Jesaja 26,19).

Für mich wurde der Schleier über dieser unsichtbaren göttlichen Realität an einem besonderen Sonntagnachmittag weggezogen. Meine Schwiegermutter kaufte kürzlich ein Familiengrab auf einem Friedhof namens *Forest Lawn*. Sie wollte den Vertrag jedoch nicht unterzeichnen, solange Ken und ich uns die Parzelle nicht angesehen und unsere Zustimmung gegeben hatten. »Muss das sein, Ken?«, bettelte ich. Ich kann mir bessere Dinge für unseren Sonntagnachmittag vorstellen.

In der Rolle der ergebenen Ehefrau zog ich mit Ken zum *Forest Lawn*, betrachtete meine Grabstelle in einer Sektion, die sie

»Rauschende Pinien« nannten, und ließ mir von der Maklerin (so bezeichnete sie sich tatsächlich) erzählen, dass ich mit dem Kopf »hier« und meinen Füßen »dort« eine herrliche Aussicht über das Tal und die fernen Berge haben würde. Das ist wichtig, nickte ich zu ihr hinüber. Außerdem sagte ich ihr, dass ich nicht vorhätte, allzu lange dort zu verweilen.

Während die Maklerin und meine Schwiegermutter über die Verträge sprachen, schaute ich mich unter den Hunderten Grabsteinen um. Plötzlich wurde mir bewusst, dass ich an exakt der Stelle saß, an der mein Körper einmal auferstehen wird, falls ich sterbe, bevor Christus wiederkommt. Das Verweilen auf diesem grasbewachsenen Hügel machte mir die Realität der Auferstehung eindrucksvoller bewusst, als das Hören von Predigten oder das Lesen von Essays zu diesem Thema es je könnten. Eines Tages werden tatsächliche Menschen zu tatsächlichen Gräbern zurückkehren und sich wieder vereinen, um aufzuerstehen.

Und dann, der Himmel.

Dann, Ruhe.

Nicht die Ruhe der Inaktivität, sondern Ruhe von Schmerz, Erschöpfung und Enttäuschung. Ich überschreite vielleicht gerade meine mittleren Lebensjahre, doch wie viele meiner Freunde, die sich seit Jahren mühen, könnte ich jetzt Ruhe gebrauchen. Kein Kämpfen mehr gegen die Sünde. Kein Losreißen der weltlichen Saugnäpfe von meinem Herzen. Keine unerbittlich-zermürbenden Kämpfe bis aufs Äußerste mehr. Kein Ins-Bett-Plumpsen mehr nach einem erschöpfenden Tag, um ein paar Mützen Schlaf zu ergattern, bevor man wieder auf den Beinen steht und arbeitet. »Es ist ... noch eine Ruhe vorhanden für das Volk Gottes« (Hebräer 4,9).

Schon dieser Gedanke allein macht die irdische Plackerei nicht nur erträglich, sondern leichter. Ich kann mich erinnern, wie meine Stute nach stundenlangen Ritten über die Felder, um

Gatter und Zäune zu überprüfen, nassgeschwitzt dampfte und den Kopf hängen ließ. Ich musste sie regelrecht antreiben, einen Huf vor den anderen zu setzen. Doch sobald sie einen Blick auf unser Haus erhaschte oder die Zäune ihrer eigenen Koppel erblickte, richteten sich ihre Ohren nach vorn und ihre Schritte beschleunigten sich. Je näher wir der Scheune kamen, desto eifriger griffen ihre Schritte aus. Nachdem ich ihr rasch Sattel und Zaumzeug abgenommen hatte, wälzte sie sich freudig und trank in langen Zügen aus dem Trog. Wie wohl ein Tier sich doch fühlt, zu Hause zu sein und ruhen zu können.

Wie gut wir uns doch fühlen werden, zu ruhen und daheim zu sein.

Vielleicht hatten die Schreiber der Bibel – von denen einige die Narben einer Steinigung am Leib trugen, während andere durch enge Gefängnisketten steife Glieder davongetragen hatten – diese köstliche Ruhe im Sinn, eine Ruhe, die sie belebte und ihre Schritte beschleunigte. Sie schrieben energische Ermutigungen wie: »So lasst uns nun bemüht sein, zu dieser Ruhe zu kommmen«, »Da ihr nun seht, dass die Zeit kurz ist, bemüht euch ...« und »Kauft die Zeit aus, denn es ist böse Zeit«. Ihnen erschien die schwere Plackerei federleicht im Vergleich zur herrlichen Ruhe, in die sie bald eintreten würden.

Nutzen Sie den Tag!

Die Sonne neigt sich. Nur noch wenige Stunden bleiben uns, um himmlische Siege zu erringen.

Ich glaube, dass wir uns in der Dämmerung unserer Nöte und in der Dämmerung der Weltgeschichte befinden. Ich glaube, dass die Zeit kurz ist. Meine abschließenden Worte an Sie lauten: »Nutzt die Zeit« (Kolosser 4,5; Gute Nachricht). Das ist es, was Alice und meine Mutter tun, und das ist es, was Billie und Tante Corrie in jenen letzten qualvollen Jahren ihres Lebens taten. Könnten wir es aus Amy Carmichaels eigenem Mund hören, würden wir vielleicht die Dringlichkeit spüren, in diesen wenigen letzten Stunden, bevor die Sonne verschwindet, Siege für Christus zu erringen.

Diese Perspektive vom Ende der Zeit her versuchte ich der jungen Christin Kim klarzumachen, die an der Lou-Gehrig's-Krankheit erkrankte und unschlüssig war, ob sie ein Beatmungsgerät wählen sollte oder nicht. Sie war nicht sicher, ob ein Beatmungsgerät ihr Leben erhalten oder nur ihr Sterben verlängern würde. Wir sprachen darüber, welchen Einfluss ihre Entscheidung nicht nur auf sie, sondern auch auf einen großen Familien- und Freundeskreis haben würde. Wir erörterten die Aspekte ihrer Krankheit und die Frage, ob sie nun tatsächlich sofort sterben würde oder nicht. Und wir sprachen über den Unterschied zwischen Selbstbezogenheit und Selbstlosigkeit.

In einem stillen Stoßgebet bat ich Gott um Hilfe, um so feinfühlig zu sein, wie ich nur konnte, und sagte dann zu Kim: »Wenn du diese Fragen mit einem vom Geist geleiteten Gewissen lösen kannst, dann denke ich, dass du keine falsche Entscheidung treffen kannst. Doch eine der beiden Alternativen könnte die bessere Wahl sein. Lass mich als Orientierungshilfe einen letzten und mächtigen Vers aus 2. Petrus 3,8 vorlesen.

Er beginnt mit den Worten: ›Meine Freunde, ihr dürft eines nicht übersehen.‹ Wahrscheinlich weißt du noch aus der Sonntagsschule, dass das, was Petrus jetzt sagen wird, von höchster Wichtigkeit ist, so wie Jesus es mit den Worten ›Wahrlich, wahrlich‹ unterstrich. Und Petrus fährt fort: ›Beim Herrn gilt ein anderes Zeitmaß als bei uns Menschen. Ein Tag ist für ihn wie tausend Jahre, und tausend Jahre wie ein einziger Tag.‹«

Ich erklärte Kim, warum dieser Vers ein so wichtiger Schlüssel ist. Uns allen ist bewusst, dass Gott die letzten zweitausend Jahre nur als ein paar verflogene Tage betrachtet, doch wie viele von uns beherzigen die zweite Hälfte dieses Verses? Den Hinweis, jeden Tag als tausend Jahre zu betrachten? Es ist eine Art göttlicher Geometrie, eine göttliche Formel, die uns versichert, dass jeder Tag eine Chance ist, im Maßstab von tausend Jahren in die Ewigkeit zu investieren. Gott gibt uns einen vierundzwanzigstündigen Zeitabschnitt, in dem wir aus jeder Gelegenheit das Beste machen können, Gelegenheiten, die ewige Auswirkungen nach sich ziehen werden.

Die Art, wie wir – wie Kim – die Stunden und Augenblicke verbringen, ist entscheidend. Es kommt viel mehr darauf an, als uns bewusst ist. Ich schlug Kim vor, sie solle doch lächeln und ›Danke‹ sagen, wenn ihre Mutter das flüssige Mittagessen in ihren Tropf füllt. Das ist eine Möglichkeit, das Beste aus einer Gelegenheit zu machen, und es könnte 359 »Jahre« in der Ewigkeit nachhallen, zur Freude für sie selbst sowie für ihre Mutter und zur Ehre Gottes. Kim gluckste ein wenig, als ich ihr dies sagte. »Und wenn du dir auf die Zunge beißt, statt dich über etwas zu beklagen, könnte sich dies auf 500 ›Jahre‹ Freude, Nutzen und Ehre in der Ewigkeit belaufen!« Welch eine Möglichkeit für diese junge Frau, die ihr verbleibenden Jahre zu leben. Wenn Kim nur zwei weitere Wochen mit dieser himmlischen Perspektive leben sollte, ergäbe das vierzehntausend »Jahre« im Himmel. Würde sie einen Monat leben, wären es schon eine Investition in dreißigtausend »Jahre« Ewigkeit.

Ich sage damit nicht, dass jeder Tag hier genau tausend Jahren in der Ewigkeit entspricht. Denken Sie daran, dass es im Himmel eine andere Art von Zeit gibt. Im Himmel *ist* die Zeit einfach. Meine Absicht beim Zitat von 2. Petrus 3,8 zielte nur darauf, Kims irdischen Stunden eine himmlische Bedeutung zu geben.

Kein Wunder, dass in Psalm 90,12 steht: »Lehre uns bedenken, dass wir sterben müssen, auf dass wir klug werden.« *Das* ist die Art von Weisheit, mit der Sie nach Gottes Willen ihre

Vierundzwanzig-Stunden-Abschnitte nutzen sollen. Das ist die Art von Weisheit, die Ihr Herz in den Himmel vorausschickt.

Oh, könnten wir nur erkennen, wie kurz das Leben ist. In Jakobus 4,14 steht: »Was ist euer Leben? Ein Rauch seid ihr, der eine kleine Zeit bleibt und dann verschwindet.« Und wenn wir noch einen Anstoß brauchen, sagt uns Jesaja 40,6–7: »Alles Fleisch ist Gras ... Das Gras verdorrt, die Blume verwelkt; denn des Herrn Odem bläst darein. Ja, Gras ist das Volk!« Setzen Sie deshalb Ihre ganze Kraft ein. Die Tage sind böse. Nutzen Sie die Zeit.

Machen Sie das Beste aus Ihren Augenblicken.

Kommen Sie heim!

Ja, je älter ich werde, desto jünger fühle ich mich. Je schneller die Zeit verfliegt, desto kostbarer werden meine Stunden. An einigen Tagen habe ich das Gefühl, als könne ich jeden Moment heimgerufen werden.

Dieses »Kehren-wir-heim«-Gefühl hatte ich, als ich früher hinter unserem Hof in den Wäldern spielte. Sobald ich von der Grundschule nach Hause kam, warf ich meine Sachen in mein Zimmer und rannte durch die Hintertür, um mit Kathy und anderen Kindern aus der Nachbarschaft zu spielen, solange Mutter das Abendessen vorbereitete. Wir riefen uns gegenseitig zu und unser Rufen hallte durch die hohen Eichen. Alles hallte – das Gezwitscher der Vögel, das entfernte Geratter eines alten Rasenmähers, das Zuschlagen von Fliegengittertüren. Unser Spiel machte solchen Spaß, dass leicht eine ganze Stunde verstrich, ohne dass ich es merkte. Nur schwach bemerkte ich, wie die Strahlen der untergehenden Sonne immer längere Schatten durch die Bäume warfen. Kathy und ich wussten, dass Mutter uns bald nach Hause rufen würde.

Komischerweise machte ich mich selten von mir aus auf den Heimweg. Lieber genoss ich es zu hören, wie Daddys oder Moms Stimme durch trichterförmige Handflächen meinen Namen rief. Kaum hoffte ich auf ihren Ruf, als ich auch schon das vertraute Ding-ding-a-ling-ding der Essensglocke an der Hoftür vernahm.

»Essen ist fertig ... Zeit, nach Hause zu kommen!«

Seltsam, wie ich noch immer Mutters Stimme hören kann. Fast bringt es mich zum Weinen; fast brachte es mich als Kind zum Weinen. Das Echo der Glocke ... der unverkennbare Klang in den Wäldern ... die Freude, die mein Herz mit Liebe zu unserem Zuhause erfüllte, die Wärme der Familie ... ganz zu schweigen von gebackenen Hähnchen und Kartoffelpüree vor dem offenen Kamin im Esszimmer. Und im Sommer saßen wir oft im Hof, nachdem wir den Tisch abgeräumt und das Dessert verspeist hatten, und beobachteten den Sonnenuntergang.

»Da, jetzt versinkt sie...«

»Sie ist schon fast verschwunden ... nur noch ein kleiner Zipfel Licht.«

Unsere Familie wetteiferte, wer als Letzter die untergehende Sonne sah.

Und dann warteten wir, bis die Sterne hervorkamen, und sangen Loblieder und zählten die Konstellationen. Mehr konnte ich mir als Kind nicht wünschen. Und hier sitze ich nun als Erwachsene und schaue immer noch über den Großen Bären hinaus, singe himmlische Melodien und erringe Siege, bis die Abenddämmerung der Erde der Morgendämmerung der Ewigkeit weicht.

Die meisten Dinge, die tief von meiner Seele Besitz ergriffen haben, waren Echos, die rasch erstarben, sobald sie mein Ohr erreicht hatten. Doch das Echo der Essensglocke ist auch nach so vielen Jahren nicht verhallt, sondern schwillt an und mischt sich in jene Melodie.

Wenn das einem von uns passiert, wenn diese sehnsuchtsvollen, flüchtigen Vorahnungen, diese nie ganz erfüllten Verheißungen in unseren reiferen Jahren breitere, vollständigere Erfüllung finden, dann wissen wir, dass wir gefunden haben, wonach wir suchten. Jenseits allen Zweifels sagen wir dann: »Hier ist endlich das, wozu ich erschaffen wurde ... das ist die Heilung jenes alten Schmerzes.«

Das ist der Grund, weshalb die Echos für mich immer lauter werden. Sie hallen nach mit den reichen, vollen und tiefen Tönen einer Stimme, die aus ganz kurzer Distanz nach mir ruft.

Softly and tenderly Jesus is calling,
Calling for you and for me;
See, on the portals He's waiting and watching,
Watching for you and for me.
Come Home, come Home,
Ye who are weary, come Home;
Earnestly, tenderly, Jesus is calling,
Calling, O sinner, come Home![3]
(Sanft und liebevoll ruft Jesus,
ruft nach dir und nach mir;
Schau, an den Pforten wacht er und schaut,
schaut nach dir und nach mir.
Kommt heim, kommt heim,
ihr, die ihr mühselig seid, kommt heim;
Ernsthaft, liebevoll ruft Jesus,
ruft: O Sünder, komm heim!)

Nachwort

Als ich vor Jahren durch einen Tauchunfall gelähmt wurde, wurde mein Leben auf das Wesentliche reduziert. Als ich zwei Jahre lang im Krankenhaus auf steif gestärkter Bettwäsche lag, umgeben von steifen Pflegern und Pflegerinnen, lebte ich in einem sterilen Vakuum und tat kaum mehr als zu essen, zu trinken und zu schlafen. Ich hatte alle Zeit der Welt, Gott Fragen zu stellen.

Vielleicht hielten Freunde, die mich besuchten, mich für allzu philosophisch. Doch sie wurden nicht mit den lebensübergreifenden Fragen konfrontiert, die mich plagten: »Was ist der Sinn des Lebens?« und »Was steht uns allen bevor?« Suchend und verletzt erkannte ich, dass es im Leben mehr geben musste, als nur zu existieren.

Das ist der Punkt, an dem ich mich dem Gott der Bibel stellte. Ich beschloss, dass es besser wäre, ihm meine Fragen vorzulegen, als mit den Achseln zu zucken und mich abzuwenden. Jene zwei Jahre im Krankenhaus glichen einer einzigen langen Fragestunde.

Der Himmel ... unser wahres Zuhause ist zum Teil ein Ergebnis dieser Zeit des Fragens. Was ist der Sinn des Lebens? Gott zu kennen und zu verherrlichen. Was steht uns allen bevor? Wir werden uns an ihm erfreuen ... zumindest diejenigen, die ihn kennen.

Es ist mein inniger Wunsch, dass auch Sie ihn kennen und sich in Ewigkeit an ihm erfreuen werden. Und wenn Ihr Herz sich bei den Dingen erwärmt hat, die Sie auf diesen Seiten gelesen haben, wenn Sie darin den Klang der Wahrheit vernommen haben, dann ist das Gott, der Ihnen sagt: »Komme heim, komme heim ... du, der du mühselig bist, komme heim.« Der erste Schritt in Richtung zu Hause beginnt mit einem Gebet, einem ehrlichen und von Herzen kommenden Gebet. Wenn Sie sicher sein wollen, dass Sie sich auf dem Heimweg in den Himmel und nicht zur Hölle befinden, dann fühlen Sie sich frei, die folgenden Worte aufzugreifen und sie zu Ihrem persönlichen Gebet zu machen ...

Herr Jesus, ich erkenne, dass ich mein Leben weit von dir entfernt geführt habe, und jetzt sehe ich, wie meine Sünde mich von dir getrennt hat.

Bitte komm in mein Leben – in mein Herz, meinen Verstand und meinen Geist – und mache mich zu dem Menschen, der ich nach deinem Willen sein soll.

Vergib mir, dass ich so viele Jahre fern von dir gelebt habe, und hilf mir, mich von meiner alten Lebensweise abzuwenden und deine neuen und gerechten Wege zu gehen.

Ich lade dich ein, Herr meines Lebens zu sein, und ich danke dir für die Veränderung, die du schaffen wirst.

Amen.

Wenn dies Ihr Gebet ist, dann besteht der nächste Schritt in die richtige Richtung darin, eine Kirchengemeinde zu finden, in der Sie Ihre neu gefundene Liebe für den Herrn Jesus mit anderen gleichgesinnten Gläubigen teilen können, die ihren Glauben auf die Bibel als Gottes Wort gründen. Schritt für Schritt werden Sie wachsen, um ihn besser zu erkennen und sich mehr an ihm zu erfreuen. Ich freue mich schon auf den Tag, wenn Ihre Heimreise auf der anderen Seite jener Perlentore enden wird. Wenn Sie dort ankommen, lassen Sie uns den Himmel erleben, und bis es so weit ist, lassen Sie uns alles tun, was wir nur können, um andere Herzen auf den Heimweg zu lenken.

Joni Eareckson-Tada

Anmerkungen

Nancy Honeytree, »Joni's Waltz«, mit freundlicher Genehmigung abgedruckt

1 Was macht den Himmel so großartig?

1 Aus: A. W. Tozer, *The Knowledge of the Holy.*
2 Dieser Gedanke ist den Schriften von Nathaniel Hawthorne entnommen.
3 C. S. Lewis, *Perelandra*, New York 1965.
4 C. S. Lewis, *The Inspirational Writings of C. S. Lewis*, New York 1991.
5 C. S. Lewis, *Über den Schmerz*, Gießen, 3. durchges. Taschenbuch-Lizenzausgabe 1995.

2 Wer sind wir im Himmel?

1 *The Book of Common Prayer*, Philadelphia 1932.
2 Robert L. Sassone, *The Tiniest Humans*, Stafford 1995, viii.
3 C. S. Lewis, »Das Gewicht der Herrlichkeit«, in: *Der innere Ring und andere Essays*, Basel, 2. Taschenbuchauflage 1992.
4 *The Book of Common Prayer*.
5 Dieser Gedanke kam mir beim Lesen von C. H. Spurgeon.
6 C. S. Lewis, *Was man Liebe nennt*, Basel 1979.
7 A. A. Hodge, *Evangelical Theology*, Carlisle 1976.

3 Was werden wir im Himmel tun?

1 C. S. Lewis, *Das Gewicht der Herrlichkeit*, a.a.O.
2 C. S. Lewis, *Die große Scheidung*, Leipzig o.J.
3 E. L. Maskell, *Grace and Glory*, New York 1961.
4 C. S. Lewis, *Die große Scheidung*, a.a.O.

4 Wo ist der Himmel und wie lässt er sich beschreiben?

1 John M. Templeton, *The God Who Would Be Known*, San Francisco 1989.
2 Robert Jastrow und Malcolm Thompson, *Astronomy: Fundamentals and Frontiers*, Santa Barbara 1977.
3 Dieser Gedanke wurde mir in einem persönlichen Brief von David Parrish vermittelt.
4 Dr. John H. Gerstner, *The Rational Biblical Theology of Jonathan Edwards*, Orlando 1993.

5 a.a.O.
6 Margaret Clarkson, *Grace Grows Best in Winter*, Grand Rapids 1984.

5 Warum gehören wir nicht auf die Erde?

1 A. E. Brumley, *This World is Not My Home*, Glendale 1951, mit freundlicher Genehmigung verwendet.
2 Malcolm Muggeridge, *Jesus Rediscovered*, New York 1979.
3 Peter Kreeft, *Heaven*, San Francisco 1989.
4 Aus: Peter Kreeft, *Heaven*, a.a.O.
5 Arthur Bennet, *The Valley of Vision*, Carlisle 1975.
6 Sheldon Vanauken, *Eine harte Gnade*, Gießen, 4. Auflage 1987.
7 C. S. Lewis, *A Grief Observed*, New York 1976.
8 Peter Kreeft, *Heaven*, a.a.O.
9 *Woodstock*, von Joni Mitchell, Copyright 1969 Siquomb Publishing Corporation, mit Genehmigung verwendet, alle Rechte vorbehalten.
10 Peter Kreeft, *Heaven*, a.a.O.
11 C. S. Lewis, *George MacDonald: An Anthology*, New York 1978.
12 Dr. John H. Gerstner, *The Rational Biblical Theology of Jonathan Edwards*, Orlando 1993, Bd III.
13 Peter Kreeft, *Heaven*, a.a.O.
14 A. W. Tozer, zitiert in: Edythe Draper, *Draper's Book of Quotations for the Christian World*, Wheaton 1992.
15 George W. Robinson, *I Am His and He Is Mine*, nicht urheberrechtlich geschützt.
16 Madame Jeanne Guyon, *Spiritual Torrents*, Auburn 1980.
17 Edythe Draper, *Draper's Book of Quotations for the Christian World*, a.a.O.

6 Der Himmel erfüllt unseren Herzenswunsch

1 Aus: Harry Blamires, *Knowing the Truth about Heaven and Hell*, Ann Arbor 1988.
2 Jerry Leiber und Mike Stoller, *Is That All There Is?*, Copyright 1966 Jerry Leiber und Mike Stoller Music, alle Rechte vorbehalten, mit Genehmigung verwendet.
3 Peter Kreeft, *Heaven*, a.a.O.
4 C. S. Lewis, *Das Gewicht der Herrlichkeit*, a.a.O.
5 Die Gedanken in diesem Abschnitt beruhen auf C. S. Lewis, *Was man Liebe nennt*.
6 Sharalee Lucas, *I See Jesus in You*, Nashville 1986, mit Genehmigung verwendet.

7 C. S. Lewis, *Das Gewicht der Herrlichkeit*, a.a.O.
8 Ein Gedanke aus Augustinus, *Ennarationes in Psalmos*, 127.9
9 Augustinus, Bekenntnisse I.I.
10 William Herbert Carruth, *Each in His Own Tongue*, nicht urheberrechtlich geschützt.
11 Clara T. Williams, *Satisfied*, nicht urheberrechtlich geschützt.
12 A. W. Tozer, *The Knowledge of the Holy*, San Francisco 1992.
13 John MacArthur, Kassettenserie *Heaven*, Panorama City 1987.

7 Der Himmel: Die Heimat der Liebe

1 Die ursprüngliche Idee für diese einleitenden Abschnitte zu Kapitel 7 stammt von Reverend Louis Lapides, Beth Ariel Fellowship, Sherman Oaks, Kalifornien; Quellen: Maurice Lamm, *The Jewish Marriage Ceremony* in: *The Jewish Way in Love and Marriage*, San Francisco 1980, und Alfred Edersheim, *Sketches of Jewish Social Life in the Days of Christ*, Grand Rapids 1974.
2 Aus: Tim Stafford, *Knowing the Face of God*, Grand Rapids 1989.
3 Horatius Bonar, *Here, O My Lord, I See Thee Face to Face*, nicht urheberrechtlich geschützt.
4 George W. Robinson, *I Am His and He Is Mine*, nicht urheberrechtlich geschützt.
5 George Matheson, *O Love That Will Not Let Me Go*, nicht urheberrechtlich geschützt.
6 Der Gedanke beruht auf den Schriften von Andrew Greeley.
7 Aus: Peter Kreeft, *Heaven*.
8 Peter Kreeft, *Heaven*, a.a.O.
9 a.a.O.
10 Aus: C. S. Lewis, *Till We Have Faces.*
11 Lynn Hodges und Joy MacKenzie, *Heavenly Praise*, SpiritQuest Music 1994, mit Genehmigung verwendet.

8 Daheim bei unserem König

1 Reginald Heber, »Heilig, heilig, heilig«, in: *Pfingstjubel*, Lied 17.
2 Matthew Bridges, »Krönt ihn, unsern Herrn«, in: *Pfingstjubel*, Lied 586.
3 George F. Root, *When He Cometh*, nicht urheberrechtlich geschützt.
4 Ravi Zacharias, *The Veritas Forum at Harvard University Tape Series*, Norcross 1992.
5 Dieser Gedanke stammt von Dr. Jack Miller, Westminster Theological Seminary.
6 Dr. John H. Gerstner, *The Rational Biblical Theology of Jonathan Edwards*, a.a.O.

7 C. S. Lewis, *Das Gewicht der Herrlichkeit*, a.a.O.
8 C. S. Lewis, *The Inspirational Writings of C. S. Lewis*, a.a.O.
9 Peter Kreeft, *Heaven*, a.a.O.
10 C. H. Spurgeon, *Spurgeon at His Best*, Grand Rapids 1988.
11 Dr. John H. Gerstner, *The Rational Biblical Theology of Jonathan Edwards*, a.a.O.
12 Matthew Bridges, »Krönt ihn, unsern Herrn«, in: *Pfingstjubel*, Lied 586.

9 Wie wir uns vorbereiten

1 Tim Stafford, *Knowing the Face of God*, a.a.O.
2 Samuel Rutherford, *Letters*.
3 Larry Crabb, *Men and Women – Enjoying the Difference*, Grand Rapids 1991.
4 Der Gedanke stammt aus den Schriften von Bischof J. C. Ryle.
5 J. C. Ryle, *Holiness*, Cambridge o.J.
6 a.a.O.
7 Amy Carmichael, *A Rose from Brier*, Fort Washington o.J., 49,12, mit Genehmigung verwendet.
8 »Stillness«, *The Elisabeth Elliot Newsletter*, März/April 1994, I.
9 Douglas Kaine McKelvey, *Cattail, Fishscale, and Snakeskin*, Chicago 1994, mit Genehmigung verwendet.
10 Aus: John MacArthur, jun., Predigt: *Secrets to Endurance*, Panorama City 1994.
11 Madame Guyon, *Spiritual Torrents*, a.a.O.
12 Margaret Clarkson, *Grace Grows Best in Winter*, Grand Rapids 1984.

10 Das Ziel vor Augen

1 Sherwood Wirt, *Remembering the Joy*, in: *Decision*, Dezember 1994.
2 David Chilton, *Where is thy sting?*, in: *World*, Band 9, Nr. 30, 7. Januar 1995.
3 Will L. Thompson, *Softly and Tenderly*, nicht urheberrechtlich vermerkt.